本书受人才培养质量建设－专业建设、新
产学研联合研究生培养基地建设项目支持

MEITI RONGHE LILUN YU SHIJIAN TANSUO

媒体融合理论与实践探索

谷 征 主编

知识产权出版社

全国百佳图书出版单位

—北京—

图书在版编目（CIP）数据

媒体融合理论与实践探索 / 谷征主编 . —北京：知识产权出版社，2021.8
ISBN 978-7-5130-7604-3

Ⅰ . ①媒⋯　Ⅱ . ①谷⋯　Ⅲ . ①传播媒介—文集　Ⅳ . ① G206.2-53

中国版本图书馆 CIP 数据核字（2021）第 130019 号

内容提要

本书从出版融合、数字版权研究、数字阅读、在线教育与知识服务、网络视听研究、网游动漫产业研究和 IP 研究七个方面研究了目前我国数字出版和新媒体融合等方面存在的问题，本书论点较为新颖，很多问题都是目前新闻界和出版界面临的实际问题，对传统媒体具有一定的参考价值。

责任编辑：许　波　　　　　　　　　责任印制：孙婷婷

媒体融合理论与实践探索

MEITI RONGHE LILUN YU SHIJIAN TANSUO

谷　征　主编

出版发行：**知识产权出版社** 有限责任公司		网　　址：http：//www.ipph.cn	
电　　话：010-82004826		http：//www.laichushu.com	
社　　址：北京市海淀区气象路 50 号院		邮　　编：100081	
责编电话：010-82000860 转 8569		责编邮箱：laichushu@cnipr.com	
发行电话：010-82000860 转 8101		发行传真：010-82000893	
印　　刷：北京九州迅驰传媒文化有限公司		经　　销：各大网上书店、新华书店及相关专业书店	
开　　本：720mm×1000mm　1/16		印　　张：18.5	
版　　次：2021 年 8 月第 1 版		印　　次：2021 年 8 月第 1 次印刷	
字　　数：273 千字		定　　价：78.00 元	

ISBN 978-7-5130-7604-3

出版权专有　侵权必究
如有印装质量问题，本社负责调换。

目　录

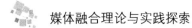

第一篇

出版融合

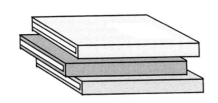

传统出版企业数字化转型现状研究
——以读者出版集团为例

王亨通

摘要：数字技术的深入发展和新兴媒介的深度融合，推动了传统出版企业的数字出版转型升级。目前，就数字出版发展现状而言，高质量的发展态势已开始显现。本文以读者出版集团为例，从该集团近几年的官网信息、年度报告、事件新闻中获取文字及数据材料，借助案例分析法，研究了传统出版企业在数字出版、融合出版语境中的发展状况。研究发现，目前我国以读者出版集团为代表的传统出版企业，借助技术创新，大力推进数字出版产品的研发，依托品牌优势，发挥内容价值，实现了多元化发展，并且逐步迈向融合出版的高质量发展阶段。但在发展的过程中也面临优势不明显、发展质量不高、核心竞争力不足和技术研发落后等问题。因此，本文通过研究传统出版企业的数字出版现状，试图揭示企业转型升级过程中所存在的问题，从而由点及面，为传统出版企业的数字化发展提供有价值的借鉴经验，促进出版产业的高质量发展。

关键词：读者出版集团；数字出版；融合出版；转型

一、引　言

近年来，随着人工智能技术、移动互联网的发展，在大数据、云计算技术不断完善的背景下，出版市场竞争激烈，用户的使用习惯出现千差万别的变化，这使传统出版企业面临严峻挑战。为了适应数字技术的发展方向，在出版行业数字化转型升级中站稳脚跟，并且依托互联网和数字技术营利，各个传统出版企业进一步推动数字化转型升级。尤其是随着移动互联网的迅速普及，在"纸数融合"的战略引导下，传统出版企业必须加快向数字出版和融合出版发展的脚步，紧跟技术和时代的潮流。

信息科技和数字技术的日趋成熟，使各行各业出现了一系列的技术革命，传统的信息生产模式已不能适应出版行业的发展状况。目前，数字出版的发展正迎来高质量发展阶段，但是仍有部分传统出版企业在此过程中遇到了困难和阻碍，对数字化转型失去了信心。如果不积极顺应数字化潮流，传统出版企业最终可能会被市场淘汰。

因此，对传统出版企业数字出版现状和问题的研究，可以帮助我们找到传统出版业数字化转型升级过程中的实际问题，从而进一步提出相应的解决措施，使企业营利。而作为具有代表性的大型传统出版企业，读者出版集团经过几年的数字化发展，其数字化转型取得了一系列值得借鉴的成果，同时在此过程中也出现了一些值得反思的问题。本研究以读者出版集团为例，通过对其数字出版现状和存在问题的分析，为传统出版企业的数字化发展提供有价值的借鉴经验。

二、我国传统出版企业的数字出版现状

（一）数字出版的定义

研究传统出版企业的数字出版现状，首先要明确数字出版的定义和内涵。自数字技术出现以来，对"数字出版"的定义在不断完善，从电子出版、网络出版、手机出版，到明确提出数字出版的概念，这些都揭示了数字出版的内涵。赵东晓认为，数字出版就是以数字技术为支撑，以互联网为平台，进行内容选择并传播的有价值信息及著作物的出版活动。2010年，新闻出版总署在其发布的《关于加快我国数字出版产业发展的若干意见》中，对数字出

版做出了官方定义："数字出版是指利用数字技术进行内容编辑加工，并通过网络传播数字内容产品的一种新型的出版方式，其主要特征为内容生产数字化、管理过程数字化、产品形态数字化和传播渠道网络化。当前数字出版产品形态主要包括电子图书、数字期刊、数字奇乐、网络动漫、网络游戏、手机出版物等。"这一定义权威界定了数字出版的边界，确定了数字出版发展的方向和领域，有利于数字出版产业的快速发展。

（二）我国传统出版企业的数字出版现状分析

2019 年，传统出版企业的数字出版规模进一步扩大，我国数字出版产业面临发展契机，即将迈入高质量发展阶段。由于数字出版对数据库、数字技术、信息技术有较高的要求，所以对于传统出版企业来说，数字化转型之路既充满机遇和发展，又面临困难和挑战。但相关政策的支持和数字技术的不断完善，使传统出版企业转型融合持续深入进行，媒体融合进一步向纵深发展。如今，各传统出版集团抓住机遇，快速发展，陆续实现了数字化转型，并逐渐开始完善数字出版业务，以求在庞大的出版产业中获得一定的份额。从 2008 年开始，我国传统出版企业积极推动数字出版转型，大力推进出版数字化建设。经过十几年的快速发展，我国的数字出版产业整体收入规模持续增长，各产业板块不断发力，形成了以内容、出版、平台为一体的完整数字出版产业链。据中国数字出版产业年度报告数据显示，自 2008 年起，我国数字出版产业整体收入快速增长，由 500 多亿元增长到 2018 年的 8000 多亿元。其中移动出版、互联网广告、网络游戏、在线教育位列榜单前四位，并且保持着良好的发展态势。

1. 我国传统出版企业大力推进数字出版向深度发展

2019 年，传统出版企业面对数字出版深度发展、出版深度融合的大趋势，纷纷借助新技术和新媒介，开始在技术、产品、内容和品牌四个方面精耕细作，顺应融合出版的新发展趋势，大力推进数字技术研发和大数据应用，以多样化、层次化、差异化的出版精品，满足用户的不同需求。例如，传统出版企业发挥品牌影响力，依托自身积累的内容优势和用户基础，以音视频为产品形式，为用户提供知识服务。其中山东教育出版社开发的"小荷听书"有声出版阅读平台、中信出版集团推出的新文化服务品牌"中信书院"等产品，依托自身的优势特点和品牌价值，获得了良好的市场反馈。

2. 我国传统出版企业逐渐向媒体深度融合发展

移动互联网时代，媒体融合成为各传媒集团的重要发展战略，也是传媒业发展的重点方向，而对于传统出版企业来说，加快数字化转型，推进深度融合出版，已然成为发展的必然趋势。传统出版业借助新媒体平台，再一次扩大了数字出版的规模，使出版集团焕发出新的活力。各大出版集团借助新兴媒体，建立数字传播渠道，线上线下互动营销，构建数字出版平台。例如，作为主流媒体的新华社、人民日报社等，纷纷在"微信""微博""抖音"等平台开通了媒体官方号，从而形成了"两微一端一抖"的融媒体矩阵，不仅有利于整合媒体优势资源、发挥媒介传播功能、推动媒体融合发展，而且有利于出版企业拓展新业务，提升数字出版竞争力。

三、读者出版集团数字出版模式探索

（一）读者出版集团数字出版现状

读者出版集团作为一家综合性文化产业集团，是在原甘肃人民出版社基础上改制组建的国有独资、专业的出版集团。其核心产品《读者》杂志是全国最具影响力的期刊之一，自1981年创刊以来发行量一直居于行业领先地位，被人们誉为"中国人的心灵读本"。截至2019年，累计发行逾20亿册。

读者出版集团作为全国首批开展数字出版业务的传统出版企业之一，也是全国知识服务试点单位和数字出版试点单位，并建有国家出版融合发展重点实验室。自2003年开始，读者出版集团就尝试开展数字出版业务，为了实现与读者的互动交流，率先推出了读者短信交流平台。2009 年，集团开始整合资源，将纸质资源数字化，建立了读者官方网站——读者网。2010 年，集团为了技术研发和创新，设立了读者甘肃数码科技有限公司，之后的几年里相继推出了四代读者电纸书、两代平板电脑和一款读者手机。2014 年，集团在甘肃兰州启动"兰州数字出版基地"的项目建设，该基地集合了图书、报刊、音像和电子出版物等融媒体资源，是甘肃重点建设的数字出版生产平台。此外，读者出版集团向外发力，计划在北京、上海等地建设大型数字出版和影视动漫研发生产基地。这一系列举措，都使集团找到了数字化转型的方向，同时也找准了数字出版业务的发力点。

2016—2017 年，读者出版集团不断推进数字化转型，加快内容资源数字化转换和媒体融合发展。期刊数字版用户量实现快速增长。从图 1 中可以看到，数字版《读者》月均发行量持续增长，2015 年月均发行 82 万册，同比增长 84%；2016 年月均发行 137.7 万册，同比增长 68%；2017 年月均发行 132 万册，增长率逐步放缓。另外，微信公众号"微读者"入选"全国报刊媒体融合创新案例 30 佳"和首届"大众喜爱的 50 个阅读微信公众号"，公众号粉丝量达到 200 万。《读者》杂志资源数字化与基于用户兴趣的运营发布系统"获得中央文化产业发展专项资金资助。集团申请建设的出版融合发展重点实验室，获得国家新闻出版广电总局批准建设。

2018 年，读者出版集团在数字出版、新媒体、出版融合发展等方面持续探索，不断增强企业转型创新能力。通过数字化转型发展，《读者》数字出版发行量稳步上升，发行范围不断扩大，获得了良好的经济效益和社会效益。2018 年数字版《读者》月均发行 161 万册，比 2017 年同比增长 21.8%。《读者》微信平台用户数持续增长，粉丝数突破 400 万。《读者》微信位居全行业月榜（2019 年 4 月）第 31 位，文化类排名前十，连续入选"中国微信 500 强"。在出版业转型创新、产业融合阶段，集团立足于数字出版，坚持走"读者 +""内容 +"的转型发展之路，融合科技与教育，使"读者"这一 IP 借助数字技术向知识服务和教育服务延伸，推出了"读者·新语文"中小学阅读写作教育平台。

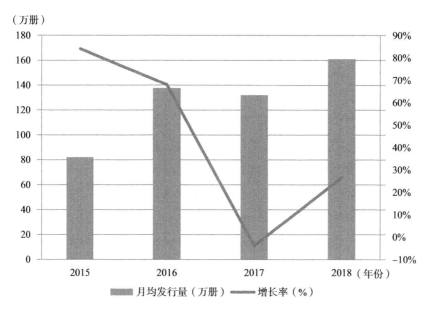

图1　2015—2018年数字版《读者》月均发行量统计及增长情况

数据来源:《读者出版传媒股份有限公司2015—2018年年度报告》

2019年,读者出版集团持续推进媒体融合发展,实现多元布局。核心刊物《读者》月均发行量503万册(含数字版),数字版发行量持续增长。公司承担了国家级科技项目"网络有声阅读关键技术研究与应用示范",这是集团在出版融合发展方面进行的重要探索。依托项目科研成果,集团公司陆续推出了"读者电台""读者·新语文"和"读者蜂巢App"等音视频项目。"读者·新语文"中小学阅读与写作教育平台,2019年在第十二届新闻出版业互联网发展大会上获得"优秀数字教育平台"荣誉称号。"读者·新语文"进入"喜马拉雅"App上线系列课程,为付费项目,获得一定销售收入。同年,公司研发上线"读者蜂巢"App,用户量迅速增加,实现知识付费收入增加。

（二）读者出版集团数字出版发展的举措

1.依托品牌影响力，打造新媒体矩阵

随着数字阅读时代的到来，读者出版集团积极利用新媒体技术，依托品牌优势，借助互联网平台发展数字出版业务，着力打造数字出版新产品。现拥有"读者""敦煌书坊""读者原创""读者读书会"等微信公众号和App，初步实现了杂志在线阅读、微信营销、文字与影像相结合的有声读物出版等集文字、音视频于一体的全媒体传播。无论是"微博""微信公众号"的运营，还是线上新媒体营销、付费服务等都获得了良好的效果。

在新媒体和媒体融合方面，一方面，读者出版集团推出了客户端，App应用一经推出，便位于各大应用商店下载榜单前列，广受用户好评；另一方面，读者出版集团凭借"微信"渠道优势，建立了线上营销新模式，推出了读者电商平台，开展了电子商务业务，并以此链接移动应用。通过打造品牌生态，形成了《读者》新媒体矩阵。经过媒体融合发展，《读者》"两微一端"已成为读者出版集团新媒体矩阵中的重要产品。读者微信版——"微读者"还荣获2016年度全国报刊媒体融合创新案例。2019年《读者》杂志入驻"学习强国"平台，创设"每日一读"专栏并开设订阅号，目前日均浏览量达130万次，订阅量达2500万份。"读者"喜马拉雅平台订阅号目前累计收听量达6.4亿人次，位居人文历史榜第1名、"喜马拉雅"巅峰榜经典必听前10名。"读者"微信公众号2019年粉丝净增长60万，粉丝数达540万，荣获2019年微信500强第25名。2019年"读者原创版"微信公众号粉丝超34万人。读者出版集团在品牌推广和线上销售方面，均取得了显著的成果。

2.借助科技创新，推动教育知识服务

作为核心产品之一的《读者》，在语文阅读和写作方面，有着非常丰富的内容资源，几十年的沉淀，为读者出版集团推出教育知识服务打下了坚实的基础。在知识服务领域，读者出版集团与腾讯公司展开合作，将《读者》

的内容优势和用户基础，转化为技术产品的竞争力，通过深度合作和技术创新，研发云计算技术，打造"读者·新语文"这一全新的在线教育服务平台。

该平台将读者旗下优质的语文资源数字化，通过视频、音频、微课等形式，让语文学习可视、可听、可读、可交互，真正把阅读变成集"眼、耳、心"于一体的立体式阅读，为广大青少年提供了阅读写作服务，打造出集名师微课发布、直播教育服务、在线教育辅导、课程资源售卖、媒体融合出版等一系列的知识服务体系，并且形成了线上线下相结合的数字化语文教育平台和语文教育服务链。

目前该平台注册用户上万人，线上推出课程 13 门，视频、音频课程 800 集。2018 年，在第十二届新闻出版业互联网发展大会上，"读者·新语文"中小学阅读与写作教育平台获得两个奖项，即"优秀数字教育平台"奖和"互联网创新人物"奖。

3. 发挥内容价值，推进多元化发展

为了进一步加快企业转型升级，一方面，读者出版集团通过《读者》的文化品牌效应，推动数字出版产业发展，读者出版集团充分发挥《读者》的内容价值，陆续推出线上产品"读者数字报刊亭""写作小程序""微读者平台""读者杂志资源数字化与基于用户兴趣的运营发布系统"等项目。

另一方面，读者出版集团基于全国范围的用户基础，开展了一系列的产品战略推广计划，推出了大量的品牌营销和推广活动。通过品牌调查研究，在上海设立了读者文化创意有限公司，进行数字出版产品的研发和创新，扩大《读者》的品牌影响力；大力开发产品创新新模式，旨在为广大用户展现品牌的号召力，为用户提供更好的文化服务和产品体验。

在实体书店方面，"读者书店"相继开业，受到读者的广泛关注和好评，其中上海外滩旗舰店为首家开业的实体书店。音频内容方面，读者出版集团再一次利用内容优势，将内容转化为音频，在"荔枝 FM""喜马拉雅"等平台上线，深受用户的欢迎，目前点击量已超过近亿人次。

四、读者出版集团在数字出版中存在的问题

（一）图书数字出版优势不突出，数字出版质量有待提高

目前，我国数字出版呈现出高质量的发展态势，数字出版产业发展繁荣，产品数量不断增加。但由于互联网平台上，信息良莠不齐，碎片化、娱乐化问题突出，人们的阅读水平参差不齐等问题，"深度阅读"内容往往被人们所忽视，内容优质的图书数字资源无人问津。同时，传统出版企业在图书资源数字化方面表现欠佳，不能将原有的图书出版优势充分地转化成数字出版优势，导致传统出版企业难以发挥出数字图书出版优势。具体表现为大众类图书资源丰富但庞杂，专业类图书资源短缺却难见精品。

从目前的出版现状来看，读者出版集团的图书出版和数字出版产品丰富，涉及的类型多样。但由于《读者》杂志作为集团的核心产品之一，其发展势头远超图书出版，导致图书出版优势不明显，特点不突出，在全国出版市场并没有形成相应的品牌优势和影响力。2019 年《读者》月均发行量 503 万册（含数字版），数字版发行量持续增长。截至 2019 年 5 月，《读者》累计发行量突破 20 亿册，继续保持国内期刊月均发行量第一的位置。相较之下，2019 年集团公司共出版图书 5111 种，同比增长 6%。图书板块 2019 年实现营业收入 1.26 亿元。

另外，读者出版集团缺少学术性、专业性图书的数字化出版，而正是这些专业性较强、领域性突出的内容资源，才是用户愿意付费阅读的产品，更是值得深挖的利润增长点。例如，社会科学类、自然科学类等图书，由于其专业程度强，学术价值高，广泛受到相关领域专业人士的欢迎。保证出版产品的质量，必然会吸引大量的付费人群购买。而读者出版集团应该意识到这一部分的潜力，加大投资力度，突出图书资源优势，加快数字出版技术研发，推动数字出版产业高质量发展。

（二）品牌核心竞争力不足，缺乏专业技术研发团队

数字出版产业的核心竞争力是数字技术。从内容的加工和转换、渠道的

搭建，到数据库的建立、产品的营销，再到阅读终端的研发，都要以强大的数字技术为支撑。而目前媒体融合、人工智能、大数据、区块链、5G 等技术的发展，再一次使出版业面临巨大的挑战。数字出版在整个出版产业链中最为依赖技术，所以组建技术开发团队，进行数字技术研发，成为出版企业数字化转型的必由之路。

然而，从目前来看，读者数码科技有限公司作为读者出版集团的子公司，承担着技术研发、数码产品设计等业务。自 2010 年成立以来，相继推出了读者电纸书、读者云图书馆、读者商务平板电脑、读者智能双屏手机等产品，但由于没有核心技术支撑，也只是昙花一现，持续开发和应用的产品并不多。读者数码科技有限公司目前拥有 1 个专利信息、12 个软件著作权信息，相较之下，技术创新能力明显不足。公司在职员工从 2018 年的 20 人减少到 2019年的 9 人，且技术研发人员占比不到一半，存在着技术研发和数字出版人员不足的问题。

读者出版集团为了应对技术挑战，实现战略转型升级，在北京成立了全资子公司——北京读者天元文化传播有限公司。公司积极引进青年技术人才，建立数字出版、媒体融合队伍，主要业务有：微《读者》平台、《读者》网站、《读者》微博、《读者》微信、"读者·书房"微电商、《读者》App、《读者》数字刊以及新媒体参与的课题研究等。在数字出版运营的过程中，无论是数字出版技术、数字版权保护技术，还是新媒体技术研发、运用，都需要先进的技术保障和实力强大的研发团队为支撑，只有这样才能实现技术创新，确立出版核心竞争力。

五、结　语

综上所述，以读者出版集团为代表的传统出版企业，凭借自身优势与技术创新，大力推进数字化转型升级和媒体融合发展，已经显现出数字出版的高质量发展态势。然而媒体融合、科技创新及多元发展仍然是其进一步发展的着力点。因此，传统出版企业应该抢抓发展先机，紧跟时代潮流，适应技

第一篇　出版融合

术变革，引进创新人才，积极探索由传统出版向高质量数字出版转型的升级之路，从而赢得发展主动权，提升品牌竞争力。

参考文献

[1] 高杨.传统出版业数字化转型发展研究——以中医药类图书为例[J].科技传播，2019，11（19）：151-152.

[2] 宫丽颖，李睿.我国新闻出版上市公司数字出版产品发展策略[J].中国出版，2020（2）：54-60.

[3] 刘丹.我国传统出版向数字出版转型的困境与出路[J].现代交际，2015（3）：80-81.

[4] 潘志娟.数字化浪潮下传统教育出版的出路探微——以译林出版社为例[J].出版广角，2018（22）：39-41.

[5] 邱菊生，姚磊，胡娟.我国出版集团融合发展研究综述[J].出版科学，2019，27（6）：56-62.

[6] 孙丽莉.传统出版向数字出版的转型创新探析[J].电子制作，2013（24）：64.

[7] 田旭东.关于传统出版社数字化转型发展的几点思考[J].传媒论坛，2020，3（3）：92，94.

[8] 张学会.传统出版企业数字化转型研究[D].北京：北京印刷学院，2017.

[9] 中国数字出版产业年度报告课题组.迈向纵深融合发展的中国数字出版——2018—2019中国数字出版产业年度报告（摘要）[J].出版发行研究，2019（8）：16-21.

[10] 郝振省.2010—2011年中国数字出版年度报告（摘要）[J].出版参考，2011（21）:9-10.

[11] 崔放.数字化时代《读者》做出的改变——基于2007—2016年杂志的内容分析[J].新闻研究导刊，2017，8（1）：253.

[12] 新浪财经.读者传媒2017年年度报告[EB/OL]. (2018-04-20) [2020-06-18]. https://money.finance.sina.com.cn/corp/view/vCB_AllBulletinDetail.php?stockid=603999&id=4264607.

[13] 新浪财经.读者传媒2018年年度报[EB/OL]. (2019-04-26) [2020-06-18].https://money.finance.sina.com.cn/corp/view/vCB_AllBulletinDetail.php?stockid=603999&id=5274271.

[14] 新浪财经.读者传媒2019年年度报告[EB/OL]. (2020-04-25) [2020-06-18]. https://money.finance.sina.com.cn/corp/view/vCB_AllBulletinDetail.php?stockid=603999&id=6125551.

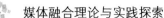

[15] 张新新 . 传统出版与新兴出版深度融合，推进数字出版高质量发展——2019 年度数字出版盘点 [J]. 科技与出版，2020（3）: 13-27.

[16] 读者出版传媒股份有限公司 . 读者天元文化传播 [EB/OL]. (2016-06-22) [2020-06-18]. http：//www.duzhepmc.com/yewubuju/shuzihulian/.

[17] 凤凰网甘肃 . 读者牵手腾讯 借"云"促数字创新重构出版产业生态 [EB/OL]. (2019-12-08) [2020-06-18]. http：//gs.ifeng.com/a/20191208/7868106_0.shtml.

[18] 证券时报网 . 读者传媒，做好精品项目，进军数字出版和新兴产业 [EB/OL]. (2017-04-23) [2020-06-18]. http：//stock.jrj.com.cn/2017/04/23214422368304.shtml.

沉浸式传播视域下出版融合的困境
与解决路径初探

邢建光

摘要：出版作为传媒业重要的舆论宣传阵地，其融合进程一直受到学界和业界的关注。为了归纳整理出版融合的实际状况，分析出版产业融合的转型之困，探索适合出版业行业发展规律的融合路径，本文采用文献搜索法和典型案例分析法，试图梳理出出版融合的发展轨迹。研究发现，当前我国出版融合还处在摸索阶段，并没有形成体系化的发展脉络和结构主体。对此，应从寻求渠道融合、深化互联网思维和精准匹配用户需求等方面加以解决。

关键词：出版融合；沉浸式传播；媒介融合；融合路径

媒介融合是新时代出版传媒工作的重要议题。2013 年 8 月 19 日，习近平总书记在全国宣传思想工作会议上指出，要积极推动传统媒体从业人员学习现代传媒技术，尤其要积极从网络媒体引入新兴传播技术和传播手段，解决好"本领恐慌问题"。2013 年 11 月 9 日，习近平总书记在中共十八届三中全会第一次全体会议上，就意识形态工作提出新的指示精神和前进方向。习近平总书记指出，舆论工作是影响国家机器健康运转、国民经济正常运行的重要影响因素。新时期，要努力抓好意识形态工作。此外，主流媒体要积极向新兴媒体融合，利用新兴媒体做好党的舆论工作，在媒介融合的大潮下牢牢握住主流舆论阵地的领导权、管理权和话语权。

一、媒介融合下的出版融合

互联网时代的到来，使人们大部分娱乐消遣方式从线下转至线上，小屏生活圈正在不断跑马圈地。从笔记本电脑到智能手机、从平板电脑到运动手环，通过小屏融入社会互动，已经成为细分社会群体的常态。小屏幕的无所不在，使其支撑了绝大部分内容产业的承载形式和表现媒介。因此，出版业必须尽快实现数字化转型，才能在新时代发挥更强大的思想引领作用和内容服务功能。

（一）出版融合的兴起

大众传播时代，由于广播电视资源属于稀缺资源，因此广电媒体才拥有绝对的垄断地位。而出版产业的书号也属于稀缺资源，由国家新闻出版总署统一调配分发使用，因此图书、报刊等出版产业也属于垄断性质的服务产业。以出版产业为例，2016 年，全国出版服务产业总营收为 23595.79 亿元，和 2015 年相比，增长幅度超过 8.96%。利润表现也可圈可点，2016 年出版产业利润总额为 1791.99 亿元，与 2015 年相比，呈现稳定增长趋势，增长幅度为 7.82%。

2010 年以后，通信技术和网络技术先后取得突破性进展，带宽的提升和网络资费的下降，智能化移动终端走进千家万户，这些技术元素无不催化着移动智能微生活的到来。搭乘着媒介信息技术发展的快车，传媒产业在内容创造、平台分发和盈利创收等方面发生着日新月异的变化。当然，身处其中的传统出版企业也在经历着行业大洗牌、生产流程的再造，以及最终产品呈现上的巨变。

然而，互联网冲击下的传统出版业却接连受挫。2017 年，传统出版业绩继续下滑。从发行量来看，包括音像制品在内的传统出版物当年总发行量为 485.23 亿册（张/盒），与 2016 年的发行量相比，大幅下跌，同比跌幅高达 5.43%。进一步细分，图书、报刊等纸质出版物发行量下滑较为明显，当年纸质出版物发行总印张数为 2020.94 亿张，与 2016 年的发行量相比，颓势依旧，跌幅高达 7.99%。发行量的持续走低直接影响的就是传统出版业的营业收入。2016 年，除了图书行业的营业收入和利润总额相比 2015 年微浮上涨之外，其他纸质出版产业都在不同程度的下跌。例如，期刊业 2016 年的营业收入为 578.50 亿元，与 2015 年相比，下跌了 7.61%；利润总额为 30.14 亿元，与 2015 年相比，大幅下跌，跌幅达到了 15.74%。

颓势愈发明显的传统出版业亟须寻找一条转型之路来谋求发展。而在此时，与出版业面临的窘境相比，互联网信息服务业凭借其独有的技术优势正在大张旗鼓地进行着多元市场版图的拓展和庞大用户群体付费潜能的挖掘。于是，传统出版业和互联网企业的融合便被提上了日程，成为出版转型的必由之路。

（二）一维传播向沉浸式传播的转变

大众传媒时代，各类媒体平台凭借其对渠道的绝对垄断以及传播载体之间的相对独立性，持续地向外界输出着符合自身定位的内容产品。这类产品的传播形式相对单一，风格也比较固定，从内容策划开始就是以自身拥有的媒介渠道进行生产的，缺乏相对灵活的内容迁移能力。

随着移动智能化时代的到来，媒介的边界正在消融。单一形式的内容产品已不能满足用户更深层次的体验需求。尤其随着生活节奏的加快，人们工作学习之余可支配的时间越来越碎片化，长时间专注于某一事物的情况已然不复存在，而多维立体信息呈现方式下的短、平、快内容产品才是未来内容产业策划制作的发展方向，也就是我们经常提到的沉浸式传播。采用这种传播模式已经成为各类媒介经营机构的共识。

美国著名传播学者马克·波斯特把媒介划分为三个阶段。在第一阶段，他认为是互联网大规模普及之前，少数特权阶层或者贵族所掌握的信息传递的时代，那个时期的典型特征是自上而下、一对多的传播机制，是"我说你们听"的时期。进入第二阶段，即互联网技术大规模应用。在技术赋权下，普通人有了更多的话语权，每个人都可以是信息的发出和接收终端。第三阶段是第二阶段的延伸和扩展，更强调个人用户的参与体验。因此，沉浸式传播是泛化传播时代的具体表现。

沉浸式传播是借助移动通信技术、虚拟影像技术和大数据技术，以用户为中心，根据信息特质，构建与用户所在环境要素相关的虚拟世界。这种信息渗透模式会使用户信息接受度更高，满足其深度参与互动需求。以故宫出版社出版的《谜宫·如意琳琅图籍》为例，首先通过对图书关键内容进行可视化处理，扫描二维码就可以观看视频。其次插入多条辅助阅读线索，供读者自由选择，满足其自主需求。

二、出版融合的特征

在媒介融合发展的大背景下，无论是传统媒体还是新兴媒体都在构建着自己未来发展的渠道。同时，双方凭借着各自特有的优势进行着互补性融合。尤其是传统出版业在融合过程中，因其独有的传播载体和生产流程而出现了新的动态变化特征。

（一）出版过程全面数字化

在过去很长一段时间内，传统出版业都在为做好一份报纸、出好一本书或者一本杂志而努力着。但是随着人们阅读方式的改变和习惯的迁移，纸质出版物逐渐失去一些读者群体。因此，出版业必须主动迎合读者的阅读习惯和信息获取方式。于是，出版过程的全面数字化就是未来的发展方向。它不仅不是终端产品的数字化，更不是纸质内容的电子化，而是基于读者对内容需求下的整个生产流程的数字化。

（二）出版产品的多元化

虽然读者对传统出版物的阅读兴趣正在下降，但是这并不代表文字内容正在丧失其独有的市场价值。比如网络文学仍然有很高的人气，文字的独特魅力在于其巧妙的构思可以使读者透过文字展开无尽的想象，缔造自己心中独特的内容元素和幻想画面。因此，出版企业仍然会以制作优良图书为基础，并积极开发多维信息内容呈现的形式，诸如互动小说和 IP 产业链的出现。

（三）跨界合作的不断深入

一直以来，传统出版业一般都是各自为政，通常的做法是按照自己企业一贯的策划风格，持之以恒地在某个领域深耕细作。但在融合发展的时代，只做某一类内容而缺乏多元发展的思路，必然会缺乏稳固的核心竞争力。因此，传统出版企业必然与各类产业公司合作，储蓄资本力量，挖掘内容竞品之外的延伸附加值。

三、出版融合发展的困境分析

（一）经营性资金的不足

出版业隶属于文化创意类产业。与实体产业相比，出版企业产品净利润值的增长空间较为有限，产品生命周期较短，而且投资风险很高。因此，对于大多数出版企业来说，企业营业性收入波动较大且规律不明显。再加上以技术起家的互联网文化企业对传统出版业的冲击，以传统纸质出版物为生的出版企业面临严峻的挑战。

国内很多出版企业都在进行市场化改制，但经营性资金的匮乏导致企业没有更多财力用于企业转型。

（二）内容制作与用户需求匹配度低

大众媒体时代，受众对内容选择相对被动，并且缺乏与作者的沟通渠道，很长一段时间处于"你听我想说的"的环境中。但是通信技术和网络技术的普及，使每个人都有机会近距离接触最新资讯和发出个人的声音。随着内容制作上传的成本降低，用户自主选择感兴趣的信息机会被不断赋权加码，并形成足够大的受众群体规模，直接逆向影响内容制作的选题和方向。因此，只有对用户深入分析且足够了解，才能吸引受众、留住用户，获取更大的营利空间。

就传统出版业来说，对读者需求的分析还存在一定的不足，甚至才刚刚开始。很多出版机构还遵循传统内容采编的方式与互联网公司竞争，结果可想而知。有调查显示，国内多家出版企业在构建新媒体发展矩阵时，缺乏对新媒体用户细化分析，以及按群体需求特点进行分众传播，仍然是把线下出版物的内容平移到网络上，也没有对其进行轻语态改写，就直接发到各类新媒体平台。因此，各家出版机构的新媒体用户关注度很少。

四、出版融合路径探索

（一）打通内外融合渠道 寻求跨界资本注入

资金是企业抢占市场先机、保持高效运转的必备生产要素。保证资本的有效供给才是企业维持强大生命力和稳固核心竞争力的原始引擎。同样，对出版企业转型而言，资本对其实现出版融合贡献着卓越的力量。但是，目前各类出版企业无论是公司自储备资本还是对外界资本的吸收都处于低位运行，甚至需要财政拨款维持生计。因此，出版机构只有夯实充足的流动资金和拓展多元外界资本的注入，才能从根本上解决融合困境。

首先，出版企业要加强行业内部的资本合作，沟通确定共建项目。在选择合作机构时，要考虑合作单位资质，分析其是否符合项目运作条件。例如，2014年"中国数字出版联盟"的成立，该项目是由老牌出版企业商务印刷馆和人民出版社牵头并联合多家出版企业组建的。联盟成立之初便通过了《中国数字出版联盟章程》等文件，目的是加快传统出版业和新兴媒体的融合进程。2016年，原国家新闻出版广电总局筹建"知识资源服务中心"，先后三批遴选了110家出版单位进行后续服务模式的探索。

（二）深化互联网思维　释放管理活力

互联网思维是技术赋权下的思维变迁图鉴，准确来说是在移动互联的情况下，依靠大数据、云计算等技术升级换代，迫使市场、用户和产品特质发生偏移，直至影响整个商业环境和行业产供销体系。对于一个以赢利为目的的企业来说，熟练运用互联网思维是企业在网络时代生存竞争的法则。企业决策者在制定战略规划、实施重大举措时，要从互联生态出发，统筹考虑供应体系上的各项环节要素是否符合当下的逻辑运行基础。

出版企业的日常办公规制和管理规定要因时因地调整。作为传媒企业，一定要实行扁平化管理，方便一线采编人员与决策领导的及时无障碍沟通。面对突发状况，出版企业要预设各类应急响应方案，开设突发事件的逆向反应决策通道，帮助企业及时根据市场变化，做出快速响应举措。例如，在2020 年的疫情信息传递中，凤凰新闻以全网最快的速度推出了关于新型冠状病毒肺炎（以下简称"新冠肺炎"）疫情的暴发原因、病毒来源等问题的深度报道。这是凤凰新闻平日重视对突发事件快速响应机制建设的体现。

（三）深入挖掘用户画像　生产高匹配度内容

在传统媒体的黄金时代，大众媒体引导着人们关注世界变化，也就是我们所说的议程设置。而自媒体盛行的今天，人们更愿意自主选择自己想看到的媒介世界，即我想看到、我愿意看到的内容。信息供给方式的变革必然会带来内容生产的变化。网络媒体发达，让媒体从业者认识到，只有学会观察读者需求，了解受众感知方式的变化，才能抓住用户的心，增强用户对平台的忠诚度和黏性，从而创造更大的盈利潜力。

因此，出版企业需更加读懂用户。就用户信息的收集而言，出版企业需要成立专门的用户分析工作组来获取用户群像。通过对以往销售数据的分析研判，来了解读者以往的阅读偏好。另外，还可以和电商公司合作，获取更年轻群体的用户信息。同时，还可以和网络文学公司、影视制作公司达成深度战略合作。从内容策划开始，就能了解产业链上各类产品用户的需求，帮助出版企业创作出用户喜爱的内容。最后，在技术运用层面也不能落伍，时刻了解行业技术发展最新成果，帮助企业更精准地获取用户个性化特征，从而为以后的分众泛化传播奠定基础。

五、结　语

　　出版融合是一个进行时的议题，这就意味着出版的概念还在泛化，传媒的边界愈发模糊不清。出版融合是传统出版业亟待转型所寻求的出路。本文通过对出版融合兴起的原因、特征、困境和出路等全方位分析，得出技术、市场和用户需求的变化，推动了融合进程的加快。也许当下出版业还在被动接受着行业的动态调整，却也意识到了亟待解决的问题，这无疑是一件好事。在探索出路的征程中，出版从业者需结合行业特色和原有优势，用先进思想和技术来夯实自身，找到适合行业发展的方向。

参考文献

[1] 宫丽颖，李睿 . 我国新闻出版上市公司数字出版产品发展策略 [J]. 中国出版，2020（2）：54-60.

[2] 郭永超 . 5G 时代下主题出版的融合发展新思考 [J]. 出版广角，2020（1）：22-24.

[3] 庞丽佳 . 媒介融合下出版产业现状与问题分析 [J]. 中国报业，2020（2）：44-45.

[4] 邵林 . 融合背景下传统教育出版转型的发展策略研究 [J]. 传媒观察，2020（2）：94-99.

[5] 谭蓉蓉 . 融合出版的内容价值与知识服务 [J]. 传媒论坛，2020，3（2）：102.

[6] 余苗 . 数字出版平台有声内容把关的困境与策略分析 [J]. 科技与出版，2020（1）：56-60.

法国数字出版的特色化发展路径探析

唐姝菲

摘要：法国是欧洲乃至世界的文化大国，同时也是出版大国。在传统图书出版业数字化转型的浪潮中，法国固守本国的文化信仰，坚持"文化是立国之本"的基本国策；立足文化保护原则，强调政府对文化产业的规划和调节，制定了一系列政策机制和法律法规；联合出版协会和各出版机构，努力协调传统出版企业和数字出版企业之间的利益平衡，促进法国数字出版的发展。法国图书出版业的数字化发展在保守中稳步前进，开辟了一条契合法国国情的独特之路，将灿烂夺目、色彩瑰丽的法国文化推广到世界各地。本文通过分析法国的文化、国情与出版业的关系，以及梳理国家战略、财税政策、法律法规、管理机构和国际推广等方面来探究法国数字出版的发展模式。

关键词：法国图书出版；数字出版；法国文化；政策机制；法律法规

一、法国出版业与法国国情息息相关

法国是一个文化底蕴极其深厚的国家。自中世纪以来，法国在文学艺术方面一直保持着灿烂且持久的生命力，取得了举世瞩目的成就。法国的历史文化悠久璀璨，现代文化产业的发展也十分耀眼。在欧洲大陆积淀了上千年的文化气息充斥在法国的各个领域，文化和艺术贯穿着法国人的生活，法国的国家形象与文化密不可分。

法国得天独厚、色彩瑰丽的文化优势不仅让法国成为文化大国，也让法国成为欧洲的出版大国。据资料显示，2017 年，法国出版的图书种类大约有10.5 万种，图书市场销售额达到约 27.9 亿欧元。法国拥有数量众多的出版社和大大大小的书店，在欧洲范围内居于前列。法国图书销售额和版权贸易数量几乎占全球的 14.7%。阿歇特出版集团是法国最大的出版集团，现在已经成功实现了数字化转型，精确的战略定位和正确的转型举措为它带来了丰厚的利润，同时也对法国的文化发展产生了极大的推动力。

　　法国的图书出版业与其浓厚的文化氛围紧密相连。法国一直遵循着"文化是立国之本"的原则，法国政府认为文化产业的繁荣与民族精神的凝聚息息相关，对在国际上展示国家形象大有裨益。因此，在政策机制方面，国家制定了各种扶持政策来支持本国的文化发展，同时媒体机构也积极引导大众文化的发展方向，加之法国民众对于本土文化有着很深的自豪感，艺术气息围绕着每个法国人的日常生活，因此图书对于法国人来说至为重要。

　　法国的出版业始终根植于本国深厚的文化土壤中。法国实行独特的"文化例外"原则，不赞同将文化视为一种可流通的商品，认为文化是独立的，并具有特殊的地位。法国的文化产业并不依赖市场调节，而是由政府主导。同时，法国对文化的高度重视也让政府大力扶持本国文化产业的发展，而图书出版业是法国文化产业中极为重要的一个部分，因此这也是法国图书出版业繁荣的一个重要原因。

二、法国数字出版的现状

　　随着数字技术的广泛应用和新型媒介的出现，传统图书出版业受到强烈冲击，数字技术改变了图书的载体形式，也改变了人们的阅读习惯。传统图书出版业面对来势汹汹的数字化浪潮必然要做出改变，传统出版向数字化转型是无法避免的趋势。

　　从法国国家出版社工会的统计数据来看，法国数字出版市场最受欢迎的是学术书和专业类书籍，尤其是和法律相关的图书。而在大众数字出版物中，文学类图书销售量靠前，随后则是实用类书籍。据 GFK 的资料显示，小说和散文的出版与发行通过数字技术变得更简单，费用更低。体裁文学（科幻、幻想、犯罪等）中，数字作品占总销售额的 10%~15%；对于一些浪漫小说来说，数字作品甚至可以达到 50% 以上。2016—2018 年，法国电子书市场的销售额持续上涨（图 1），占图书市场总销售额的比重也在逐年增加（图 2）。虽然法国数字出版市场所占份额并不大，但正在平稳增长，呈现良好发展态势。

图 1　2016—2018 年法国图书销售和电子书销售情况

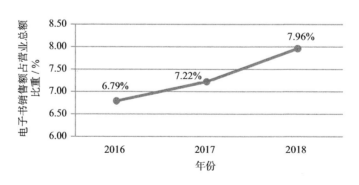

图 2　2016—2018 年法国电子书销售额占比变化

三、法国数字出版的特色发展之路

法国对于传统出版数字化转型的态度并不急迫，而是自始至终保持着小心谨慎的态度，缓慢前行，循序渐进。法国的文化政策不同于美国的"自由文化主义"——强调市场的作用，淡化政府的干预；法国的文化产业一直得到政府的政策扶持和资金资助，法国政府对文化产业有着系统全面的规划管理。因此，法国数字出版的发展与国家战略以及政府的相关举措密切相关。

（一）国家战略把控全局

2010年9月，"数字化法国"这一国家战略横空出世。此战略是基于欧盟出台的《欧洲2020战略》而制定的，这是法国大力发展数字文化产业的重要举措。但"数字法国"的战略形成并没有弱化法国本土文化的优势，而是根植于法国传统文化，利用数字技术，优化传统文化的载体形式，促进文化发展。图书、影视、视频和数字报刊是最开始实施的四个领域。

2014年，法国文化部设立文化数字化工作室——"瓦鲁尔硅谷"（Silicon Valois），这一举措旨在促进数字科技给文化产业带来更多的发展机会。

2018年，在加强文化民主化和艺术及文化教育政策能力的框架内，法国文化部希望通过一项名为"国家文化内容数字化和发展方案"的新计划，重申其对数字化的支持。该方案的第一阶段是根据新区域的地理和组织环境进行权力下放，其目标之一是完成文化内容数字化的区域政策。

（二）财税政策全力支持

法国一直以来都将大力发展文化产业作为基本国策，积极扶持资助本国文化产业，以政府为主，企业和个人为辅，建立健全法律制度，通过财税政策、减免税收等方式进行扶助，以此来促进文化发展和文化繁荣。

2008年，法国在整个国家范围内实施数字图书推广计划，政府每年通过图书中心拨款上千万欧元用以扶持传统出版企业数字化转型，此举吸引了各大型出版企业纷纷加入。

2010 年 3 月，法国文化部提出 14 项发展阅读提案，启动了"数字参考图书馆"计划，用于开发一系列数字馆藏和服务，为用户提供领先的数字资源，为图书馆现代化和数字化做出贡献。资金来自权力下放的一般拨款（DGD）范围内，通过图书馆的特别援助提供常年财政支援。为了支持传统图书馆向数字化转型，在一般分权拨款下，每年至少有 10% 的图书馆特别拨款用于数字化。

2012 年 1 月，法国对电子书的增值税率进行调整，税率下降到与纸质书税率相等的 5.5%。可以看出法国政府对电子书发展的支持态度，从执行情况来看也确实起到了明显效果。一直处于劣势的数字图书开始恢复生机，大众读者对数字图书的偏好也开始显现。

2013 年 3 月，法国国家出版工会与作家常任理事会签署了一项新的协定，内容要求所有出版合同都必须考虑到数字出版。同年 8 月，法国文化部又开始实行"电子书借阅服务"，试行阶段面向部分向公众开放的图书馆，旨在对大众说明借阅电子书和纸质书没有本质区别，政府只是提供选择。

2014 年，法国文化部又出台了一项关于资助独立书店的计划，主要是帮助独立书店解决在数字化转型中遇到的困难和危机，国家图书中心和出版界共同承担这笔高达 1800 万欧元的庞大支出。

（三）法律法规保驾护航

法国政府还出台了一系列法律法规，目的是保证出版自由、鼓励出版。在这些举措中能感受到法国强调图书出版在文化发展中的地位，法国将图书出版业视为文化产业中举足轻重的一部分。

1.《数字图书价格法》

2011 年 5 月 26 日，法国出版业行业协会及各大出版企业经过协商讨论后，颁布实行了《数字图书价格法》。该法实质上是1981年"郎法"（对图书的售价进行统一制定，降低零售书店的生存危机）的延伸和拓展。该法规定：凡是在法国市场上出现的出版的同一内容书籍，无论是通过哪一种渠道进行销售，都要按出版社制定的零售价统一销售，不能随意进行价格变动。并且，促销的新书折扣力度不能高于图书原来价格的5%。

法国统一电子书价格的法案起初进展得并不顺利。法国是一个对纸质书有独特情结的国家，国民保持着长期的阅读习惯，对于法国人来说，阅读是一种生活方式。虽然法国政府的出发点是对电子书和纸质书同等对待，只是在数字时代给大众提供一种新的选择，具体情况由大众的喜好决定。但是这一法案却导致了法国电子书售价居高不下，纸质书的零售价在4~5欧元，电子书的零售价却是纸质书的两倍至三倍。当时法国对数字出版持观望的态度，国民一时还无法完全适应，这样过高的电子书价格反而会适得其反。但法国出台这一法令的主要目的在于减少图书市场价格出现恶性竞争的现象，平衡各方的利益。

2.《知识产权法典》

对于全球数字出版业来说，盗版现象都是一个严峻和不可忽视的问题，加强版权保护对于出版商来说至关重要。《知识产权法典》的出台表明了法国政府利用政策手段在整治盗版、保护版权方面下的功夫。根据实践经验，法国政府不断对法律条文进行改进和完善，补充了数字出版的版权保护内容，使法国数字出版业的版权保护有了法律保障，促进了法国数字出版的发展。

法国数字出版的发展一直遭到盗版的威胁，为了解决这一问题，法国想到了亚马逊、苹果以及谷歌对电子书的保护——禁止复制和下载功能。此举虽是应对盗版肆虐之策，但在读者已经适应数字化技术带来的方便时反而产生了阻碍，影响了电子书的发展。不过法国从问题中找到了更好的应对之策，将困难转化成动力，进行了政策内容的调整，重新恢复了数字出版的发展势头。

此外，2004 年法国政府出台了《数字经济信任法》，其中对数字出版的安全做出了明确规定和要求。

（四）管理机构职责分明

在全球范围来说，拥有专业出版管理机构的国家并不多，法国便是其中之一。

法国政府文化和交流部扮演着分配和协调资源的角色，由下设的图书与阅览司管理具体的出版产业活动，协调出版产业链上的各个环节，起到了支持图书出版发展、保护图书出版业的作用。

法国文化部通过国家图书中心下拨财政资金，用于扶助出版业各项事业。不仅作者、出版社、图书馆可以享受到这笔资助，而且包括各个独立的小书店和各种文化类活动等都可以得到帮助。

（五）国际推广拓展市场

法国政府对图书出版业以立法、调整政策等方式进行大力支持，同时也在海外积极宣传，为法国的国际图书贸易提供一个良好的环境。

负责法国图书国际推广的官方机构是"图书与多媒体处"，隶属于法国外交部。由此也可看出，法国将外交策略和图书推广联系在一起，以国家的力量支持法国图书的海外贸易。

法国国际出版局是负责法国图书在海外推广业务的主要机构，职能是扩大法国图书的出口、服务国际图书贸易、寻求国际合作。法国图书出口的主要对象是法语地区，主要市场是欧洲和北美地区。亚洲是目前世界版权贸易最繁荣的地区，对法国来说是值得开拓的潜在区域；而其他地区版权贸易也在逐步发展，也是值得关注的地方。

法国国际出版局担当着出版协会性质的责任，积极进行海外拓展，设立了海外办事处，为国际图书贸易提供方便。同时，针对法语区和非法语区包括小语种区域，制定并实施不同的出版策略——"PAP"（出版扶持计划）。值得一提的是，数字出版促进了法国在非洲地区的图书销售。由于各种原因，纸质书在非洲地区的流通价格相对昂贵，出版数字化的浪潮让图书进入非洲图书市场变得更方便了。

此外，法国文化中心设立了"线上数字图书馆"，建立了"对外图书推广"网站，利用数字技术让世界各地的人们跨越时空感受异域文化，同时也加大了法语阅读的便利性，促进了法国文化的传播和发展。

四、法国数字出版发展模式总结

在全球范围内，数字化发展势不可当，传统图书出版业在数字化浪潮中也必然要随之改变才能在新的市场中站稳脚跟。法国数字出版的发展进程一直在谨慎的实践中稳步地向前推进，呈现出良好态势。这离不开政府制定的法律法规、财税政策等各个方面的大力扶持和帮助，还有出版企业对于数字化转型后的市场清晰的界定和划分，以及出版机构和行业协会的协同合作，更重要的是法国人从血液里对本国文化的热爱与自信。

在法国数字出版的发展路径中从来没有淡化本土文化在文化发展中的地位和作用。相反，作为一个有强烈民族文化情结的国家，法国一直将保护和发展本国文化作为基本国策。在面对数字化浪潮对传统图书出版业的冲击时，法国政府因地制宜，根据本国特殊的文化国情，牢牢抓住自身文化优势，促进了传统出版和数字出版的协同合作、共同发展，为推广和传播法国文化做出了贡献。

参考文献

[1] 版话儿.观察 | 全方位透视法国出版业（三）[EB/OL]. (2018-02-08) [2020-02-23]. https：//mp.weixin.qq.com/s/0UQXPVKfZFs7mM6HeN4oXQ.

[2] GFK.1 Français sur 2 a acheté un livre en 2016 [EB/OL]. (2017-03-23) [2020-02-23]. https：//www.gfk.com/insights/1-francais-sur-2-a-achete-un-livre-en-2016?hsLang=en.

[3] 关帅锋.法国数字出版的法律规制及其对我国的启示 [J]. 传媒，2016（18）：74-76.

[4] 关晓红.中法出版业对外文化传播比较研究 [J]. 中国出版，2015（21）：51-54.

[5] 国际出版周报.法国出版业：电子书重塑出版 [EB/OL]. (2019-03-27) [2020-02-23].http：//www.cctss.org/article/headlines/4182.

[6] 胡新宇.法国数字出版业的现状、发展策略及其启示 [J]. 科技与出版，2016（2）：83-86.

[7] 雷霏.法国图书出版业国际推广策略分析 [J]. 编辑之友，2014（1）：101-107.

[8] Ministère de la culture.Les Bibliothèques numériques de référence [EB/OL]. (2015-12-22) [2020-02-23]. https：//www.culture.gouv.fr/Sites-thematiques/Livre-et-lecture/Bibliotheques/Numerique-et-bibliotheques/Les-Bibliotheques-numeriques-de-reference.

[9] Ministère de la culture.Programme national de Numérisation et de Valorisation des contenus culturels（PNV）[EB/OL]. (2016-09-30) [2020-02-23]. https：//www.culture.gouv.fr/Sites-thematiques/Innovation-numerique/Programme-national-de-Numerisation-et-de-Valorisation-des-contenus-culturels-PNV.

[10] 梁帆.法国出版业考察记 [J]. 出版视野，2018（1）：39-43.

[11] 王眉.法国图书出版业稳中有进 [N]. 中国文化报，2014-05-29.

[12] 王周海.法国数字出版产业可持续发展的国际战略分析 [J]. 出版科学，2017（5）：105-108.

[13] 吴锋，陈雯琪.法国阿歇特出版集团最新动态及经营模式 [J]. 出版发行研究，2014（2）：95-98.

[14] 张书卿.法国政府对出版产业及文化产业发展的作用与作为 [J]. 出版发行研究，2006（1）：71-74.

媒介融合下民营出版的多元化经营探析

张凤涵

摘要：在以媒介融合为特征的文化产业发展趋势下，传统图书出版业亟待升级和转型，众多民营出版机构不断找寻新的可行发展路径，进行多元经营探索和尝试，进而产生新的产业增长点，对其产业链进行优化和升级。本文以媒介融合为背景，采用案例分析法和归纳法，以多元化经营过程中实现产业升级的民营出版机构为例进行分析，通过这些案例归纳总结民营出版机构在媒介融合态势下发展的特征、问题和建议，为民营出版机构多元化发展提供更多思路。

关键词：媒介融合；民营出版；多元化经营

近年来，随着我国经济实力的增强，文化市场不断繁荣，民营出版得到了一定的发展，民营出版的发展，在一定程度上促进了我国图书出版市场的繁荣。但随着移动互联网时代的到来，数字技术飞速发展，大众对文化的需求更加多元化，传统出版业单一的产业形式已无法满足读者需求，变革成为必然。

在媒介融合发展带来的机遇和挑战下，媒介之间的界限逐渐模糊，出版业正在发生着巨大的变化，多元化经营已成为发展趋势，只有抓住机遇，在文化创意产业中找准发展方向，才能不被时代淘汰。在出版业变革发展中，民营出版对多元化经营的尝试较为活跃。本文将选取相对成熟的民营出版机构进行分析，这些民营出版机构在数字化转型的进程中，通过找寻与自己相同的经营方向进行跨越和拓展，取得了较好的效果。

一、民营出版多元化经营发展和优势分析

以下几家民营出版机构抓住了数字时代媒介融合的机遇，通过挖掘自身的资源潜力，向具有发展前景的领域进发，进行了多元化经营探索。它们通过扩展产业价值链，发展出其他业务增长点，更好地适应数字出版时代的进程，赋予了企业新的活力。

（一）民营出版的尝试和发展

1. 打造综合性文化传媒机构——新经典文化股份有限公司

新经典文化股份有限公司（以下简称"新经典"）作为国内第一家上市的民营出版公司，自身定位是以"内容创意"为核心。新经典自成立以来，以"做有益、有趣、值得反复阅读的作品"为文化理念，深耕优质内容的开发，推出了大量有影响力的优质畅销书，并培育出多个优质图书品牌。

随着数字时代的来临，新经典充分运用其在图书领域的优势和经验，结合文化产业发展趋势，利用其丰富的优质版权资源，对其业务进行整合和深度开发。2012年，设立数字出版部门，拓展数字阅读平台渠道；2014年，成立新经典影业；2016年，成立尔马影业；2017年，线下实体书店PAGEONE投入运营。现阶段运营多个媒体号：科普类的"极简史"、推广类的"一天一本书"、创意动漫类的"bibi动物园"等。新经典的目标是通过不断加强对内容创意的投入，建设成为具有国际影响力的综合性文化传媒机构。

相比拥有丰富经验的互联网公司，以及现阶段各式各样的内容媒介平台，新经典从出版出发，对泛文化领域进行多种差异化内容尝试，不断扩大企业边限，探索更多可能性，认真找寻文化与创新之间的平衡点，自我定位渐渐清晰，企业不断发展壮大。

2. 与影视行业联动——果麦文化传媒股份有限公司

媒介融合的不断发展，使各个媒介领域之间的联系变得更加紧密。图书影视化是近几年来出版行业转型的一大趋势，影视业发展的基础是优质作品资源，所以内容正是出版业向影视领域转型的最大优势。通过影视行业的影响力，对内容进行培育和发掘，利用多媒介生产和传播，发挥出版行业的自身优势，形成出版和影视互相促进的盈利模式。因此，很多民营出版公司纷纷涉足影视业，其中最有代表性的要属果麦文化传媒股份有限公司（下称果麦文化）。

果麦文化成立于 2012 年，2013 年就开始着手进行电影投资活动。2014年投资拍摄了《后会无期》，之后又陆续参投了《万物生长》《乘风破浪》等多部电影，均取得了很好的票房收入。作为文化出版机构，果麦文化之所以获得成功，一个主要原因在于其对内容开发有深度的把握。以韩寒的电影作品为例，韩寒和果麦文化有着长期的合作关系，果麦文化对其作品风格有深刻的理解。在理解其作品风格的基础上进行影视化开发，并深度参与电影拍摄制作，相较于市场上众多因影视化改编而变得"面目全非"的作品，果麦文化能够更好地使其内容通过影视化进行展现，最终达到较好的效果。

果麦文化之所以在影视方面取得成果的原因在于十分重视和作者之间的合作关系，以及对作品内容的重视。作者能够对自己的作品拥有话语权，并参与到影视化的过程中，不仅提高了作者的积极性，而且对保持作品完整性也有促进作用，同时对作品影视化的完整呈现也是意义重大。作为出版机构，果麦文化更加懂得内容的价值，重视作者、重视作品，这也是出版机构和传统影视公司不同之处且具有优势的地方。

3. IP 运营——磨铁图书

另一个不得不提的文化发展热点，就是 IP 运营。"依托新媒体培育品牌与受众关系生态圈，图书是最大内容 IP 源，也是传统出版机构焕发新生机、培育自身品牌与受众关系的最佳抓手。"对于民营出版机构来说，发展 IP 运营具有先天优势。在 IP 运营进行深耕的民营出版机构中最具有代表性的要属北京磨铁文化集团股份有限公司（以下简称磨铁）。

依托"磨铁图书"和"磨铁文学"，磨铁发掘和储备了海量优质内容资源。"北京磨铁文化集团股份有限公司"成立于 2007 年，主力大众图书出版，"磨铁科书"现拥有"铁葫芦""黑天鹅""文治""超好看杂志"等多个优质图书品牌。"磨铁文学"旗下拥有网络文学品牌"磨铁中文网""墨墨言情网""锦文小说网""逸云书院"和"醉唐中文网"，拥有移动阅读平台"磨铁阅读""来看阅读"。天津磨铁星亚影视传媒有限公司于 2012 年成立，2015 年磨铁开始从图书行业向影视行业扩展，天津磨铁娱乐有限公司成立。2016 年，磨铁作为联合出品方、电影原著版权方投资了《从你的全世界路过》，这部电影最后获得近 8 亿元票房，标志着磨铁从出版界向影视的跨行发展取得成功。2018 年，磨铁开启另一个新的内容领域，成立"磨铁动漫"，通过加大动漫 IP 资源开发，发展新的产业模式。2019 年，磨铁参与投资的电影《少年的你》上映，票房超过 15 亿元，让"磨铁娱乐"再次受到关注。

通过"磨铁图书""磨铁文学""磨铁娱乐""磨铁漫画"这四个领域之间的联动和发展，磨铁凭借优越的策划能力、灵敏的市场感知能力、成熟的品牌营销，培育出大量优质 IP。在不断的实践中，磨铁对 IP 的培育、管理、内容把控等能力都在不断提高，并逐渐形成以 IP 开发为核心，通过延伸图书外延，实现实体出版、网络文学和影视制作之间的良性互动，形成一条有文化特色的内容产业链，扩大了生存领域。磨铁创始人沈浩波表示："我们的使命就是致力于打造全产业链的 IP 运营能力，提供全方位的泛娱乐内容产品，并逐步建立起完整的内容产业生态。"

（二）民营出版的优势

1. 自身资源丰厚

民营出版机构所拥有的内容优势是相关关联产业亟须且十分重视的，优质的内容资源是开展多元化运营的基础，有巨大的开发潜力和价值。内容资源不仅会带来资本投入，在通过多元化经营后，而且能对图书领域形成反哺，为图书市场注入活力。

民营出版机构利用自身优质资源与其他传媒产业进行合作，不再处于文化产业的边缘，能够运用融合媒介进行扩展，进行更多尝试。同时，对自身发展模式进行更多的思考，及时把握住机遇，实现升级革新。

2. 机构运作更加灵活，自主性强

民营出版机构是市场经济的产物，运作灵活、效率高，在长期的市场竞争中形成高敏锐度，能够根据读者需求进行创造和生产。但相对于国营出版社来说，民营出版机构在书号、资金等方面存在劣势。

随着出版行业的数字化发展，越来越多的资本开始青睐民营出版机构。"新经典、读客等民营出版企业的融资案例，为民营出版企业拓展融资渠道、解决资金问题等提供了经验，有助于促进民营出版企业不断优化经营模式、创新经营思路，为行业的整体发展起到推动作用。"

3. 国家政策支持

国家的政策支持和文化市场的繁荣，为民营出版发展提供了有力支持。习近平总书记在民营企业座谈会的讲话中提出，要为民营企业打造公平竞争环境，给民营企业的发展创造充足的市场空间。

近年来，随着国家经济实力的增强，国家开始重视文化发展，大力支持文化产业，积极倡导文化产业融合，对民营出版机构也进行一定的扶持，为民营出版发展不断助力。

二、民营出版多元化经营存在的问题

（一）自我能力有限，转型易受限制

近年来，我国出版业加快转型升级的步伐，但相较于其他文化产业，出

版业资本活跃度不高且发展缓慢，市场竞争力相对较弱，导致其在互联网产业发展的浪潮中，很大程度上受到了限制。目前仍有许多民营出版机构局限于传统图书出版领域，不敢跨进新的领域。

另外，相比国营出版社来说，民营出版机构在跨界中承担着更大的风险，无论是融资过程还是开发过程都必须审慎行之，这也是其不轻易转型、转型慢的重要原因。而影视娱乐行业具有高收益、高投入、高风险的特点，这就意味着图书出版行业想要扩展产业链，就要具有较高的风险意识。

（二）出版文化市场存在的问题

目前文化市场存在个别趋利，跟风现象。往往一个热点的流行，会引起众多拙劣的模仿。很多民营出版机构为了盈利，过于迎合大众需求，一味追求快速发展而忽视产品的内容价值，在未进行深入调研的情况下，盲目进行形式雷同的开发和转型，最终导致内容参差不齐、资源浪费、产业结构失衡等严重后果。

由于"快消"时代下大众对内容需求的转变，内容产业趋于娱乐化，出现大量同质化、缺少内容价值的文化产品。过于商业化，会丧失出版的本质，使出版行业的文化属性不断减弱。在科技发展迅速的时代下，害怕被淘汰、渴望转型、过于注重是否跟上潮流，而不顾是否适宜所进行的盲目跟风行为，是无法长远发展的。出现大量的"重形式、轻内容"现象，结果都会得到惨痛的教训。

三、民营出版多元化经营的建议

（一）精准定位，深化品牌意识

随着社会高速发展，大众消费能力升级，文化需求也变得越来越多元化。无论是近几年热火朝天的知识付费、有声读物等，还是 5G 时代的 AI 等新技术，都是互联网时代下大众需求的产物。民营出版机构想要在竞争激烈的文化市场中占据一席之地，就必须自我升级，进行品牌建设、品牌延伸。

战略定位是民营出版机构实现价值最大化的关键，民营出版机构应该充分利用自身优势，加强品牌意识，确定自身优势，进行精准定位。根据自我定位，找寻特色经营方向，尽可能减少投资失误，更精准地进行产业升级，更好地发挥自身优势。

（二）关注产业动态变化，提高创新能力

随着产业融合发展进程的加快，传统出版面临巨大挑战，民营出版机构只有从经营模式、思维方式、产业动态等多方面进行创新，在瞬息万变的产业中，向最适合自己的领域拓展，不随波逐流，才能实现、发展出更多的可能性。

民营出版机构作为内容的生产者和推广者，在新的发展背景下，要不断提高服务意识，整合出版产业链。在进行产业链拓展前，对自身能力要有清晰认知，明确自身的优劣势，从全局进行规划才是更稳健的做法。如果自身能力有限，向其他文化企业寻求合作，跨界合作，也不失为明智的选择。

因此，民营出版机构必须扩大视野，转变思维模式，增强互联网意识，时刻关注产业动态、更新产业信息，灵活敏捷地及时做出调整。向其他民营出版机构借鉴经验，并培养创新意识；在适应市场的同时，提高创新能力，培育具有独特品牌价值的文化产品；在新领域创造新风尚，占据关键节点。

（三）发挥"内容"的巨大效用，重视社会效益

出版行业无论以哪种媒介形态进行发展，都无法与内容割裂，内容也是出版延伸至其他领域的根本。"内容为王"无论放到怎样的背景下，都是绝对真理。

民营出版应该对其所拥有的丰富内容资源进行培育和深耕，提升所生产

内容的质量，深入最适宜自身定位的领域，发掘内容的更多可能性，加强对附属版权的开发和挖掘，对产业价值链进行延伸，形成以内容为核心的多元化经营产业。

出版业的文化属性、社会属性要求出版企业在任何情况下都必须具有大局意识，将社会效益放在首位，更好地发挥文化引导作用，为社会的文化进步提供原动力。

（四）增强法律能力和人才培养

目前我国出版业和大众的版权意识还较低，所以在进行版权交易或合作时，必须有专业的法律支撑，才能更好地维护自我利益，以避免不必要的纠纷。民营出版机构必须加强法律意识，深刻理解和领悟国家相关政策、法律法规，并严格遵循。

另外，在全媒体时代，出版业亟待变革，而人才的缺失是其发展的一大阻碍。传统出版业现有人才结构单一，能力无法达到多元化经营的要求。因此，必须加大对新时代的出版专业复合型人才的培养。融合出版人才可定义为："熟悉出版政策法规，横跨传统出版与数字出版两大领域，既了解传统图书出版流程，又掌握互联网技术、数字产品研发和新媒体传播手段，还能协调企业各部门同步、高效运营的人才。"人才队伍的打造，是出版行业进行多元化经营的重要支撑。

四、结　语

在当下高速发展的互联网时代媒介融合的背景下，民营出版机构只有在明确自身优劣势的同时，充分结合媒介的特征，从全局出发进行规划，找准定位，进行多元化经营探索、价值链升级，使自身不断强大，才能在文化产业中获得更大发展。

参考文献

[1] 李际平 . 融媒体时代出版品牌与受众关系创新探析 [N]. 中国出版传媒商报，2019-08-16（008）.

[2] 李科 . 民营出版业转型升级探讨 [J]. 出版广角，2018（1）：41-43.

[3] 秦德继 . 融合出版背景下的人才队伍建设浅析 [J]. 出版参考，2019（6）：62-64，67.

[4] 致力于提供全方位文化内容产品，构建完整内容产业生态 [EB/OL]. (2018-12-28) [2020-02-24]. http：//www.cbbr.com.cn/article/126057.html.

媒体融合环境下
数字出版产业运营的现状及对策

张艺潆

摘要：近年来，移动网络、大数据、人工智能等新一代数字技术呈现出迅猛的发展态势，为出版融合提供了前所未有的机遇和挑战。为此，出版单位均在积极探索数字出版业务，提升市场竞争力。在媒体融合环境下，很多全新的融合出版方案相继推出。数字出版的出现为传统出版注入了更多的生机与活力，使出版业发生了深刻变革。本文采用案例分析法对媒体融合环境下数字出版产业运营的现状、问题及对策进行分析。

关键词：媒体融合；数字出版；编辑；转型

随着科学技术、人工智能、新媒体逐渐融入各行各业，传统媒体积极顺应时代发展，将主要业务与互联网相结合；将现有的高质量内容资源经过数字化加工，通过网络平台传播给大众；将内容、网络融合在一起。媒体融合是信息传输通道的多元化下的新作业模式，是把图书、报纸、电视台、电台等传统媒体与互联网、手机、手持智能终端等新兴媒体传播通道有效结合起来，资源共享，集中处理，衍生出不同形式的信息产品，然后通过不同的平台传播给大众。媒体融合是一种新的潮流与发展趋势，它服务于大众，同时通过用户的回馈不断地自我完善，将这些新事物注入原有出版的各个环节，生成数字出版的综合业务平台，进一步壮大出版业实力，进而使国家媒体融合发展战略得到关注与执行。

"媒体融合"这个词最早在美国出现，由尼葛洛·庞蒂提出，美国马萨诸塞州理工大学教授浦尔在其著作《自由的技术》中认为媒体融合是指各种媒体呈现多功能一体化的趋势。媒体融合主要以书、报、刊、音像制品、电子出版物等媒介之间的有效联系为立足点，依靠各种先进技术，将文字、音频、视频融合，从而产生出优质的服务。基于此环境，原有媒体逐步与新媒介携手，合作越来越多，传媒业从此进入媒体融合的时代，出版业作为信息服务与传播的关键行业，也要在信息方面抓住机遇，更好地融合发展。

一、在媒体融合环境中我国数字出版产业的现状

（一）出版融合成为必然趋势

　　习近平总书记在十九届中央政治局第十二次集体学习时作了《加快推动媒体融合发展构建全媒体传播格局》的讲话，进一步强调了媒体融合发展的重要性和紧迫性。在新时期，出版单位应顺势而为，更加重视融合发展，加快出版融合发展步伐。"现代纸书"是在移动网络环境中，带有一定的交互设计，受广大消费者喜爱的纸质书。在原来的纸书中加入可以搜寻到更多内容或服务的二维码，让消费者在使用时，通过扫描二维码实现拓展服务的获取。并且，利用大数据还可以在消费者使用这类产品时搜集、整理、分析他们的习惯性行为与需求，进而向这些用户发出更加精确的信息并得以推广更加优质的服务，最终产生出其他的有偿服务（如出版、知识付费）。首先，它具备数字出版的很多特征，例如，内容信息海量、传播效率高、与消费者实时互动和交互性更强。其次，融合传媒发展时代，它可以采用全媒体出版方式。类似"现代纸书"，在原有出版物上印刷二维码，消费者扫描二维码后可以获取相关的免费音视频，用扫描二维码的方式来获取相关增值服务并进行知识付费，并且出版方还能在消费者扫描二维码后快速获取相关的习惯性行为数据，从而利用大数据精准分析消费者的喜好，进而使线上推送的内容更加精准到位，更能满足消费者需求。

（二）出版业与其他产业走向融合

先进技术的应用必然给出版业的发展前景提供有力的帮助，融合发展也将为出版业的发展前景带来更好的机会，每一种新媒体的出现都会引起信息传播领域的巨大震动，但所有的业态并非被全部取代或消亡，而是在更加细分的领域发挥自身的优势。同样，数字出版并不会直接代替传统出版，而是共生共荣将其推向更高层次。为了倡导全民阅读，营造书香社会，中餐式的传统阅读不能丢，但是快餐式的数字化阅读更是必不可少。例如，融合产物——"农家书屋"就是一个能够满足农民文化需求、搭建多类型出版物、管理与服务自主化的公益性文化场所，它在一定程度上解决了"农民没有书读"的问题，但未从根本上解决"农民看书难"的问题。现阶段它主要存在以下问题：组织布局过密化、供给格式化、与农民信息获取方式不适应、服务内容与需求不适应、缺乏自主管理和相关部门监督、"知名度、参与度、满意度"低。

（三）全媒体化背景下传统出版与数字出版融合

随着时代的发展，很多人预言未来将仅存数字出版这一种出版形态，但是在笔者看来，基于我国国情和从古至今形成的阅读方式，数字出版将不会很快取代传统出版成为唯一的出版形态。传统出版向数字出版转型，两者的相互融合需要很长一段时间，尤其是随着 5G、AI、VR、AR 等新技术的出现和发展，影响着出版内容编辑、印刷、发行等每个环节，出版业要紧跟时代的脚步，勇于面对媒体融合带给出版业的发展机遇，在对自身准确的定位和认知的基础上加以创新，通过不断探索新路径，加快推动出版融合更好地发展。在各种先进技术竞相发展的环境中，数字出版技术为传统出版提供了巨大的改变机遇，传统出版受到了数字出版的巨大冲击。数字出版物有许多优势——价格低廉、携带方便、海量资源、检索迅速等，结合传统纸质出版物的优点，两者能更好地共生共荣。数字阅读和传统阅读可以形成互补，数字出版这股新鲜血液也将促进原有行业的复苏。在技术层面，双方的传播介质相对独立，但这并不代表双方就不可以融合，并且业内也已经出现了成功融合的范例。

二、媒体融合环境下我国数字出版产业的困境

（一）创新型数字出版人才匮乏

出版工作中，出版物内容质量的高低除了和作者水平有关，也取决于编辑工作者在各个工作流程中能否认真负责和是否具有刻苦钻研的精神，编辑环节质量的高低也会间接影响到社会的各个方面。同时，编辑人员在编辑过程的各个环节都要按照行业规范进行操作，以保证出版内容达到标准。但目前存在的问题是专业的网络编辑人才缺乏，因此出版单位应重视网络编辑人才的培养和引进，高校编辑出版学专业的学生作为未来的出版人，更应该从一开始就具有行业融合和转型升级的意识。除此之外，国家应仿照传统编辑人才的培养方式，注重培养编辑人员在网络编辑方面的能力，对已经获得出版专业职业资格证的编辑人员来说，还应不断学习，并且经常参加业务培训，提高业务水平。在出版行业工作的专业技术人员每年还需要参加国家新闻出版署规定的教育课程，目的是激励编辑在做好编辑工作之余，也要拓展自身的移动互联应用意识与技术。在媒体融合发展时代，各个出版社应培养员工的数字化思维，通过不断提升员工业务能力来使其更好地适应互联网时代。

（二）网络编辑人才缺乏

目前，随着科技的发展，电子书逐渐普及。因此，网络编辑人才在基于数字出版的整个互联网运营的工作过程中起着非常关键的作用，传统编辑更应该向数字化、网络化转型，国家应注重对网络编辑人员的培养，让基于数字出版的互联网运营更具创意，从而提升出版的影响力和竞争力。

因此，笔者有以下建议：一是对出版企业的现有员工进行培训，利用出版社良好资源，请知名学者对他们进行业务培训，系统地学习一些数字技术，如各种在出版发行过程中可能用到的软件；二是出版企业在招聘新员工时可以侧重招聘具有新媒体从业经验的人才，这样不仅能够促进企业的人才建设，更对出版企业未来的发展有利。新媒体人才加入会给传统出版业注入更多活力，使传统出版业能够在高质量内容的基础上融合更多的数字技术，不断创新产品内容和形式，为出版企业带来更多的经济效益。

（三）数字时代缺乏数字化思维

对于已出版的出版物，可能仍具备相应的出版价值，因此出版方可以再次购得相关版权，例如将其数字版权继续推向市场。这种出版物的二次出版不同于第一次出版，出版方可以在原有出版形式之外，利用数字版权推出一些数字出版产品，并且开拓更多的传播媒介，如网页、移动终端等，通过这种方式将这一部分内容实现最大化的制作与传播。

以公众号这一媒介来说，现阶段编辑人员缺乏数字思维，所推送的文章在篇幅上和纸质版期刊没有差别，内容篇幅大、文字长，编辑并没有考虑到整篇大段的内容推送会让订阅者失去阅读兴趣，最终取消关注。移动互联时代，编辑一定要具备数字思维，充分利用公众号的多媒体功能，例如：页面的排版设计、添加背景音乐、链接一些与文本有关的视频等方式，更加吸引订阅者的内容推送；在文章的版式设计方面，也要做到主次分明，色彩搭配适当，有繁有简。

三、媒体融合环境下我国数字出版产业的对策

（一）培养网络编辑人才

数字时代，一定要注重网络编辑人才的培养，培养编辑向产品经理这个

角色转型，打造复合型编辑人才，更好地应对新时代和新技术。电影《天才捕手》中有一句话："伟大的文学家需要由编辑发现，精益求精的编辑应该被时代发现。"现阶段，有很多人说编辑无学，这种说法是错误的，编辑是工匠精神的典范，现阶段就应该特别注重培养编辑的工匠精神，编辑对待稿件一定要认真负责、精益求精。

在"互联网+"时代，培养网络编辑人才要在培养传统编辑人才的基础上加入数字化的新技术，让传统编辑数字化。首先，高校的编辑出版学专业授课教师在考查学生理论知识的同时也要注重对学生实践能力上的培养。其次，校企联动，高校和出版单位合作，这样不仅可以使学生既学习了系统的理论知识，又在让出版单位培养了实践能力。数字编辑通过对后台内容严格筛选把关，从而实现出版服务模式的更新与提升，达到精准推送的目的，对于很多需要推送的内容，优中选优，择优推送，以达到完美的效果。

（二）完善数字出版相关法律法规并严格管理

2018年出版行业关键词是"书号调控、纸价上涨"，这反映了国家对高质量内容的重视，要引导出版业的内容高质量发展。习近平总书记强调，以高质量文化供给增强人们的文化获得感和幸福感。高质量的内容能增长人们的学识，在学习和工作方面给人们提供大量的帮助，让人们近距离感受各国文化，能美化和充实人的生活，给人带来愉悦和满足；高质量内容能在历史永存，不会随着时间消亡；高质量内容能体现出精神产品的丰富属性；高质量内容能获得双效益。

无论是工作还是日常生活中，我们都要树立版权意识，加大对网络的防范意识，尽可能地阻止低俗内容的产生和传播，坚决杜绝侵权盗版现象的发生，国家制定完善的新闻出版行业规范。当今短视频大火，各种内容层出不穷，线上发表的各类内容都要经过严格审核，对不合格的内容进行删除，同时警告发布者。通过制定《信息网络传播权的保护指导意见》来使网络使用环境更加干净和安全。严格遵守国家各项法律法规和国家新闻出版署的规范性文件，全方位保障出版融合发展。

（三）媒体融合时代打造全媒体出版

信息技术发展使媒体融合成为大家广泛关注的话题，全媒体出版就是将同一内容同时发布在传统纸质书和互联网的多种媒体上，实现同内容多渠道的传播，目的就是增强用户的体验感。

自从各大出版单位打造公众平台以来，为用户增加了体验感。以往用户买来的纸质书籍只是可以看，但现在互联网平台可以有效结合音频、视频等多媒体来打造用户爱不释手的阅读形式，比如有声书等。用户可以在劳累了一天之后，进入微信公众号，闭上眼睛，享受听书服务。

在媒体融合时代，出版业迎来了全新的发展机遇，这就要求出版从业人员在做好本职工作的同时，多学习一些数字技术，无论是数字出版还是传统出版，最打动读者的还是高质量内容。数字化更多的是形式上的创新，出版单位可以通过多平台、多形式来传播高质量内容。媒体融合背景下传统出版的数字化转型是在保证出版单位社会效益的基础上，让社会效益和经济效益更好地融合，不要一味追求出版图书的数量和种类或是开通公众号的数量和样式，更重要的是要做到少而精。平台和形式固然重要，但我们更要学会抓住读者内心，知道他们真正的需要，才能达到双赢。

四、结　语

数字化的不断发展给传统出版带来了挑战，传统出版业要想适应未来发展，就要积极转型。开展传统出版业数字化转型升级是进一步巩固新闻出版业作为文化主阵地、主力军地位的客观需要，是抢占未来发展制高点、参与国际化竞争的重要途径。基于传统媒体与新兴媒体共生共荣的时代特征，数字出版更应该把握优势，找准定位，向着更好的发展前景迈进。

参考文献

[1] 出版专业基础中级 [M]. 国家新闻出版广电总局出版专业资格考试办公室编 . 2015：232-233.

[2] 关于推动传统出版和新兴出版融合发展的指导意见 [J]. 国家新闻出版广电总局财政部，2015.

[3] 郭义强 . 深化出版融合，推进行业高质量发展 [J]. 出版发行研究，2019.

[4] 胡怡 . 论传统图书出版与新媒体的融合发展 [J]. 中国新闻出版广电报，2019.

[5] 加快推动媒体融合发展 构建全媒体传播格局 [EB/OL]. (2019-03-15) [2020-02-03]. http：//www.qstheory.cn/dukan/qs/2019-03/15/c_1124239254.htm.

新冠肺炎疫情下
出版社数字化转型策略及趋势分析
——以人民卫生出版社为例

王海歌

摘要：2020年年初，突如其来的新型冠状病毒肺炎（以下简称"新冠肺炎"）疫情让许多行业陷入发展的停滞期，虽然出版业也受到重创，但也给其带来了一些发展机遇。国内出版社在国家政策的引导下，积极利用自身优势与资源开始策划出版与突发公共卫生事件相关的出版物。在新冠肺炎疫情的防控中，我们可以明显感受到数字化带来的优势，出版社对于数字产品的策划、生产、发布等环节都能够做出迅速反应，并出版了一批质量高、公益性强的数字产品，进一步体现了融合发展为出版社带来的创新与改变。本文以人民卫生出版社为例，分析了人民卫生出版社在新冠肺炎疫情期间的表现与不足，并对其今后的发展提出一些建议，同时也对其他专业性比较强的出版单位提供一定的借鉴。

关键词：新冠肺炎疫情；人民卫生出版社；数字化转型

2019年，国家新闻出版署实施了"数字出版精品遴选推荐计划"。经严格评审，95个品类丰富、内容优质、双效俱佳的数字出版精品项目应运而生，这进一步说明了出版社在全媒体时代顺应趋势融合转型的优势，也体现了在新时期满足群众阅读需求的发展趋势。

根据华闻传媒产业创新研究院自 2020 年 1 月 20 日至 2 月 29 日 19：00 的监测结果显示，68 家数字出版精品项目单位推出了 414 项抗疫活动，包括但不限于卫生健康类出版物及其电子书、抗疫科普电子出版物及有声数字阅读、卫生防疫及心理疏导在线服务、数据库产品、在线课堂及各类公益活动等，数字出版精品项目单位在疫情中的迅速应对和布局，为行业提供了精品示范。

一、新冠肺炎疫情对我国出版业数字化进程的影响

在新冠肺炎疫情期间，各出版单位的出版计划及出版项目体现了数字化转型升级、融合发展的优势和价值，数字出版精品项目单位在此次抗疫期间的各项产品和服务，结构合理、品类齐全，增强了数字化、网络化、互动化的策划和生产与服务能力，彰显了出版价值。数字出版从业者应严格贯彻"技术丰富表现""技术更新业态""技术促进融合"的方针，充分利用数据挖掘、云计算、人工智能等先进技术，逐步拓宽数字出版内容阅读的服务形态、产品形态及生产模式，形成"智能终端随人走，数字信息围人转"的传播态势。

同时，数字化内容生产垂直化、精品化趋势明显。疫情发生后，相关出版单位以受众需求为中心，针对当前的形势快速反应，出版了一批内容优质、贴合受众需求的精品出版物。在推出的数字化出版物中，呈现出"数字资源多样化，开放形式公益化"的特点。内容资源除了线上电子教材、免费科普读物的纸电双版，还开放了多种在线平台共享免费教育资源。这些做法对稳定社会、团结人民起到了良好的助推作用，引导人们科学防护、了解疫情相关知识。在推进受众服务的同时，拓宽出版渠道，凸显出版单位的责任与担当，进一步推动了出版融合向纵深发展。

二、疫情防控中人民卫生出版社的表现

（一）疫情期间的出版政策

1. 跨界融合

在疫情防控期间，人民卫生出版社（以下简称"人卫社"）推动了中国医学教育慕课联盟及平台建设、人民卫生出版社开放大学、国家级医学数字教材建设、人民卫生出版社融合出版建设等项目的融合发展。利用自身优势，搭建医疗信息资源多样化平台，形成了全方位、多角度的出版融合。

人卫社坚持纸质图书与电子书同步出版。在"封城""隔离"的情况下，利用自身专业性强和资源广的优势，将精品数字资源开放共享，开放了线上知识平台以及相关读物，助力线上科学研究、生产调度、办公和学习。

同时，人卫社也积极实行跨界合作多渠道转发的形式进行宣传。《公众防护指南》和《公众心理自助与疏导指南》纸质书、电子书同步出版后，在新华社、国家卫健委官网及官微发布后，在人卫社官网、"学习强国"平台、各新媒体平台及相关平台广泛传播。据不完全统计，截至2020年2月14日已有1323家媒体、网站、平台对《新冠肺炎病毒感染的肺炎公众防护指南》进行了转载或报道，其中包括微信平台的1120个公众号、19个应用软件、184个网站。"新华视点"微博浏览量超过100万人次，"健康中国""中国疾控动态"、人卫社官微"人卫健康"和"人卫慕课"等微信平台阅读量均已超过10万人次。电子书多平台上线，人卫社电子书公众微信号原文阅读量66余万人次，转载阅读量预计超过2000万人次。此外，共有485家媒体、网站、平台对《新冠肺炎病毒感染的肺炎公众心理自助与疏导指南》进行了转载或报道，人卫社电子书公众微信号原文阅读量达到34余万人次，转载阅读量预计超过500万人次。

2. 技术创新

人卫社整合其数字化平台和教学资源，在医学教育、医学学术、医学

考试、大众科普数字出版领域及数字版权保护等方面积极探索，尝试新技术的应用和突破。如在"人卫临床助手"App中建设"智能诊疗"系统；在"人卫用药助手"App中建设"智能问药"系统；在医学考试辅导系统、中国医学教育题库等项目中，积极应用人工智能机器学习、自然语言处理等技术，提升教学质量。

此外，紧密结合新兴技术，人卫社还进行了医学AR、VR、MR、3D数字出版研发、健康AI（人卫智医助理、智能问药等），利用5G、万物互联、区块链创新技术（数字版权全生命周期服务体系）进一步扩大其业务领域。

在实施国家大数据战略，加快数字中国建设、应用大数据促进和改善民生、促进健康中国建设的背景下，人卫社提出了在原来传统媒体和新媒体融合发展的基础上，以"互联网＋医学文化"为载体，以"互联网＋医学教育"为渠道，以"互联网＋卫生健康"为目标，最后实现"互联网＋人卫出版"融合发展的格局。

3. 用户服务

为了满足疫情期间广大用户图书阅读及相关知识的服务需求，人卫社在落实《教育部应对新冠肺炎病毒感染肺炎疫情工作领导小组办公室关于在疫情防控期间做好普通高等学校在线教学组织与管理工作的指导意见》的同时，制订并实施《人卫慕课2020年春季开课方案》，上线了173门课程。另外，启动了人卫社电子教材的系统建设工作，第一批约280种医学教材已于2020年2月16日上线。

截至2020年2月14日时，"人卫健康"微信公众号共计150万阅读量。精选人卫社原创内容发布于今日头条的"人卫健康·头条号"和搜狐的"人卫健康·搜狐号"两大子平台，累计达到8万多阅读量。"人卫健康微信公众号""人卫健康·头条号""人卫健康·搜狐号"共计111万阅读量。

"人卫慕课""人卫药学""人卫约健康""人卫预防""人卫助手"等19个微信公众号矩阵相继推送《公众防护指南》《公众心理自助与疏导指南》等

相关内容；"人卫电子书""人卫中医"等公众号相继推送《中西医结合防控手册》连载内容；"人卫健康""人卫电子书""人卫约健康""人卫中医"等公众号相继推送"坚决打赢疫情防护防控狙击战"系列科普视频。

（二）疫情期间的出版计划

2020 年 1 月 30 日，人卫社在出版计划中加入了《新冠肺炎病毒感染的肺炎公众防护指南》图书及系列出版物等选题。截至 2020 年 2 月 20 日，人卫社在科普、学术、国际选题、医学人文等领域均策划了 30 余项选题，如表 1 所示。在疫情期间人卫社推出了《新冠肺炎病毒感染的肺炎公众防护指南》融媒体图书、电子书、网络版读物，《新冠肺炎病毒感染的肺炎公众心理自助与疏导指南》《新冠肺炎病毒肺炎健康教育手册》等专业出版物。出版社邀请钟南山、李兰娟、王辰等院士，武汉雷神山医院院长王行环教授等战斗在武汉抗疫第一线的专家担任主编，出版新冠肺炎疫情防治的系列学术专著、实用手册和培训教材。

表 1　疫情期间人卫社的出版计划

类别	抗疫行动事项
专业出版	推出《新冠肺炎病毒感染的肺炎公众防护指南》融媒体图书、电子书、网络版读物
专业出版	权威发布《新冠肺炎病毒感染的肺炎公众心理自助与疏导指南》全文
专业出版	正式出版《新冠肺炎病毒肺炎健康教育手册》
专业出版	推出抗疫新书《新冠肺炎相关精神症状的药物处置（专家建议）》
专业出版	发布《学习网课时如何科学用眼防控近视》电子版
专业出版	推出图书《学习网课时如何科学用眼防控近视》
科普大众出版	电子书节选：因其他疾病如何做好防护
科普知识	新冠肺炎病毒科普知识
科普知识	新冠肺炎病毒科普知识
科普知识	新冠肺炎病毒科普知识

续表

类别	抗疫行动事项
科普知识	新冠肺炎病毒科普知识
科普知识	新冠肺炎病毒科普知识
科普知识	原创科普：在家上网课切勿长时间紧盯电子产品，蓝光伤眼不可逆
科普知识	原创科普：只有外出才能锻炼
科普知识	原创科普：疫情期间自我防护时，吃哪些果蔬最好
开放资源及云课堂	人卫社开通数字产品辅助教学绿色通道
开放资源及云课堂	人卫教材电子版上线，免费在线学习

为了满足全国各地的抗疫需求，人卫社免费提供可印制的 PDF 版本。截至 2020 年 2 月 18 日，《新冠肺炎病毒感染的肺炎公众防护指南》一书由人卫社自行印制 4 万册，全部发往武汉；其他社共印制 31 万多册，总计 35 万多册；《新冠肺炎病毒感染的肺炎公众心理自助与疏导指南》一书，人卫社印制 6.5 万册、湖北人民出版社印制 6 万册，全部用于湖北抗疫一线；4 种少数民族文字出版物共印制 5 万余册向少数民族地区免费赠阅。

同时，人卫社向社会免费共享 EOMO 学术专著电子书版本；免费开放学习平台 2 个，免费开放教材、慕课、学术专著等网上读物 681 种，其中教材 400 余种，慕课 173 种，考试辅导课程 2000 余小时，视频 18 个。

三、疫情下人卫社数字出版发行出现的问题

（一）内部数字资源分布不均衡

疫情期间，人卫社响应国家号召积极推出了免费的线上电子教材和配套的学习资料，以人卫社发布的电子教材资料为例：向本科生开放 30 本在线教材；高等教育 10 本；中等职业教育 3 本；高等学历继续教育 4 本；研究生教育 2 本。由此可见，人卫社发布的学习资料大部分倾向于基础教育，研究生教育等高层次教育较少。

同时根据各大高校发布的网络免费学术资源汇总来看，人卫社的资源大部分集中于 PC 端"人卫教材免费在线学习"。而北京大学出版社、上海交通大学出版社等除了 PC 端资源，还将学习资源放在微信公众平台以及手机 App 上，方便大众下载，增加阅读体验。

（二）尚未建立统一的版权管理体系

　　疫情形势下，在线教育发展势头更加迅猛。人卫社的慕课平台推出的网课教学视频教材、PPT、音乐等合理使用的版权问题也凸显出来；免费提供可印制的 PDF 版本及供读者免费阅读的电子书（包括防疫指导手册），如果被阅读类 App 转发，尽管可能被认定为"出版社默认许可"，但是一系列的版权问题理应引起出版社的重视。

　　在免费传播的过程中，对于资源的合理使用也成为开放资源难以统一管理的问题之一，对于开放的 App 平台，社内提供了免费电子教材资源和知识服务资源，目前人卫社在部分教材的使用上只采取了激活码和密码设置的方式，对于线上资源的版权问题还未出台相关的规定。这就意味着在突发事件中，出版单位将资源共享的同时并未直接建立统一的版权管理体系。在已开放的知识平台、电子教材资源中对于突发事件后可能出现的版权问题没有具体的要求与措施。

四、人卫社数字化发展趋势分析

（一）加强智库建设，优化行业标准体系

　　目前智库建设对于每个发展中的行业来说都是进行自身建设的重要环节。"人卫智库"是人卫社创建的注重整体性和系统性的专业智库，新冠肺炎疫情防控期间，智库的优势得以发挥，因此人卫社应该加强智库建设，优化企业科研创新工作机制，进一步引领出版行业加强智库建设，完善行业标准体系。

人卫社紧跟世界医学和现代科技发展的脚步,尝试运用富媒体、云技术、大数据等新技术手段,创新文化生产和传播方式,创造性培育文化业态。出版技术依靠大数据和云计算为核心的数字出版进一步深度融合,拥有了前沿技术手段,加上人卫社在医药卫生领域全方位、多角度的资源深耕,人卫社紧密围绕教育改革与人才培养需求,汇集海内外和医药卫生、出版、互联网、多媒体等多行业的智力资源,通过实施数字化战略,在医学教育传统出版和新兴出版融合发展创新方面实现了新的跨越,为其他出版社的智库建设提供了宝贵经验。

(二)利用"微模式",培养全方位专业数字化编辑人才

根据此次疫情期间人卫社策划编辑出版的图书类型及种类来看,线上图书出版与策划已经成为主流。目前出版社不仅需要掌握新技术的"数字化"编辑人才,更需要医学相关专业性强、实操能力优秀的全方位编辑出版人才。"人卫培训"微信订阅号的开通,以精心制作"微培训"为主线,通过解读新媒体发展政策方针、关注新编辑能力需求,针对不同岗位的新需求,定期向全体编辑推送。通过"微培训"和"微学习"模式,打造了独具特色的编辑团队。

一方面,人卫社对目前的编辑资源要进行摸底评估,建立适合自身优势的编辑协同工作机制,培养互联网思维、资源整合和应用能力,通过项目融合锻炼团队,借助不同的媒介形式培养数字化专业编辑人才队伍,实现编辑资源的整体融合发展。

另一方面,编辑需要加强多方面的合作沟通。推动医学领域的专家转变角色深入参与到图书编辑工作中来,尝试富媒体编著、伏案编著向在线创作转化;建立由医学专家、数字专家、教育专家和技术专家融合共建创作团队;推动作者、编辑、读者的团队融合、思维融合和出版融合。

(三)跨界共生,创新全产业链融合发展

内容生产和管理的数字化以出版流程再造、内容管理、版权管理、内容

复用、精细化管理为主要建设内容，是全面整合出版资源、多向发布数字产品的基础工作。传统媒体转型升级融合发展，不再局限在原有体系内的重组再造，一些着眼于新生态建设的跨界合作开始出现，媒体与本地政务、媒体与金融机构、媒体与互联网公司的深度合作模式不断涌现出来。

对于自建有数字化平台的出版社而言，出版产业链主要以出版环节为基础开展的具有价值关系的上下游企业共同组建的出版企业联盟为主。在此次疫情突发事件中，各个拥有自建数字平台的出版社无须花时间和精力去协调产业链上各方利益，即可在第一时间快速响应，在自有平台上开展各类优惠和免费活动。

因此，人卫社应进一步践行"出版社＋"的模式，延伸出版产业链和价值链，进一步加深融合发展的转型升级，对固有的思维定式要敢于打破并通过建立内容中心、用户中心、数据中心，提供精准的服务，满足用户的需求。

五、结　语

综合来看，人卫社作为医疗卫生领域权威性的出版社，一方面，在这次突发公共卫生事件中反应迅速，出台的相关出版政策和制订的出版计划都取得了良好的效果，体现出了融合发展数字化转型的优势。在健康传播领域，其根据国家政策并结合人民的需求出版了一系列电子和纸质出版物，基本满足了大众医疗卫生知识普及和心理健康建设的传播需求。另一方面，也暴露出目前出版单位应对突发事件的短板与不足，尤其是版权管理与资源分布。今后，人卫社应利用自己的资源优势和传播优势，发挥带头作用，也应与其他出版单位深度合作，在出版类型、出版技术、数字化融合转型等方面合作共赢。

参考文献

[1] 杜贤.探索深度融合发展之路——以人卫社创新融合为例[J].出版参考,2020（2）:9-12.

[2] 杜贤.以结果导向推动出版企业智库建设探析——以人民卫生出版社为例[J].出版发

行研究，2016（1）：16-19.

[3] 刘闯.5G 时代下数字出版的机遇以及挑战 [J].传媒论坛，2020，3（12）：94，96.

[4] 刘敏，黄婧.新冠肺炎疫情对数字出版行业影响的分析 [J].出版参考，2020（5）：5-9.

[5] 新华网.人民卫生出版社：做疫情防控坚强的出版传播后盾.[EB/OL]. (2020-03-02) [2020-03-03].http：//www.xinhuanet.com/book/2020-03/02/c_138833001.htm.

[6] 新华网.人民卫生出版社：做疫情防控坚强的出版传播后盾 [EB/OL]. (2020-03-02) [2020-03-03].http：//www.xinhuanet.com/book/2020-03/02/c_138833001.htm.

[7] 中国编辑协会简报 [EB/OL]. (2020-02-23) [2020-03-02].http：//www.crs1992.com/Brief-ingView-205.aspx.

[8] 中华人民共和国国家互联网信息办公室."国家新闻出版署关于公布数字出版精品遴选推荐计划 2019 年度入围项目名单的通知" [EB/OL]. (2019-10-23) [2020-03-03]. http：//www.cac.gov.cn/2019-10/23/c_1573361817261536.htm.

抗击新冠肺炎疫情中的数字出版业
——互联网出版与知识服务

赵超奇

摘要： 2020 年年初新型冠状病毒肺炎（以下简称"新冠肺炎"）疫情暴发，各个行业都加入了疫情防控工作，中国数字出版业基于其社会责任，在此次抗疫工作中发挥了重要作用，为疫情防控和消除民众对疫情的恐慌做出了积极的贡献。但此次行动也暴露出出版内容重复率高、各出版企业间合作力度低等问题，尽快对相关领域出版内容进行分类和有针对性地建设跨省数据资源库、国家级数字出版内容数据库等是解决此类问题的有效办法。

关键词： 企业社会责任；数字出版；公共卫生事件

2020 年年初，一场由新冠肺炎病毒所引发的疫情在全国扩散。中国政府在全力抗击疫情的同时，也向全国人民发布紧急通知，建议群众避免参与聚集性活动，以居家活动为主。在此期间，数字出版业全力投入抗击疫情的行动中。本文将着重讨论截至 2020 年 2 月 3 日，在疫情防控期间中国数字出版业参与抗击疫情的有效举措，同时针对此次行动中数字出版业存在的问题进行归纳梳理并提出相关建议。

一、数字出版业参与抗疫的必要性

习近平总书记曾明确指出，意识形态工作是党的一项极端重要的工作，必须将意识形态话语权牢牢掌握在手中，在任何情况下都不能动摇。出版工作作为我国意识形态工作重要的组成部分，担负着极其重要的责任和使命。出版工作始终坚持正确的出版导向和牢守意识形态阵地是贯彻习近平总书记关于严守意识形态工作重要讲话的体现。出版的内容和形式，都会影响受众的意识，进而影响到国家的意识形态工作，最终关系到国家的命运和前途。数字出版业作为出版业的新业态，在此次抗击疫情中更应该始终严把意识形态关，主动承担社会责任与勇于担当，大力推行公益性活动，为营造一个良好、健康的社会环境做出贡献。

宏观来看，在一个成熟完备的出版业市场中，所有的出版企业都有责任和义务履行自身的社会责任和担当，社会责任是整个出版业始终保持生命力和可持续发展的动力。出版活动的产物是出版物，而这些出版物无一例外都要具备两个属性，那就是商品属性和社会属性。出版业方针政策中也提到了抓好社会效益和经济效益，且要始终将社会效益放在首位。出版活动只有生产出具备了"两个属性"和"双效"的出版物，才能称为合格的出版活动。作为出版业重要组成部分的数字出版，更是要将社会责任贯彻到底，坚决投入全国抗击疫情行动中。

二、数字出版业在抗疫中的举措

数字出版为支持全国抗击新冠肺炎病毒疫情采取的举措主要涉及两个方面，即互联网电子出版和互联网知识服务。截至 2020 年 2 月 3 日，这些举措已为全国疫情的防控和消除民众恐慌做出了积极贡献。

（一）数字出版在互联网电子出版方面的具体行动

在重大疫情发生时，出版业在第一时间采取了相应的抗疫行动。为了使民众能够对此次新冠肺炎有足够的了解和对相关防疫方法有一定的掌握，在各级政府及相关机构的领导下，全国各级的出版企业都努力发挥自身作用，紧急联合相关传染病和防疫专家，编写出版多部内容涉及新冠肺炎病毒基础知识和防疫方法的书籍，并于第一时间将电子版资源免费发布在"学习强国""喜马拉雅"等十几家线上阅读平台。2020 年 2 月初，北方一些出版企业如吉林科学技术出版社出版了《病毒来了！——新冠肺炎病毒感染的肺炎预防知识绘本》和《新冠肺炎病毒感染的肺炎预防手册（漫画版）》、辽宁科学技术出版社出版了《预防新冠肺炎病毒肺炎宣传手册》、人民卫生出版社出版了《新冠肺炎病毒感染的肺炎公众防护指南》、中国中医药出版社出版了《新冠肺炎病毒感染的肺炎防治知识问答》、天津科学技术出版社出版了《天津市民新冠肺炎病毒感染的肺炎防控指南》和《新冠肺炎病毒感染的肺炎防控指南（少儿版＋音频版）》等多部出版物；南方一些出版企业如江苏凤凰科技出版社出版了《新冠肺炎病毒感染的肺炎防护手册》、湖北科学技术出版社出版了《新冠肺炎病毒肺炎预防手册》、浙江教育出版社出版了《新冠肺炎病毒感染的肺炎预防手册》、四川科学技术出版社出版了《新冠肺炎病毒大众心理防护手册》、广东科技出版社出版了《新冠肺炎病毒感染防护》等多部出版物。众多关于新冠肺炎病毒防护的普及出版物在内容上大多涉及新冠肺炎病毒的基础知识、传播方式、染病症状和预防方法等，见表 1。内容的丰富、庞大的线上点击量和阅读量足以证明这些新出版的数字出版物在疫情期间为广大人民群众普及相关病毒和病症知识、防控疫情和缓解焦虑等方面提供了有效的帮助和指导。

表 1　新冠肺炎病毒疫情防控类出版物统计表

出版单位	编号	出版物名称
吉林科学技术出版社	1	《病毒来了！——新冠肺炎病毒感染的肺炎预防知识绘本》
	2	《新冠肺炎病毒感染的肺炎预防手册（漫画版）》
辽宁科学技术出版社	3	《预防新冠肺炎病毒肺炎宣传手册》
人民卫生出版社	4	《新冠肺炎病毒感染的肺炎公众防护指南》
中国中医药出版社	5	《新冠肺炎病毒感染的肺炎防治知识问答》
天津科学技术出版社	6	《天津市民新冠肺炎病毒感染的肺炎防控指南》
	7	《新冠肺炎病毒感染的肺炎防控指南（少儿版＋音频版）》

续表

出版单位	编号	出版物名称
江苏凤凰科技出版社	8	《新冠肺炎病毒感染的肺炎防护手册》
湖北科学技术出版社	9	《新冠肺炎病毒肺炎预防手册》
浙江教育出版社	10	《新冠肺炎病毒感染的肺炎预防手册》
四川科学技术出版社	11	《新冠肺炎病毒大众心理防护手册》
广东科技出版社	12	《新冠肺炎病毒感染防护》

（二）数字出版在互联网知识服务方面的具体行动

在防疫期间，各级政府单位和知识服务平台纷纷向公众提供免费资源，努力丰富民众的精神生活，为大家普及防疫知识，缓解防疫压力。线上免费开放的内容大致可以分为疫情相关资源、休闲读物、知识学习和儿童读物四个方面，具体情况如下。

首先是疫情相关资源。"京东图书"和"当当图书"线上向大众免费开放《新冠肺炎病毒感染防护》和《新冠肺炎病毒感染防护》等书籍。"掌阅"也主动向大众免费开放十余部涉及公共卫生、疾病保健等内容的电子书籍。百花洲文艺出版社的公众号也发布了"六大公众预防指南"。"奇想国童书"公众号发布关于如何戴口罩的漫画，以富有趣味性的方式向儿童科普戴口罩的重要性。与此同时，各地农家书屋数字平台也纷纷上线防疫常识。由于此次新冠肺炎病毒与2003年的"非典"有相似之处，因此科学出版社将2005年出版的《SARS病人护理和管理》一书向社会提供免费下载和阅读。

其次是休闲读物类资源。"咪咕阅读"平台为了丰富大众居家隔离期间的精神生活，免费开放所有电子图书15天。另外，中信出版集团还开放了千余部电子有声读物以及开展各种阅读优惠活动。听书平台"喜马拉雅FM"特别设置疫情专题，此外还免费开放多项会员节目，包括儿童阅读、有声小说等多个板块。

再次是知识学习类的资源相继开放。疫情期间，为了给大众教育、工作和生活提供便利，中国知网、维普中文期刊等平台均免费向社会开放。

"得到"App 提供超过 677 个小时的免费知识阅读，其中既有"得到"的知识春晚，还包含"逻辑思维"全部七季的内容。此外，"每天听本书"栏目还推出了"两个月会员免费领"活动，清华大学出版社还向大众开放了涉及多个学科和领域的电子版书籍资料，中南传媒也免费向大众推出了丰富的线上学习课程，国家图书馆也加入免费数字资源发布的队伍中，大量宝贵内容在线上与大众见面。除此之外，《精品阅读》杂志社主办的"师兄"App 为全国中小学生免费开放义务教育阶段的千余部线上课程，上海交通大学出版社"慕知悦读"App 向大众免费呈现百余部数字书籍资源，三联生活书店旗下的"三联中读产品"向大众免费提供一个月的会员服务，湖南文艺出版社将《少儿综合音乐素养》线上课程免费提供给学生学习，广东省教育厅联合南方出版传媒股份有限公司向广东省的学生提供了"粤教翔云数字教材应用平台"免费账号，天闻数媒科技有限公司旗下的天闻数媒在"校比邻"App 上为学生免费提供优质线上课程和学习资源，北京出版集团调动所有资源，为全国师生带来了免费的课程、活动以及配套的数据资源。

最后是许多儿童读物类资源也向公众免费开放。比如，儿童阅读平台"凯叔讲故事"App 内的一万多部精品内容免费开放，故事主题涉及爱与勇气、安全与健康、科普推理、闯关破难等方面。截至 2020 年 2 月 10 日，儿童数字阅读平台"咿啦看书"App 的千本动画绘本也向公众免费开放。另外，北京出版集团等综合出版社也开放了儿童读物，例如"育朵课堂"就免费为民众推出了多部线上课程，重点涉及儿童卫生防护版块，全部免费课程共 200 多节课、1000 余分钟，"国韵承传"App 也免费上线了百余部童话以供小读者阅读。新冠肺炎病毒疫情防控类出版活动具体见表 2。

表 2　新冠肺炎病毒疫情防控类出版活动统计表

企业部门	编号	出版活动
京东图书	1	免费开放相关防疫电子书阅读权限
当当图书	2	免费开放相关防疫电子书阅读权限
掌阅	3	免费开放相关防疫电子书阅读权限

续表

企业部门	编号	出版活动
各地农家书屋数字平台	4	上架防疫电子书并免费提供阅读与下载
咪咕阅读	5	免费开放 15 天所有电子图书阅读权限
中信出版集团	6	开放千余部电子有声读物权限及增加阅读优惠活动
喜马拉雅 FM	7	设置疫情专题并免费开放多项会员节目
中国知网	8	限时免费开放
得到	9	免费开放百余小时的知识课程
清华大学出版社	10	免费开放大量电子版书籍资料
北京出版集团	11	向全国师生提供免费课程、活动及配套数据资源
咿啦看书	12	千余本动画绘本资源免费开放

三、数字出版业在抗疫行动中存在的问题及建议

尽管各数字出版企业为抗击疫情都在出版物的选题、形式、营销等方面做出了种种努力，但是一些问题也暴露了出来。比如出版内容重复率高、各企业间联系合作力度低。在疫情发生后不久，各大出版社就积极联系权威专家推出了各自关于疫情防控内容的数字出版产品，但其中关于新冠肺炎病毒的基础知识、染病症状、预防方法等内容又有着高度的相似，产品趋同性明显，一时间让广大民众难以选择。此外，这些出版物大多是以各省为单位推出，省与省之间、社与社之间、企业与企业之间的合作联系度不高，很难将各自的优势集中呈现。长期看来，这样缺少整体关联性的行为很难帮助数字出版行业解决特殊时期出版内容重复率高、差异性小的不利局面。此外，处在疫情时期的数字出版业的盈利能力也受到挑战。当前，我国数字出版业的盈利方式主要还是产品售卖和广告两种，疫情期间大批产品和资源以免费的形式向广大受众发放无疑会增加人们的品牌好感度，扩大品牌行业影响力，但是一些中小型企业可能会受到利益上的冲击。

如何解决这些问题？随着我国网络技术的发展和成熟，全国各地的数字

出版企业已经可以解决因空间限制给合作带来的不便，大数据技术的开发和应用也使我国出版行业建成相关资源数据库成为可能。数字出版业应该合理利用互联网的便利和大数据的精准筛选能力，在各出版领域计划、组织、建立并建好国家级数字出版内容数据库，如与这次疫情息息相关的卫生医疗数字出版数据库。数字出版资源的储备量远超纸质出版物的内容承载量，在今后的行业发展中，各企业应该更加注重数字资源的线上教育和相关付费服务，而不是让数字资源作为服务于传统出版物的附加产品而存在。尽早开发出稳固、健康、完整、可持续发展的数字出版线上服务产业链，是未来数字出版行业利用自身优势摆脱传统出版的限制，从而建立独立盈利模式的新起点。

四、结　语

中国数字出版业在此次抗疫战役中不仅使公众对新冠肺炎病毒的传播、症状、预防及诊疗等有了科学、系统的了解，还丰富了人们居家隔离期间的精神生活，极大地缓解了人们在防疫期间工作和生活的压力。相信在后续的疫情防控常态化背景下，数字出版领域将有更多企业、组织和个人投入其中，贡献力量。同时，数字出版业也会克服自身问题，做到可持续发展。

参考文献

[1]　中国中医药出版社 .（最新版）防护手册发布！关于新冠肺炎,你想了解的都在这里 [EB/
　　OL]. (2020-01-30) [2020-02-03]. https：//mp.weixin.qq.com/s?Subscene=3&__biz=MjM5M
　　zIwMTgyNA==&mid=2650630049&idx=5&sn=717756dc7653f2267bbf89391adec976&ch
　　ksm=be936c6e89e4e578011755e822fb49700815b551ccaf7924beecab6bc67a7e080ffa3ee0c0
　　68&scene=7&ascene=65&devicetype=android-28&version=27000f50&nettype=cmnet&abte
　　st_cookie=AAACAA%3D%3D&lang=zh_CN&exportkey=AX2iu1KFvSkHb9gW6AAa6%2
　　BA%3D&pass_ticket=ahcYDqiAEqXJGQCna%2Bc1wRwcxRFfmOuzk6A2fCPF85Muybi1
　　Gnv3ZyQq3whyn9Jn&wx_header=1.

[2] 刘一文.漫画＋绘本＋听书 吉科社打出疫情防护读物出版组合拳（附全文＋音频）[EB/OL]. (2020-02-03) [2020-02-03]. https：//mp.weixin.qq.com/s?subscene=3&_biz=MjM5Mz IwMTgyNA==&mid=2650630435&idx=2&sn=d42a80d269a2557897401bf5d0abbe87&chk sm=be9362ec89e4ebfa27d8aad3be64a56194f581c7d8cc79dba355036d5c71413fb5d553a9d3 81&scene=7&ascene=65&devicetype=android-28&version=27000f50&nettype=cmnet&abte st_cookie=AAACAA%3D%3D&lang=zh_CN&exportkey=ATPZrnt4s3TvwE52YBtcriw%3 D&pass_ticket=ahcYDqiAEqXJGQCna%2Bc1wRwcxRFfmOuzk6A2fCPF85Muybi1Gnv3Z yQq3whyn9Jn&wx_header=1.

[3] 人民卫生出版社.新冠肺炎病毒感染的肺炎公众防护指南 [EB/OL]. (2020-01-31) [2020-02-03]. https：//mp.weixin.qq.com/s?subscene=3&__biz=MzIzNjA4ODE1NA== &mid=2649784471&idx=1&sn=85f10061cd74f894e6748bc62f7f8e58&chksm=f0d91ea 2c7ae97b4a9490850c875e6556ac7951c827007078bad6a2c126d986a56a6c2897041&sce ne=7&ascene=65&devicetype=android-28&version=27000f50&nettype=cmnet&abtest_ cookie=AAACAA%3D%3D&lang=zh_CN&exportkey=AV3CKcmaypvRkVaQytU2LrY%3 D&pass_ticket=ahcYDqiAEqXJGQCna%2Bc1wRwcxRFfmOuzk6A2fCPF85Muybi1Gnv3Z yQq3whyn9Jn&wx_header=1.

[4] 韩萌萌.天津科技社推出"防控指南"少儿版＋音频版 [EB/OL]. (2020-02-03) [2020-02-03]. https：//mp.weixin.qq.com/s?subscene=3&__biz=MjM5MzIwMTgyNA==&m id=2650630435&idx=4&sn=7cc7e5d734321c313aa9dfa0ad12474b&chksm=be9362ec 89e4ebfa649a7775ff8034f21f64af46c85417d2a4efa862af438ae22d71ba715a69&scene =7&ascene=65&devicetype=android-28&version=27000f50&nettype=cmnet&abtest_ cookie=AAACAA%3D%3D&lang=zh_CN&exportkey=ARHAketplTXXYEzzPkUCFII%3 D&pass_ticket=ahcYDqiAEqXJGQCna%2Bc1wRwcxRFfmOuzk6A2fCPF85Muybi1Gnv3Z yQq3whyn9Jn&wx_header=1.

[5] 王坤宁.出版界紧急上线一批防治新冠肺炎病毒肺炎数字读物 [EB/OL]. (2020-01- 30) [2020-02-03]. https：//mp.weixin.qq.com/s?subscene=3&__biz=MjM5MzIwMTgyN A==&mid=2650630049&idx=1&sn=db897b712f7d5a95228f0468ffb7a3de&chksm=be93 6c6e89e4e578055bf2a2ed7a0929add9a47e492d376ee9ff483fb6a969de50a3b3115037&sc

ene=7&ascene=65&devicetype=android-28&version=27000f50&nettype=cmnet&abtest_

cookie=AAACAA%3D%3D&lang=zh_CN&exportkey=AbAw262KxwDZHvm8NZKp2a8

%3D&pass_ticket=ahcYDqiAEqXJGQCna%2Bc1wRwcxRFfmOuzk6A2fCPF85Muybi1Gn

v3ZyQq3whyn9Jn&wx_header=1.

第二篇

数字版权研究

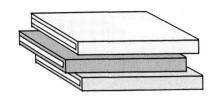

MOOC 平台版权保护的缺陷与完善探析

安 然

摘要： MOOC 具有开放、在线、大规模等特征，给传统教育带来了巨大冲击，同时也对我国现有版权保护制度提出了巨大挑战。在 MOOC 平台课程资源和用户生成资源具有可版权性的前提下，文章分析、列举了我国当前 MOOC 版权保护中存在的问题：相关立法存在明显的滞后性、侵权行为发生后用户维权难和平台滥用格式条款。并提出两个完善建议：一是在保护手段上，要更加注重惩罚导向；二是在审判机制上，要更加注重效率导向。

关键词： MOOC；大规模开放在线课程；版权保护；对策

一、引 言

版权也称为著作权，是一种私权，即作者对于自我创作完成的艺术、科学、音乐、绘画、文学作品等依法享有的一种民事权利。

MOOC（Massive Open Online Courses）是基于网络平台把高质量教学资源提供给用户，满足他们学习需要的一种开放式在线课程，这种规模庞大的教学形式对学校、教师、学生及平台之间的线上交流互动更加重视。数以万计的学生在各种运营平台（"Udacity""edX""Coursera"等）进行注册，学习著名学府、知名教师的课程已经成为一种潮流，这无疑为学生创造了更多的学习机会。但同样也会出现在线作业、文字、照片、数据、图表、概念讲解等各种版权归属问题。以 MOOC 模式为主导的网站教学平台近年来在我国陆续涌现，比如"好学堂""中国大学 MOOC""清华大学学堂在线"等，给传统教育带来了巨大的冲击，这一情况的出现无疑同样冲击着我国乃至其他国家现行版权保护制度。显然当前 MOOC 所实行的知识开放共享理念与著作权（即版权）的排他性和限制性之间存在着严重的冲突。

只有全面保护 MOOC 平台的课程资源与用户生成资源版权，MOOC 平台全球化、可持续性发展才有保障。不难发现，版权保护制度体系相对严格、严谨的国家或地区目前已经在全面关注 MOOC 版权保护问题。

二、MOOC 课程及其用户生成资源的可版权性

（一）MOOC 课程资源的可版权性

目前针对教师课堂授课，不管是国际公约还是我国现行的著作权法都把其当作口述作品予以著作权方面的法律保护。根据《中华人民共和国著作权法实施条例》第四条第（二）项的规定："口述作品是指即兴的演说、授课、法庭辩论等以口头语言形式表现的作品。"MOOC 在线教育平台的教师授课活动完全符合口述作品的规定，因而可以受到相关著作权的法律保护。

在现行的相关著作权法体系中，作品的独创性是决定一件作品是否能得到版权保护的实质条件和前提条件，除此之外可复制性也是不可或缺的要素。首先，MOOC 课程的涵盖范围和课程有关的习题、测验、视频、课件等全部属于 MOOC 课程；其次，MOOC 课程资源保存形式主要有计算机软件、录像制品或录音，主要内容为教师的课件口述讲授及图片、视频、文字等。因此，MOOC 课程资源通常具有两个特征，一为可自制性，二为独创性，与著作权法界定的作品内涵相符合，属于版权规制与保护范畴。

（二）MOOC 用户生成资源的可版权性

相比于传统的教育方式，MOOC 在线教育平台最为明显的区别就是线上

交流互动，因此在 MOOC 在线教育平台上，使用 MOOC 平台学习的用户在其互动环节所生成的在线资源既可能是文字或图片，也可能是二者的结合。针对这种情况，下文将对其进行逐一探讨。

在 MOOC 在线教育平台上，用户往往会选择在互动环节的内容上附上一些图片进行个人对于知识点的了解、理解、认知及观点表达，但交流过程中所附加的图片是否也应该享有相应的著作权，应当根据图片作者进行区别对待。具体情况如下：若该图片为使用平台学习用户原创的图片，那么理所应当受到著作权保护。若使用平台学习或者教学用户在平台互动环节随意将他人图片进行上传，那么该图片不但不会受到著作权的保护，相关图片的上传者还可能需要因此承担版权侵权的责任。

同时，线上交流过程中产生的文字也应该根据实际情况区分著作权法保护范围。对于平台互动环节上传的文字作品，需要额外注意的是，在判定作品独创性的时候不能单纯地根据文字数量做出判断，而应以文字中潜在性的可以为读者感知的遣词造句、精妙构思为主，微型童话、微型散文、微型小说等文字作品即为代表，很显然应当属于著作权法保护对象。

因而在判断平台用户在互动环节声称资源独创性是否符合著作权法保护范畴的时候，应当从"独"和"创"两个层面入手，即作品首先应具有原创性；其次没有剽窃、抄袭他人智力成果，不存在侵权行为；最后，作品应能将原创者的创作思维、意图体现出来，进而判定作品是否属于作者的智力成果。

三、MOOC 课程版权保护存在的问题

（一）相关立法存在明显的滞后性

《中华人民共和国著作权法》诞生于印刷时代，伴随着数字版权时代的到来，其逐渐凸显出一些不足：在当前所施行的法律中，没有对"出版"的明确定义，且对复制、发行、信息网络传播之间的区别与联系也不够清晰明确。尽管现阶段我国的《中华人民共和国侵权责任法》《信息网络传播权保护条例》

《中华人民共和国著作权法》等相关法律法规，明确界定并规制了线上教育（含 MOOC）的版权侵权行为，如互联网信息服务者的行政责任规范主要来自《互联网著作权行政保护办法》，在《信息网络传播权保护条例》中对诸如合理使用、法定许可和避风港原则等做出了详细的规定，这也是首次针对数字时代互联网版权保护出台的细则。

但不可否认，前述提及的法规中并未明确规定线上教育实践（含 MOOC教育）中形成的版权问题。与此同时，在当前的互联网环境下还存在着和MOOC 教育版权保护有关的用户和教师使用原始版权人作品合理性、平台与用户间的版权归属、平台与教师间的版权归属、高校与教师间的版权归属以及权利主体多元等问题，此类问题并未形成统一、清晰、准确和合法的法律和公众定论。因而不难发现，在数字时代的今天所施行的相对固定的法律体系与 MOOC 教育乃至在线教育产业迅速发展的现状存在着一定的矛盾，针对MOOC 教育平台侵权问题的规则制定，就目前现行法律法规而言是相对疲软且滞后的。

（二）侵权行为发生后用户维权难

根据相关数据统计，当前我国对知识产权侵权案件的平均审理周期长达105 天（3.5 个月），比如我国首起网络课件著作权刑事案件的审理周期整整跨越了 5 年，该案件自 2011 年沪江教育举报发现"超萌 cc 小猫"等网店出售非法破解和复制的沪江课件开始，至 2016 年苏州工业区法院一审判决认定终止。由此可见，当前中国知识产权侵权案件仍旧存在着审理周期过长的弊端。

互联网知识产权侵权案件的诉讼流程，整体上与一般著作权案基本一致，具体流程为从发起诉讼，到一审再到二审，直到最终的执行，当然个别案件还存在着上诉再审的可能性。但是互联网时代的信息更新换代快，新颖性和时效性强，因而各个被侵权主体的最大诉求就是期望快速撤下侵权产品。但是在涉及知识产权侵权案件的审理时，因为法院诉讼周期过长，导致侵权者的这一最大诉求很难在短时间内被立即实现，从而浪费原被告大量的时间和精力。

在现阶段，相关的互联网版权法律法规的不完善导致版权侵权成本低、打击不力，数量众多的版权方基于司法途径所付出的经济、时间成本远超胜诉所获得的经济赔偿。因为在现行的法律法规下，针对版权侵权这一行为通常的经济赔偿仅仅为两千元左右，而这种金额对于那些侵权者来说实在是无关痛痒。这就导致了版权所有者维权成本过高，胜诉赔偿过低的情况，从而导致很多版权所有者直接放弃维权，久而久之就形成了恶性循环，这在一定程度上无异于助长了互联网版权侵权行为的气焰。

（三）平台滥用格式条款

对于版权方面的相关协议，本着公平、公正和公开原则，应该是在线教育和用户这两个平台所有者和平台使用者之间平等协商的结果。但由于线上交易有其自身的独特性，同时受制于不同因素，接受线上教育平台的用户与相关方达成的协议通常是格式条款，用户无权协商和更改，平台教师和平台用户需同意格式条款后才能在在线教育平台上注册使用。但因为在线教育平台的半垄断地位，平台用户和平台教师迫于需求只能被迫接受这种格式化条款，而这也变相地助长了在线教育平台使用"霸王条款"的气焰。

表1从对以上6个国内外具有代表性的MOOC在线教育平台的服务条款调查来看，MOOC在线教育平台存在滥用格式条款的情况。当用户想要注册使用MOOC在线教育平台进行学习或者教学的时候，根据平台的相关条款规定，用户必须把自己的作品或者在互动区生成的学习资源无条件授权于平台，作为作品原创者的用户只有获取权和使用权，但是MOOC在线教育平台自身却无条件地获得了作品的修改、复制和再分配权利。这样来看，平台提供商的协议只是单方面地强调了自身利益，却未能保护作品原创者的相关利益。比较有代表性的就是"Udacity"平台，该平台规定："……提交内容即意味着授权……永久性……不排除商业用途。"从法律层面来看，这一条款的制定无

疑是 MOOC 在线教育平台基于本身市场优势、半垄断地位及格式条款约定形成霸王条款，就此将创作者的即时作品著作权划归平台。

表1　国内外具有代表性的 MOOC 平台的版权协议

MOOC 教育平台	是否同意才能注册	由用户保证无权利瑕疵	发生侵权由用户承担	内容授权给平台	授权方式
中国大学 MOOC	√	√	√	√	用户生成资源版权归平台所有
清华大学学堂在线	√	√	√	√	平台拥有复制、修改、再分配的权利
好大学在线	√	√	√	√	非独占性，不可撤销
Coursera	×	√	√	√	非独占性，无偿使用，永久性，可转让性
Udacity	×	√	√	√	非独占性，无偿使用，永久性，商业使用
edX	√	√	√	√	非独占性，无偿使用，永久性，可转让性，商业使用

四、完善 MOOC 课程版权保护的建议

（一）在保护手段上，要更加注重惩罚导向

现实生活中屡有线上课堂资源侵权案出现，之所以如此，首先是由于线上教育的自身特征决定的，如开放性；另一个原因是违法成本小。因此要尽快完善侵权赔偿机制尤其是惩罚性赔偿机制，采用更严格的保护措施和更大的保护力度来为此类作品著作者提供保护，只有如此才能对此类侵权行为形成有效遏制。比如支持权利人主张损害赔偿额计算截止到终审判决生效时间，或支持权利人主张损害赔偿额计算至停止侵权责任实际履行时的诉求；只要没有明显不合理因素，司法应支持权利人支付全部律师费用的诉求；在涉及版

权保护案件时，权利人因专利权属纠纷、应对无效宣告、申请保全提供担保而产生的费用（利息损失、律师费、保险费等）均属合理支出，法院应支持在版权所有人被侵权案胜诉后给予赔偿主张，从而提高侵权违法成本，保护版权所有人的合法权益；设立"黑名单"市场禁入制度，对于盗版侵权惯犯，应从法律层面对其进入线上教育行业（含 MOOC）做出限制。

（二）在审判机制上，要更加注重效率导向

网络侵权无论是证据还是资源都具有强时效性，较长的案件审理周期显然不利于 MOOC 在线教育平台的版权保护，使权利人较长时间为纠纷困扰。针对这种情况，必须在涉及版权保护案件审理周期上做出相应改革，必须做到精简诉讼环节，从而让案件审理进度加快，缩短审理周期，让被侵权者的维权负担进一步降低。同时，针对版权纠纷的案件还应该积极倡导当事人双方采用多元化的方式，最大程度上做到对版权所有者的利益保护，从而满足互联网版权人对于快速解决侵权维权问题的需求。在实际的版权案件审理实践中，更要及时采用司法手段制止或者暂停侵权行为，而不是等判决结果出来后再予以执行，从而最大限度地保护版权所有者的合法权益，进而有效降低权利人的维权成本。

五、结 语

MOOC 根植于知识开放和共享理念，有利于促进教育公平，势必会产生巨大的社会效益。但作为知识型产业，必须套上知识产权保护的铠甲。在 MOOC 在线教育平台的快速发展中，版权问题始终是值得聚焦的一个问题，因为从知识产权保护角度而言，版权问题始终是影响知名学者和教授对 MOOC 在线教育平台接纳的态度和参与度的重要因素。众所周知，"法律是解决问题的最后手段"，MOOC 在线教育平台的版权保护问题最终还得依靠法律。要想实现 MOOC 在线教育平台在全球范围内的规模化和可持续发展，就

必须注重版权保护，在平台的实践中把版权保护落实到实处，才能更好地鼓励创作，从而实现平台的良性循环。

参考文献

[1] 何隽，杜梦婷.深圳如何构建最严格知识产权保护制度？——基于北上广深知识产权司法保护大数据的分析 [J].中国发明与专利，2019，16（4）：83-91.

[2] 姜南，王一淮.合理使用制度视角下 MOOC 运行机制的正当性研究 [J].知识管理论坛，2019，4（6）：351-358.

[3] 林鑫，刘宇薇，刘蕾，等.基于高校用户认知的 MOOC 资源版权问题探析 [J].中华医学图书情报杂志，2018，27（7）：49-54.

[4] 刘欣仪.在线教育版权保护研究 [J].法制博览，2019（4）：108-109.

[5] 夏道虎.最严格知识产权司法保护的理念与实践——基于江苏创新经济发展与司法保护的思考 [J].人民司法，2019（16）：34-37.

[6] 叶文芳，丁一.MOOC 发展中的版权制度研究 [J].科技与出版，2014（2）：13-17.

[7] 张冬，郑晓欣.慕课教育模式的著作权风险探究 [J].贵州师范大学学报（社会科学版），2016（1）：154-160.

浅谈数字音乐创作者的版权保护

丁　帅

摘要：在互联网时代，数字音乐也呈现出繁荣发展的态势。为了探讨目前数字音乐创作者在版权保护方面存在的问题及其原因，本文基于文献研究法对行业前沿的报告做了深入的分析，发现在数字音乐创作者的版权保护方面存在着诸多问题。例如，个人版权保护意识不强、社会整体版权认知度低、版权纠纷频发、版权保护管理组织不够完善等。同时为解决此类问题，本文从社会价值观、行业机制、公民教育、法律惩罚等角度提出了一些可行性建议。

关键词：数字音乐；原创音乐人；版权保护

一、数字音乐发展新环境

（一）数字化规模应用，创作形式、内容多变

随着数字化的普及，数字音乐成为当下占据鳌头的音乐媒介形态。它传播快、易存储、音质高，具备即时性、技术性、准确性等特点。同时，在数字化应用下，音色也变得纷繁复杂，无须实物乐器，只要一个宿主软件就可以包办音乐的基本制作，如"FL Studio"（全称：Fruity Loops Studio，中文名称水果）、"Cubase"（中文名称酷贝斯）等。甚至在音乐的制作中，创作者通过一些版权交易平台或者第三方代理买卖版权的方式，可以直接购买现

成的成品音乐或者单纯的伴奏。如此多样性的选择，给予了音乐人更多的创作空间。

（二）流媒体平台大力扶持，原创音乐人群体庞大

门槛的降低以及主流音乐平台对原创音乐人创作音乐的扶持都使中国原创音乐人群体愈加庞大。根据《2019 中国音乐人报告》（以下简称《报告》）显示，超六成音乐创作者距发布第一首单曲不满一年，入行不足三年的新生力量占据过半。互联网时代下的创作热情，年轻人的追捧与喜爱，使音乐人创作音乐作品颇有井喷之势。同时，音乐人的年龄降低，文化素养、法制素养，创作能力等参差不齐。根据《报告》显示，其中以学生兼职做音乐的从业人员占据很大比例，全职音乐人占比仅有一成。音乐市场颇有"僧多粥少"的竞争态势。

二、数字音乐创作者版权保护存在的问题及原因

在涉及数字音乐人创作音乐、使用音乐等方面，版权保护备受关注。一首数字音乐的创作要经过许多道工序，从起初的谱曲、作曲，到填词、编曲，再到混音、母带制作，最后到授权发行等所有环节都与版权挂钩。版权是生产出来的，也是参与生产的。数字音乐创作者能否意识到版权的使用问题、授权问题，是一首音乐作品能否正常流通于市场的前提条件。但这也是当下数字音乐花开满园的时代最为薄弱的环节——音乐人的版权保护意识不强。侵权、抄袭风波不断，版权纠纷频发。从实质上讲，版权纠纷就是音乐人在创作中对音乐素材的盗用、偷用、滥用。而如何界定、裁定，一直以来都是法律上的难题。

（一）数字音乐创作者版权保护存在的问题

1. 数字音乐侵权多元化

数字音乐的流通依托于各大主流流媒体平台，好的平台具备相对完善的

协议，保护数字音乐创作者的著作权。为了提高知名度与认知度，创作者往往会依靠多种途径传播自己的音乐。与此同时，各种翻版、翻唱作品也频现平台，其中大部分都未获得原著作权人授权。例如，现在的直播唱歌、新媒体文章背景音乐等新的音乐使用形式，使数字音乐侵权存在一定的隐蔽性，大部分数字音乐创作者无形中遭到侵权，且很难发现，甚至这种使用形式被默认是一种许可行为，已成为一种"社会共识"。

2.流媒体平台曲库审核、监管不力，频发未授权使用现象

诸多音乐平台对版权的理解模糊，处理版权问题的态度模棱两可。平台为了获得巨大的广告流量收益，吸引用户驻入平台，往往对数字音乐资源的审核、监管不够严谨。例如，"网易云音乐"平台的用户上传音乐功能，一方面增加了曲库容量，提供了更多优秀的数字音乐作品；另一方面存在很大的隐患，许多作品并未获得版权使用许可，未经授权上传后只有被发现侵权，才会选择下架或开始要求用户付费收听。更甚者，还有一些上传者频现盗取现象，上传数字音乐作品后改名换姓变为己有，谋取非法收益。对于这种情况，平台一般是仅在出现侵权纠纷后才解决问题，对原著作权人造成了一定的经济损失与精神侵害。

3.抄袭风波不断，实质性抄袭难定

如今互联网的高速发展使获取音乐素材的途径愈加便捷，而音乐抄袭却成了司空见惯的事情。《报告》数据显示，有37.4%的原创音乐人遭遇过诸多形式的侵权行为。抄袭判定之难，一直为行业所诟病，一旦出现问题，法律却不能给出完整的解决办法与答案。

（二）版权保护中存在问题的原因

1.数字音乐人的个人版权保护意识薄弱

音乐人的版权保护意识包括两方面，一方面是自我保护，另一方面是规范使用他人作品内容。根据《报告》显示，多数音乐人面对维权独力难支，维权成功的音乐人仅有13%。原创音乐人无法正视自己的版权收益，多数音乐人的版权认知度低。如今翻唱盛行，大部分音乐人对待此行为态度比较宽容开放。但由于自我保护意识薄弱，遇到非法侵权时，大部分音乐人往往无法依靠法律进行维权。在使用他人音乐作品时，部分音乐人的版权保护意识也较弱。

2. 缺乏成熟完善的版权保护机构与机制

音乐版权琐碎分散，亟须有效的组织进行统一管理。我国目前有音乐著作权协会等相关音乐保护组织，原创音乐人可进行版权登记，方便后续的版权使用以及侵权后的证据提供。但由于音协成立较晚，影响力低，会员人数不多。也没有专门的机构保障音乐人的合法收益，版权保护也就变得十分脆弱无力，中国数字音乐的发展难免会受到制约。

3. 社会整体版权认知度低，版权意识普及不充分

作为欣赏音乐的每一位受众，对待版权的认知态度也是十分重要的。我国当前用户的数字音乐付费收听意愿较弱，多数情况下，受众会选择免费下载，或下载盗版资源。同时在版权意识普及的力度上也不够，没有足够多的宣传教育，无法让版权保护深入人心，很难形成自觉的、自发的社会共识。不难想象，当一个抄袭现象发生时，还会有不少用户为抄袭行为辩护。正因为如此，社会版权认知度低，对待抄袭的态度较为宽容，不仅在音乐版权领域，在其他艺术领域，版权保护意识的普及同样还需要做出更大努力。

4. 侵权惩罚不够且获利巨大，维权成本过高

一个完整的版权纠纷案件，赔偿款可能还不够诉讼费用。侵权的惩罚也只是很轻微的罚款等，没有其他的实质性惩罚机制或措施。这就使侵权者不惧法律的惩戒，侵权收益完全可以负担起法律的赔偿罚款。同时版权诉讼周期长、成本高，促使许多维权的数字音乐人望而却步。如早些年流传的热曲《月亮之上》，判定其侵权歌曲《敖包相会》，却仅赔偿两万元，但其流传

度之广、获利之多远超赔偿金额。惩罚的基准线过低，侵权也就变得轻而易举，侵权收益唾手可得。

三、加强数字音乐创作者版权保护的可行性建议

（一）提高音乐人主体版权意识，形成正确的版权价值观

良好的版权环境有利于数字音乐创作者的版权保护，有利于促进音乐市场的繁荣，保证优质作品的生产以及保证原创音乐人的版权收益。一是各大音乐平台中版权授权协议的内容应丰富而全面，如在签署协议时可以提供试题考试，考查数字音乐创作者是否完全了解版权授权协议内容。二是音乐平台甚至行业组织应开办相关的版权保护知识培训，让原创音乐人形成长期牢固的版权观念，形成正确的版权价值观。三是为能力薄弱、流量不高的数字音乐创作者提供免费的法律援助，维护数字音乐创作者的合法权益，保护弱势群体的权益。

（二）建立成熟完善的版权管理机制，改善行业版权环境

一是建立非商业性版权管理保护组织，统一规范保护数字音乐版权，实行严厉的监管制度，版权使用公开透明。二是建立庞大且统一的版权登记数据库。创作完成的作品通过官方平台，提交相关材料后进行版权登记入库，平台可对登记作品进行后续使用追踪，确保侵权事件可以及时发现。三是加强对恶性版权竞争的管理控制。

（三）加强公民版权意识宣传，构建良好的版权保护氛围

良好的版权环境离不开整个社会对版权保护的认知度。一是行业内相关组织、部门应多开展科普讲座、交流活动，力求版权保护意识深入人心，最终形成自觉进行版权保护的社会共识。二是加强公民版权意识，提升对数字

音乐创作者知识产权的尊重，提高对正版音乐付费使用的自觉意识。三是在学校教育中，相关专业应重视版权课程的设置，甚至在义务教育阶段适当加入版权保护知识的学习，从小培养学生良好的版权保护意识。

（四）加大侵权惩罚力度，完善版权保护法律法规

完善版权保护法规才能提供更加和谐有保障的良性竞争市场。一是加强对版权侵权的处罚力度，严厉打击侵权行为，明确版权保护的规范性。坚决打击抄袭后还理直气壮的行为，避免知法犯法、违法不惧法的乱象发生。二是减少音乐侵权的维权成本，降低被侵权人的法律风险。切实保障被侵权人的合法权益，这样才能鼓励他们敢于反抗、敢于打击盗版。三是加强监管与侵权判定相统一，规范完善相关法律法规，逐步探索合理且高效的音乐侵权标准。判定侵权标准必须细化、准确，只有这样，数字音乐创作者才能有法可依，有信心与侵权行为斗争。同时可以考虑将专业音乐人提供的专业判断等作为法律判定参考的依据，增加判定结果的准确度与权威性。

四、结　语

数字音乐蓬勃发展、欣欣向荣的景象，令人欣慰。数字音乐创作者表达自己音乐思想和态度也反映出社会整体对艺术的追求与憧憬。但版权纠纷频发，原创音乐人生存举步维艰，版权保护不到位、不及时的问题也暴露出来。我们需要一个良好的数字音乐发展环境，这就需要我们建立良好的体制机制，完善法律法规，加强国家整体的版权宣传教育。

参考文献

[1] 郝静 . 独音乐人的版权保护 [C]. "何微新闻奖"优秀文选第二辑，2018：315-322.

[2] 王佳 . 数字音乐平台版权运营问题与策略研究 [J]. 编辑学刊，2019（6）：43-49.

[3] 张丰艳工作小组 . 2019 中国音乐人报告 [J]. 中国传媒大学音乐与录音艺术学院，2019.

网络文学侵权现状及版权保护研究

龚正杰

摘要：网络文学作为一种新兴的文学作品形式，在过去二十多年的时间里，伴随着互联网的迅速发展而日益繁荣，但与此同时，网络文学的版权纠纷也层出不穷。网络文学在丰富人们娱乐生活的同时，也不断遭受着抄袭等各类侵权行为的冲击。针对当下网络文学侵权较多的现状，本文将从网络文学作品发展的三个阶段入手，全面分析网络文学创作阶段的抄袭、网络文学传播阶段的非法复制和上传以及网络文学衍生作品阶段的过度改编等问题，提出网络文学版权保护的相关建议。具体而言，我国应健全网络文学版权相关法律法规；政府应加强互联网监管；作者和读者应树立正确的版权意识；网络服务提供者应明确自身责任，帮助作者维权。

关键词：网络文学；版权保护；侵权

网络文学是指以互联网为传播媒介，借助超文本链接和多媒体演绎等手段来表现的文学作品、类文学文本及含有一部分文学成分的网络艺术品。我国的网络文学自 20 世纪末蔡智恒在网上发表《第一次亲密接触》开始，至今已有 20 年的发展历程。网络文学从刚开始的二十多名作者、两千多名读者，发展到现在已经拥有数百万名作者、几亿名读者，拥有庞大的市场。随着近些年 IP 热潮的出现，不断有网络文学改编成电影和电视剧，网络文学已经成为 IP 产业的主源头之一，创造了庞大的经济效益。

伴随着网络文学的繁荣，网络文学也出现了一些问题，其中较为严重的就是网络文学版权侵害问题。

一、网络文学侵权现状

网络文学具有多样性、大众化、创新性等特点，其大众化、平民化等特点使网络文学领域的侵权更容易。根据艾瑞咨询 2016 年《中国网络版权保护白皮书》统计，如果盗版网络文学作品全部按照正常市场价计算，2015 年 PC 端付费阅读收入损失达 36.1 亿元，移动端付费阅读收入损失达 43.6 亿元。2016 年 PC 端付费阅读损失达 29.6 亿元，移动端付费阅读收入损失达 50.2 亿元。

由于盗版现象的猖獗，网络文学业损失巨大。对于网络文学版权的损害不只限于创作阶段的抄袭行为和传播阶段的盗版行为，随着 IP 产业的发展，网络文学作为 IP 产业的主要源头之一，许多优秀的文学作品被改编成影视作品，而这些改编的作品有的也存在对原网络文学作品的侵权行为。以下分三个阶段具体说明网络文学作品的侵权现状。

（一）网络文学作品创作阶段抄袭较为严重

网络文学最重要的特点就是创新性，读者也更愿意选择阅读题材新颖的作品。当某一作品火爆之后，就会涌现出无数类似此作品的网络文学作品，跟风作品往往会抄袭首发作品的情节设置与人物设置。

网络文学作品版权维护中存在着抄袭难以分辨是"用词雷同"还是"确实抄袭"的问题，对抄袭的界定难，使很多网络文学作者为了获得利益而铤而走险选择抄袭。由于网络文学作品维权的艰难，疑似被抄袭的作者大多保持沉默，网络文学作者维权意识薄弱且无力阻止网络文学抄袭行为，无形中助长了网络文学作品侵权的风气，不利于网络文学作品版权的保护。

（二）网络文学作品传播阶段盗版链接和非法复制侵权严重

在网络文学传播阶段，侵权行为主要表现为盗版链接和非法复制，两者交织在一起构成了网络文学传播阶段的侵权。新媒体具有十分强大的超链接功能，盗版链接主要是一些网站非法盗取他人上传的资源实施信息网络传播。非法复制是未经著作权人的许可，通过手打或复制粘贴的方式将网络文学作品进行转载传播。一些读者知识产权保护意识淡薄，习惯享受"免费"资源，无形中助长了网络文学传播阶段的侵权风气。

盗版链接和非法复制都是网络文学网站常见的侵权方式。前者是违法网站通过将原创网站的链接链入自己的网站，后者是违法使用"盗取"的方式从正版网络文学站点获取正版资源进行非法传播。盗版链接主要依托搜索引擎而存在，"百度"等一些搜索引擎的默许造成了网络文学版权保护困难。而非法复制则由于互联网的开放性更难以监控，难以通过互联网技术手段进行阻挠和禁止。自"剑网2016""2018年网络文学专项整治行动"和"剑网2019专项行动"以来，有不少违法盗版网站被关停，网站侵权情况有所好转，依旧屡禁不绝。例如，火爆的网络文学《诡秘之主》，只有"阅文集团"旗下的"起点中文网"拥有该作品的版权，但是在百度搜索这本网络小说，却足足有432万个链接，其中盗版网站链接占大多数，网络文学作品传播阶段的侵权现状可见一斑。

（三）网络文学衍生作品阶段过度改编侵害作者权益

网络文学改编成其他形式作品时，存在被授权方的改编权和授权方的作品完整权相冲突的情况。网络文学作品本身具有独特的情节和表现方式，当其被改编成其他形式的作品时，必然会对其内容进行修改，但是这种修改难以把握"度"。在网络文学改编中，过度改编会使原有网络文学作品的完整性受到损害。

著名网络小说《鬼吹灯》在改编成影视作品时就受到版权侵害。2015年，著名网络文学作者张牧野以"侵犯作者署名权及保护作品完整权"为理由，将《九层妖塔》制作方告上法庭，索赔金额为 100 万元。这起侵权案件的争议焦点集中在"电影在取得改编摄制权的前提下，改编权和保护作品完整权之间的界限问题"。作者张牧野认为：电影《九层妖塔》的故事情节、人物设置、故事背景均与原著相差甚远，超出了法律允许的必要的改动范围，而且社会评价极低，构成对原著的歪曲和篡改，给自己造成了巨大的精神伤害和经济损失。

但是最终法院并未支持作者张牧野。法院认为天下霸唱（张牧野笔名）提供的证据不能证明涉案电影的改编、摄制行为损害了小说作者的声誉，因此电影不构成对保护作品完整权的侵犯。而事实上，《九层妖塔》恶评如潮，但是网络文学版权方面侵权证据的搜集困难使这种恶劣的改编最终未能得到相应惩罚，严重损害了网络文学作者的创作积极性。

二、网络文学被侵权的原因

（一）网络文学行业蕴藏的巨大经济利益以及侵权成本低下

现今网络文学的经济收益不仅局限于文章点击量和阅读量带来的实际收益，越来越多的网络文学作者选择将自己的作品授权给出版社以获得版权收益，而网络文学 IP 的发展使网络文学作者有了新的收入来源，一部热门小说改编成电影或电视剧将给作者带来巨大的经济效益。网络文学行业蕴藏的巨大的经济利益吸引无数人去创作和发布网络小说，甚至有不法人员抄袭其他作者的文章去发布。

与抄袭等侵权行为可能获得巨大的经济收益相对的，则是网络文学侵权成本低下和维权成本高昂。在国内，网络文学著作权侵权的经济赔偿数额少，网络文学官司的长期性及网络文学侵权确认的困难性，使网络文学维权成本高昂。可以看到，选择维权的网络文学作者大多都有一定名气，但是由于网络文学的大众化特点，许多被抄袭的作者只是普通的个人，即使想要维权，也顾忌到昂贵的维权成本而保持沉默。

在网络文学传播阶段，网站的盗版行为屡禁不止，盗版网站的制作成本十分低下，并且就算被发现，依据"避风港原则"，及时删除就万事大吉。侵权者的肆无忌惮以及维权者的忍气吞声，极大地损害了网络文学作者的原创积极性，甚至更为严重的是侵权的高收益和低成本使越来越多的人走上侵权之路。

（二）网民对"免费"的过度依赖

互联网自诞生之际，其开放自由的传播理念便深入人心，与此同时免费使用观念也深入人们的脑海之中，网民已经将互联网当作免费获得各种资源的便利方式，也正因为免费，互联网在早期才能野蛮生长，快速发展。伴随着互联网发展的网络文学也是一样，早期的网络文学大多采用免费阅读来吸引流量。早期网络文学依托免费而快速发展，但当前网络文学已经发展成了一个行业、一种产业，这种模式已不再适用网络文学的发展。只有合理的回报才能激励创作者创作的积极性，"免费"对于网络文学行业来说已然是发展的阻碍。"起点中文网"等网络文学网站不断探索收费模式，现已形成了 VIP 阅读、付费阅读及作品打赏的基本模式，是对网络文学版权收费模式的积极尝试。但是网民长期免费阅读已经形成习惯，一旦出现收费就会引起网民的排斥，这就使一些正版网络文学网站不敢全面采取收费模式，收费模式只能采取逐步推进的方式。这也是大量盗版网络文学网站出现的原因，有这样一个广阔的市场，自然也就有违法人员去迎合网民以获得暴利。

（三）互联网保护技术的不成熟及互联网监管的不到位

中国有十分庞大的网民数量，就当前的互联网监管而言，难以进行有效的监管是非常正常的。互联网作为一个仍在快速发展的新事物，其变化是难以预料的，依托于互联网传播的网络文学的变化也是难以预料的，网络文学侵权的形式也是不断发展变化着的，这就造成了网络文学侵权的难以预防。而且就现有的互联网保护技术而言，无法阻止违法者复制和上传网络文学文本，也就无法从源头上阻止这一问题的出现，只有成功阻止违法者复制和上传网络文学文本才能有效解决网络文学版权侵权现象。

在信息时代大环境下，造成网络文学侵权现象严重的主要原因还有互联网监管的不到位，相关监管机制的缺失。机制的缺失并不代表着没有政府部门管理，而是有太多政府部门管理这一领域：我国对网络文学版权负有监管职责的政府部门包括国家新闻出版署、国家知识产权局、国家版权局、工信部、文化和旅游部、国家广播电视总局以及公安部等，实行的是"多头管理"模式。"剑网2016"等版权管理专项行动即由这些部门共同推出，虽然这些专项行动有效打击了网络文学侵权行为，但是这种专项行动有很大的局限性，一年只有一次，一次持续大约一个月时间，难以进行常态化的监管。因此，在这些专项行动的间隔期间，盗版网站等网络文学侵权行为依然猖獗。

对网络文学版权的监管应该在日常生活中就得到重视，但是由于网络文学版权纠纷，导致耗时较长、认定较难等特点，导致众多部门之间相互推诿，都不愿在平时去接手这类"苦差事"，看似有很多政府部门管理这个问题，其实却陷入"无人监管"的境地，导致政府相关部门对网络文学版权的监管缺失。网络文学侵权行为的惩处缺失使被侵权的网络文学作者难以维权，侵权者大肆侵权，最终不利于网络文学行业的健康发展。

（四）我国网络文学相关法律法规的模糊和不健全

在网络文学作品版权法律法规方面，我国有很大的空白。法律法规的不健全不完善，使很多违法者有了钻法律空白的机会，更容易造成网络文学侵权。侵权之后，作者维权成本高、收益低、难度大。

首先，网络文学版权相关法律的立法不完善。当前，我国缺乏专门的网络版权保护法规，在网络版权保护方面，执行的法规主要是2020年的《中华人民共和国著作权法》和2006年公布的《信息网络传播权保护条例》。同时，网络文学作者维权成本高，对于网络文学版权保护以及侵权惩处，我国主要依靠民事保护，但是民事官司的成本很高，诉讼时间通常为一两年，对被侵权者来说，花费过大而赔偿很少，得不偿失。

《信息网络传播权保护条例》虽然是针对网络版权的法规，但是其规定较为单一，其范围限制在传播权方面，并不能很好地适应复杂的网络文学版权侵权现状，并且这部法规属于政府出台的规章制度，对网络文学版权保护的法律效力甚至不如《中华人民共和国著作权法》。在网络文学繁荣发展、网络文学版权侵权十分复杂的今天，这两部法律法规显然是不够的。

其次，侵权责任认定标准太过宽泛。对于侵权责任，我国法律界主要依据"避风港原则"对其进行认定，但是"避风港原则"的标准过于宽泛。"避风港原则"是指网络文学服务提供者在接到相关权利人的通知之后如果及时履行删除义务就无须承担侵权责任。盗版网站等一些网络文学平台很多时候都能以"避风港原则"来逃脱责任，他们在侵权之后，往往以"不知情"为借口逃避承担相应法律责任。

三、网络文学版权保护相关建议

（一）健全网络文学版权相关法律法规

对于版权保护而言，法律是最有效的手段。但由于网络文学起步晚、发展快、变化迅速，网络文学版权相关法律法规的制定和健全速度跟不上网络文学的发展速度，可以说网络文学版权法还是空白，其版权保护法律体系尚未建立健全。所以网络文学版权保护的第一步，应健全网络文学版权相关法律法规。

首先，我国相关立法机关应积极立法，收集各方面意见与建议，认真审理近年来网络文学的侵权案件，制定出更加完善的《中华人民共和国著作权法》，将网络文学版权纳入著作权法体系，填补网络文学版权的法律空白。

其次，完善"避风港原则"，明确规定其一般条件。"避风港原则"未对网络运营商不需承担责任的一般条件进行明确的规定，由此网络运营商可以凭此原则逃脱责任。明确规定"避风港原则"的一般条件，增强其严密性和一般适用性，使之更能适应互联网时代下变化多端的著作权侵权现状。

最后，制定具体的保护措施。由于网络文学作品形式的多样性，这就要求网络文学版权保护措施不能笼统、"一刀切"，必须针对不同形式的网络文学版权制定具体的保护措施予以保护。针对网络文学作品中近似传统文学作品的作品，可以使用一般保护措施，而对于新形式的网络文学作品，需要制订更加切合其价值和内容的新的保护措施。

（二）加强互联网监管，对网络环境进行有效监管

加强网络文学监管是网络文学版权保护的重中之重。本文所述对网络文学的监管，不仅包括对网络文学盗版现象的查处和惩戒，还包括维护网络文学作者的合法权益，使之能够更加安心地去创作和创新。

首先，应加强对网站登记的监管，完善网站登记制度。这一措施是对网络文学平台经营环境的保护，保护正版网站，查处盗版网站，维护网络文学市场的正常竞争，正常运营。

其次，政府相关部门应该明确自己的职责。虽然在"剑网行动"期间，网络文学环境确确实实得到了极大的改善，但是这种专项行动的短期性使网络文学侵权在专项行动结束之后死灰复燃。因此，政府相关部门不仅要在打击网络侵权专项行动中大展拳脚，而且在平时多关注网络文学侵权，对其进行常态化监管。

最后，加强对网络漏洞的监管。一些盗版网站已经被不法分子利用，非法复制网络文学作品，严重损害了网络文学平台以及网络文学作者的利益。互联网作为新兴事物，网络漏洞的出现是不可避免的，相关部门应发现漏洞及时修补，以免出现更大的损失。

（三）帮助作者和读者树立正确的版权意识

盗版网站出现的根源是盗版有市场和需求，这深刻反映了读者的版权意识缺失。读者长期依赖"免费"的互联网，他们认为网络文学既然存在于互

联网中，就应该免费，而正版网络文学网站的收费模式迫使一些读者去寻找盗版作品进行阅读，这无疑助长了盗版侵权的气焰。因此，对于网络文学版权保护，帮助作者和读者树立正确的版权意识是根本。网络文学作者应增强自己的版权意识，积极到当地的版权局进行登记，并且在网络文学平台发表作品一定要实名注册，打击抄袭的嚣张气焰。读者应该树立正确的知识产权保护意识，不看盗版书，不贪图免费。网络文学平台运营者应该探索积极的网络文学付费阅读模式，在逐步提高付费阅读比例的基础上，适当推出免费阅读活动，帮助读者树立正确的版权意识。

（四）网络服务提供者要明确自身责任，帮助作者维权

网络文学的创作主体大多是普通个人，在维护自身权益方面力量十分弱小，网络文学平台在享受网络文学作品带来的流量和利益的同时，应主动承担起保护网络文学作者合法权益的责任。这个责任是两方面的。一方面，网络服务提供者需要加强对网络文学作品的审核力度，建立健全的审核机制；另一方面，网络服务提供者应该建立版权保护以及投诉机制，及时下架侵权作品，帮助旗下网络文学作者维权。

四、结　语

网络文学在刚刚兴起的时候，只是一些文学爱好者在网络上发布的即兴文章，那时候的人们难以预料，二十年后的今天，网络文学已经成了一个行业，成了为社会提供精神食粮的文化产业之一。不仅如此，网络文学也成了我国文化领域"走出去"的一员，在国外大放异彩。伴随着网络文学的发展，其版权问题一直不容乐观，本文通过对网络文学侵权现状的分析，指出了网络文学侵权发生的原因，提出了关于网络文学版权保护的一些建议，但因网络文学侵权的复杂性，本文未能进行全面的研究，有待进一步完善。

参考文献

[1] 艾瑞咨询 . 2016 年中国网络文学版权保护白皮书简版 [EB/OL]. (2017-04-01) [2020-02-01].http：//www.iresearch.com.cn/Research/IndustryList.shtml.

[2] 林刘玄，章剑飞 .IP 时代网络文学版权司法救济机制 [J]. 中国出版，2017（15）：53-56.

[3] 任翔 .《鬼吹灯》作者诉《九层妖塔》侵权：把我作品乱改 [EB/OL]. (2016-01-09) [2020-02-01].http：//www.chinanews.com/yl/2016/01-09/7708738.shtml.

[4] 王建 . 我国网络文学版权保护存在的问题及应对措施 [J]. 科技与法律，2018（1）：90-94.

[5] 郑延培 . 论网络文学作品的版权保护 [J]. 电子知识产权，2016（11）：38-43.

第三篇

数字阅读

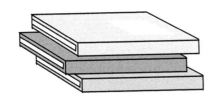

基于数字移动阅读行为模式的
阅读产品开发研究

刘子涵

摘要：随着互联网的普及，更多人选择通过移动端进行阅读，在阅读效率提高的同时，阅读内容更加碎片化。本文基于数字时代移动阅读的行为模式，对阅读产品的开发进行研究。在移动阅读产品的开发中，要根据读者阅读行为的差异制定不同的策略，不只单纯模仿纸质书的翻页效果，要不拘泥于传统阅读形式，避免生产单一工具型产品与软件，或通过搭建平台，与出版单位积极合作，获得更多优质的内容资源。同时，阅读产品的普及对于抵制盗版读物也有一定的效果。

关键词：移动阅读；浅阅读；阅读产品；版权保护

一、媒介发展与阅读行为的演变

（一）阅读行为的转变

高尔基说过："书籍是人类进步的阶梯。"作为知识的物质承载形式，从最初的甲骨片，到竹片、木片、缣帛等，人们记录文字的材料形式也在不断革新。通过文字，人们交流信息；通过阅读，人们从中获取知识。不同的载体为人们的交流与阅读带来了不同的体验，随之而改变的还有阅读行为和习惯。随着社会的发展，互联网的普及，通过互联网连接移动端进行阅读已经走进了人们的生活，在阅读效率提高的同时，阅读内容更加碎片化。

　　如果说内容带来的是短效的态度转变，那么媒介形式的改变引发的则是长期的宏观变化。麦克卢汉指出，印刷术出现之后导致西方理性文明发展，电视出现之后带来人与社会的巨大转变，主导这一切的是媒介形式而非内容，因此媒介本身才是对社会变迁带来深刻变化的主体——"媒介即讯息"。传播内容的载体和相关技术更值得我们重视。

（二）移动阅读的内容与信息获取

　　互联网为人们提供了许多便利，更方便人们从中获取大量信息，内容获得更加及时，阅读速度也有很大提高。但从另一角度来看，人们获得的信息也更加冗杂，同时快速浏览的形式及碎片化阅读过程中外界带来的干扰，可能会给人们的阅读带来更多的不适。硬件的限制对人们阅读也有非常大的影响，并不是所有移动设备都有保护眼睛的墨水屏。目前大多数阅读者使用的移动设备还是手机，对于篇幅过长的文章，通过手机阅读还是不方便。一是长时间手机阅读有损视力，二是长时间手机阅读让人们难以集中注意力。手机阅读更适合阅读短文，书籍的完整阅读可能相对来说有些困难。目前人们所谓的数字阅读可能更多还是浏览网页。

二、移动阅读的行为模式探究

（一）移动阅读与浅阅读

　　阅读内容的碎片化，在模式上形成浅阅读，正如美国经济学家泰勒·考恩评论的："在能够轻易获得信息的情况下，我们通常喜欢简短、支离破碎而又令人愉快的内容。"浅阅读的形式比较符合当前移动场景中的阅读模式，零碎的阅读对环境的要求比较低，读者可以在饭桌上、会议室、车站、地铁、飞机等场所进行阅读。在内容上，浅阅读更加偏向娱乐化，较为轻松欢快，可以是小说、新闻等。各种资讯类和新闻类客户端的产生也在一定程度上解决了数字时代移动阅读的浅阅读问题。浅阅读目前来说较为普遍，这种模式也符合当前社会的工作生活节奏。

（二）移动阅读与深阅读

在互联网时代，深阅读主要以网络文学为主，如一些电子阅读器的产生，尽量模拟贴近纸质书的阅读形式，希望为读者带来更好的阅读体验。纽约大学数字传媒研究学者认为："我们不应该浪费时间去哀悼深度阅读的消亡，他的价值自始至终都被高估了，没人读《战争与和平》，尽管那是托尔斯泰最高文学成就的经典代表，但是这部小说太长了，而且也不是那么有趣。"虽然这是一家之言，但笔者认为还是比较符合当今移动阅读的形式与模式。我们发现，一些移动阅读网上畅销的热门书籍是《乔布斯传》《白夜行》这类大众读物，而世界名著、古典文学等经典书籍在数字阅读时代的商业性相对较差一些。我们从理想的角度出发，当然希望读者能阅读经典，但是从市场角度来看，一部分热门书籍可能缺乏一定深度。但网上书城供应商用有限的资金与出版单位进行洽谈，来购买这类当下热门的书籍，是商业上更加成功的对策。

学者往往是深度阅读的爱好者，他们相对来说喜好阅读学术类书籍，阅读过程中更需要静下心来沉浸在书中。深度阅读的读者在阅读时往往有更加充裕的时间，追求更加良好的阅读体验，对于这类读者，纸质书或类似 Kindle 的电子阅读器是他们的首选。如果读者没有强烈阅读的需求，简单地通过手机等一般设备就可以进行移动阅读。

网络文学等形式在深度阅读模式中是一种特殊的存在，往往是通过网络作者连载创作，其在内容上对读者有独特的吸引力，读者往往能够长时间持续阅读。网络文学的存在让阅读模式不同于一般意义上的浅阅读与深阅读，是二者的结合体。既能满足读者在移动场景下的碎片化阅读，在阅读的持续性上又可以与深阅读媲美。因此笔者认为，网络文学既能满足用户在移动场景下的碎片阅读，时间上又属于深度阅读，在书籍分类和推介中应该单独列出来。

三、阅读行为对阅读产品的影响

（一）碎片化阅读与内容分类

由于目前我们的移动阅读较为碎片化，外加阅读过程中存在相当多的外界干扰，比如微信消息、短信以及邮件等，我们在阅读过程中很难沉下心来，浅阅读显然更加符合当今阅读习惯。笔者认为，一段介绍、一个小短片、一条新闻等属于浅阅读的阅读范畴，既然时间较为零碎，又想在短时间内吸引读者，则对于信息内容有较高要求，阅读类软件或客户端如果想要为读者提供合适的内容，在信息收集整合的过程中要充分考虑市场和人们的阅读习惯与喜好。对于内容的信息分类，除了按照类似中图法的方法分类，还可以考虑按照篇幅进行分类，如长篇、中篇、短篇等。

（二）数字阅读和传统阅读的行为差异

媒体的边界在数字化过程中逐渐融合，但移动阅读想完全取代传统阅读是不太可能的，我们还是会经常阅读纸质书，因此两者在很长一段时间内都是并存的关系。自从移动阅读产生以来，人们一直在讨论数字阅读和纸质阅读的优劣，以下笔者从阅读产品设计的角度阐述一下二者的差异。

目前人们可以通过手机、平板电脑或者各种电子阅读器来阅读，看似和纸质书阅读没有什么区别，但在阅读过程中的感官刺激及动作是完全不同的。国外有研究表明，阅读的认知行为不仅涉及我们的视觉，并且涉及我们的触觉。阅读的过程既需要我们看得见，也需要摸得着。因此看似只是载体发生变化，但对读者在读书时的沉浸程度和专注度还是有影响的。上述说过，受到屏幕的制约，读者在长篇文章阅读过程中尤其会感到不适。很多读者喜欢的不仅是传统阅读的纸质形式，还有翻书过程中闻到的墨香。虽然很多电子阅读器的设计师使用各种办法，努力使移动阅读产品更加接近纸质阅读的形式，但体验和感受终究不同，二者之间还是存在很大差别，只是追求形式上的相同，而没有找到移动阅读过程中自己的特点和独有功能，这就导致市场上并没有一款电子产品能完全替代纸质书籍。

移动阅读一般情况下屏幕较小，在内容展示上由相对独立的界面组成，这已经基本满足并符合移动阅读的阅读需求，一些阅读软件简单地模仿纸质书阅读过程中的翻页动作，不仅切换过程缓慢，出现闪屏，而且动作较为生硬。国外有调查表明屏幕和电子阅读器会妨碍文本浏览的两个重要特质：意外发现和控制感。我们在阅读过程中经常有这种感觉：当看到一段话时往往能让我们回忆起之前看过的内容，这时我们会翻回之前的段落。而在阅读过程中，遇到喜欢的内容，我们经常会用笔勾画，或在空白处做笔记，有人还会通过折书角标记。

不管是数字阅读还是移动阅读，它们的特点与传统形式的阅读有根本不同，外在表现不同只是一方面，感官差异和文字阅读过程中的沉浸体验差异要更大。因此，在设计移动端阅读设备或软件时，单纯模仿纸质书的翻页效果毫无必要，移动阅读过程中，也不会因为这一翻页形式的类似，而带给读者更接近纸质阅读的感受。

四、移动阅读客户端的发展

（一）不拘泥于传统阅读形式

移动端的设计应该发挥出自己独特的优势，比如对于儿童类书籍，可以通过提供图片和视频等形式丰富儿童在阅读中的效果，带给读者交互性感觉。移动阅读软件的发展与普及不只是软件或硬件单一发展的过程，而应该发挥数字时代移动阅读独特的优越性和阅读体验。立足于当前人们的阅读习惯，解决人们进入移动时代对读书的迫切需求。

谈到移动阅读，就不得不提到 Kindle。Kindle 作为目前市场占有率最高的阅读器，为人们的阅读带来许多便捷。据统计，人们在拥有 Kindle 之后的阅读量是没有 Kindle 时的四倍。亚马逊的创办者杰夫·贝佐斯曾说，公司并不指望 Kindle 阅读器来盈利。从价格我们也可以看出，Kindle 的价格较为便宜，既然不通过 Kindle 产品本身盈利，Kindle 为什么能从众多阅读器中脱颖而出？其核心竞争力就是高质量的内容。Kindle 自身搭建了一个优质的阅读生态系统，通过为读者提供便捷服务，以及为出版商搭建优质内容推广平台，吸引出版商加入平台当中，并为出版商带来巨大销量。这就很好地连接了读者和出版商，既为读者提供了满意的服务，又能让出版商盈利。

Kindle 自身的墨水屏幕可以给读者带来接近纸张的阅读体验，但更为重要的是让读者的阅读更加便捷高效。Kindle 的用户可以很方便地享受亚马逊提供的优质图书。二者相加，便是亚马逊在竞争中超越其他电子阅读设备的原因。

（二）避免成为单一的工具型软件

通过了解我们发现，纯粹的工具型软件在发展迅速的互联网环境下很难生存，即便开始占有大部分市场，如果自己不向其他模式转型，很有可能会被其他公司的产品所取代。工具型软件若想继续发展，必须转型为内容提供型或平台型，最典型的例子就是"暴风影音"。十几年前他们的市场占有率极高，之后却在其他软件的冲击下生存困难，如果不是后期转型为内容视频的提供者，我们可能再也听不到"暴风影音"的名字了。同样在开始属于工具型软件的还有"迅雷"，最初只是作为一款下载工具，在之后的不断发展转型中，在保留下载功能的同时还延伸出视频播放功能，得以持续健康发展。市场上的单一工具型应用，如果不寻求转型，在发展盈利方面最终都会遇到难题，难以在市场上生存。

手机是一个功能较为平均的设备，由于技术及设备自身原因，手机上的阅读软件或产品无法提供给读者像墨水屏幕一样良好的阅读效果，因而手机阅读软件通过交互设计和视觉设计带给读者较为舒适的阅读环境，尽力减少和电子阅读器之间的差距，减轻用户在使用手机阅读时的不适感，树立阅读产品在读者心中的地位和品牌形象。因为手机的使用较为普及，阅读软件或应用又属于用户黏性较高的产品，一旦获得用户的认可，在阅读过程中就会长时间使用，比如书签、返回查找、历史阅读等功能，读者最终熟悉此阅读终端的使用特点，形成阅读习惯，这样读者转移到其他阅读产品的成本就会提高。因此可以通过应用自身特点吸引住用户，再根据用户需求不断改进，继续为读者带来良好的阅读体验，使读者成为核心用户和产品的忠实粉丝。

（三）线上内容的选择与提供

如果想要在内容上最大限度地满足用户的需要，那么就需要与版权方进行合作，给出版商带来较大的收益。这里我们同样可以从 Kindle 与出版商的合作得到启发：Kindle 自身创建了良好的生态系统，做好自己平台方的角色，各大出版商都可以在这个平台获利。在中国移动阅读软件或产品市场中，我认为同样如此：谁先获得了出版商的支持，成为首发平台，获得更多的内容资源，谁就在移动阅读竞争中胜出的概率大一些。

五、版权与盗版阅读

在出版市场，盗版是一个不容忽视的问题，移动阅读领域也是如此。多数用户养成了免费线上阅读的习惯，对于付费阅读往往较为抵触，缺乏版权意识。随着我国版权意识的普及，人们的付费意识也越来越强。以 Kindle 为例，虽然读者自行下载的 mobi 格式的电子书也可以阅读，但因为付费购买的正版图书有在线字典、在线标记等增值服务，因此付费阅读的人数也非常可观，正版阅读的人数要超过其他移动阅读端，如手机阅读等。另外，纸质书价格较高，用 Kindle 阅读方便且便宜，越来越多的读者倾向于从 Kindle 网上书店购买书籍阅读。

尽管目前网上仍然存在很多盗版书下载链接，但随着政府的严格监管，一批盗版网站已经被关停，相关责任人也被追究了法律责任。正版是一种趋势，使用正版的观念无时无刻都在伴随着我们，从各单位普及郑板桥软件，到国内各大视频网站对版权管理的规范化，无论是书籍、音乐、名称、动画形象，甚至是字体，都有自己的版权。随着版权意识的普及和政府监管力度的加强，人们会越来越难从网上搜索到盗版书籍，这也会迫使他们阅读正版。未来，拥有更多的出版商资源以及可以提供更优质内容的阅读应用产品，将拥有更多的用户和更高的市场占有份额。

六、结　语

在对移动阅读产品的开发中，要根据读者阅读行为的差异制定不同的策略，不只单纯模仿纸质书的翻页效果，要不拘泥于阅读形式，避免出现单一工具型产品与软件。可通过搭建平台，与出版商合作，获得更优质的内容资源，这样才能占有更高的市场份额，形成良性循环。

参考文献

[1] 电子阅读违背大脑科学？[EB/OL]. (2013-04-23) [2020-02-28]. https：//www.guancha.cn/ Kexuemeiguoren/ 2013_04_ 23_140459.shtml.

[2] 冯思雨. 移动阅读类 App 发展策略探析——以网易蜗牛读书为例 [J]. 图书馆学研究，2018（23）：85-89，14.

[3] 互联网产品类型与产品工具 [EB/OL]. (2018-01-27) [2020-02-28]. https：//www.jianshu. com/p/4ed4ffb13fac.

[4] 人生的分水岭：网络阅读会让我们变浅薄吗？[EB/OL]. (2016-09-12) [2020-02-28]. http：//www.cssn.cn/zx/shwx/shhnew/201609/t20160912_3199074_4.shtml?COLL-CC=677169640.

[5] 移动阅读连续三年增速放缓 [EB/OL]. (2020-01-17) [2020-02-28]. https：//Baijiahao. baidu.com/s?id=1655908356667038997&wfr=spider&for=pc.

5G时代"社交化阅读"版权保护的困境与解决路径

韩媛媛

摘要：随着移动通信技术的迭代升级及移动智能终端的高度普及，社交媒体的影响力急剧扩张，新的阅读媒介层出不穷。与此同时，一种新的阅读模式应运而生，即"社交化阅读"。5G时代的到来将为社交化阅读带来新的机遇，同时社交化阅读更加自由的内容创作与传播机制也给数字版权保护带来了新的难题。为了在不阻碍社交化阅读发展的同时解决其面临的版权保护问题，通过对社交化阅读在5G时代移动通信技术飞速发展的大背景下面临的版权问题进行分析，从法律法规、市场监管、技术等方面为社交化阅读所面临的版权保护问题提出建议。

关键词：社交化阅读；版权保护；5G技术

一、"社交化阅读"的相关概念

"社交化阅读"是一种以读者为中心的双向、互动的阅读模式。相较于传统以书本为主体的单向、个体的阅读模式，社交化阅读更加重视读者的阅读体验，重视读者基于阅读内容的社交，其提倡共同创造UGC（用户生成内容）、共同传播和共同盈利，在读者与读者、作者与作者、读者与作者之间的多方位交流互动的基础上，实现阅读价值的增值与放大。一般而言，凡是在阅读过程中伴有分享、交流、探讨等互动行为的阅读活动均可视为广义的社交化阅读。根据阅读的互动形式、内容侧重、主要载体和终端类型等方面的差别，又可以把社交化阅读分为基于现实生活的社交化阅读、基于 PC 互联网的社交化阅读和基于移动终端的社交化阅读。本研究所述社交化阅读主要针对基于移动终端的社交化阅读形态。

社交化阅读作为移动通信技术大力发展的背景下催生的新型阅读选择，是静态阅读与动态社交的结合。一方面，社交化阅读提倡 UGC 模式，个体在阅读过程中可以通过多元思想的碰撞获得良好的社交体验，使线下基于阅读的社交得以在线上得到延伸；另一方面，社交化阅读平台推介的内容是基于大数据对读者偏好的算法以及读者的自主订阅形成的，读者能够更加自由地选择阅读内容。

目前的社交化阅读主要有以下几种类型：一是以"网易新闻""今日头条""腾讯新闻"等为代表的新闻资讯类推送平台，它们将网络新闻、自媒体资讯、报纸杂志等众多内容进行智能化整合，并通过算法技术向用户进行个性化推荐，用户可依据个人喜好进行自主订阅；二是以"微博""微信公众号"等为代表的自媒体原创平台，其主要采用用户生产内容的 UGC 模式，用户可通过平台进行内容分发与社交互动；三是以"微信读书"为代表的专门的数字阅读类 App，其社交化阅读功能主要体现在对电子书内容的分享、对相关书评段落的跟帖点评以及在阅读页面与其他用户的交流互动等。

二、社交化阅读存在的版权困境

社交化阅读信息发布的自由性及创作主体的多样性让用户得以接收更加多元化的信息，但同时，缺乏边界的自由和用户对侵权行为的认知偏差及规范化制度缺失造成的媒介监管不力，使抄袭等伪原创版权侵权现象大行其道。社交化阅读存在的版权困境涉及相关法律问题、管理问题、技术问题以及大众版权意识问题，具体体现在以下几个方面。

（一）部分碎片化作品不具备可版权性且难以溯源确权

一方面，部分碎片化作品不具备可版权性或难以界定版权归属。现行《中华人民共和国著作权法》（2020 年修订）（以下简称《著作权法》）第三条将"作品"定义为"文学、艺术和科学领域内具有独创性并能以一定形式表现的智力成果"。社交化阅读的内容多来自自媒体或 UGC，其在缺少专业内容创作团队的情况下，往往会采用转载或者拼凑碎片化信息的方式产出内容，而这种所谓独立创作的碎片化作品并不具有独创性也不符合《著作权法》所保护的作品的界定。有些碎片化作品甚至是多重碎片化信息的"结集之作"，无法划归现有《著作权法》所列举的作品类型内，因而也难以认定版权归属。

另一方面，社交网络的高速传播以及用户的虚拟性导致碎片化作品难以溯源，从而增加追责难度。社交阅读中，传播主体的自主性使其不必经过审核即可发布内容，借由社交网络平台传播的强大影响力，此时受众群体成为传播渠道，他们可以基于转载、评价、分享等功能实现相关内容的实时、即时分享。这种即时、迅捷的传播方式转化成转载量与阅读量促进信息的传播，也使侵权内容难以追根溯源。同时，传播主体的匿名登记性也造成了更多难以追责其侵权行为的"内容搬运者"。

（二）用户对于"合理使用"与侵权行为存在认知偏差

《著作权法》中的合理使用是指在法律规定的情况下使用已经发表的作品，可以不经著作权人许可，也不向其支付报酬，但应指明作者姓名、作品名称，并且不得侵犯著作权人依法享有的其他权利。此规定需满足已发表作品以及不得侵犯原作者合法权益两个前提，而许多用户却将合理使用等同于开放使用，认为网络上的作品可以随意转载，认为所谓侵权行为仅限于非法转载。诸如此类版权意识的淡漠以及版权知识的缺失也是侵权行为层出不穷的重要原因之一。

（三）专有法律的缺失以及平台监管不力致使维权困难

信息技术发展日新月异，媒介形式也在不断更新换代，由此出现了许多"新媒体作品"，但缺少数字版权的法律条款。目前用以解决数字版权问题的《著作权法》与《信息网络传播权保护条例》并未对此类作品做出明确划分，同样也缺乏对侵权者做出惩戒的硬性规定。缺少专有法律进行有效保障，著作权人维权往往劳神费力。而社交化阅读平台也存在前期内容审核与后期侵权认定效率低下、侵权投诉系统设计不尽合理等问题，如"微信"设立的微信知识产权侵权投诉系统，此系统的投诉流程复杂反而不利于发挥其应有的作用。

三、建议与解决方案

面对社交化阅读相关法律的缺失、用户认知的偏差及技术手段的落后等引发的版权困境，可通过从平台、立法、电子技术以及公民版权意识培育等方面寻求缓解方法。

（一）平台的内部控制与外部监管

一方面，社交阅读平台可以合理采用相应的奖励机制鼓励 UGC 用户创作高质量内容，如对有价值的内容采用"转载者付费"模式、给予持续输出高质量内容的用户一定的返利补贴、优先传播其原创作品等。此种奖励机制既能维持用户的创作热情，也能在一定程度上保障原创者的权益。同时，奖励机制也在一定程度上肯定了创作内容的权威性，此举能增加原创内容的热度，有利于作品进入公众监督领域。与奖励机制相对应，还应加大对侵权者的惩戒力度，提高侵权成本。

另一方面，社交化阅读平台还应全力弥补外部监管漏洞，抄袭盗版现象如此猖獗的原因之一是侵权者以虚拟网络为保护伞，他们对侵权行为抱有侥幸心理，认为侵权的最严重后果止步于封号。社交阅读平台应该强化自媒体用户的资格审查，加快推进用户实名制，用户的真实信息可以存储于后台，既有利于侵权追责，又能使注册用户有一定的敬畏心理。对于注册信息不完整的用户开启"游客模式"，不赋予其发布内容的权利。另外，为了提高创作者维权的效率，平台服务商还应优化投诉审核系统，简化投诉审核流程，将更多的精力投入认定侵权行为和保护原作权益上。5G 技术以及人工智能的发展为这种高效审核系统的实现提供了可能。

（二）更新相关法规，健全行业监管

一方面，更新完善相关法规。《著作权法》的"合理使用"主要是通过对常见的合理使用方式进行列举来限定行为主体，这种单一列举模式具有一定的局限性，无法涵盖现有媒介背景下出现的新问题。因此，可以选择采用概括与列举相结合的模式。有关部门应该及时推进相关条款的更新，并完善特殊作品的司法解释以此对典型的合理使用行为进行列举，增强法律条款的可操作性。另外，依据现实情况重新定义合理使用行为的判定原则，为非典型合理使用行为提供判断依据，这种更为灵活更具有弹性的权利限制条款也更能与市场现状相适应。与社交化阅读密切相关的另一部法律《信息网络传播权保护条例》，虽明确了信息网络传播的定义及保护措施，但在立法方面同样也呈现出碎片化的特点，其中并无针对自媒体等信息网络侵权行为的规范，因此也应该进行完善，以期建立专门的网络信息治理法律体系。

另一方面，健全行业机构监管。目前，帮助著作权人维权的行业机构有诸如"一道网"的公益维权组织，也存在"微版权"同类型的知识产权保护门户网站。此类维权组织能够通过网络帮助著作权人进行有效的确权取证，并提供法律服务助力著作权人合法维权。各地的相关部门可以通过确立补贴机制等方式来积极支持此类维权组织的运转，以此减少著作权人异地起诉的精力耗费和诉讼成本。另外，也可以效仿中国音乐著作权集体管理协会，在各大类型的社交化阅读平台设立行业版权自律协会以发挥社会组织的作用。

（三）采用技术手段干预

基于 5G 技术以及人工智能技术建立智能化内容识别系统，可以有效缓解社交化阅读所面临的版权保护问题，社交化阅读服务平台可尝试与版权方合作，双方共同建立版权资料库。平台方作为中间方利用版权资料库对用户上传的作品进行匹配识别，经甄别比对后判定作品是否涉嫌侵权。版权方则在此享有对侵权作品的处理权，即自主选择不予其发表并追究侵权者责任，或授予侵权者转载权并协商分配作品所涉及的广告收益。如此可使平台方在处理知识产权侵权案件方面保持适度的弹性和灵活性。智能化识别系统或许不能完全照搬复制全类型的社交化阅读服务平台，但是这种解决版权保护问题的思维方式依然值得所有社交化阅读平台服务商学习借鉴。服务商可以在条件允许的情况下建立版权资料库，采用自然语言检测等技术对内容进行分析对比来实现版权追踪。

（四）提高版权保护意识

社交化阅读作品良莠不齐、抄袭搬运作品鱼目混珠，种种现象不仅体现了用户媒介素养水平的参差不齐，更体现了用户版权意识的薄弱。普通用户对侵权行为没有清晰认知，著作权人的版权保护意识也不强。这需要有关部门行动起来，联合线上教育机构、线下知识产权组织进行版权保护法律法规和相关知识的普及，着力培养公众的版权意识，提高公众的参与热情。平台服务商也可在用户协议上着重体现有关版权的相关注意事项，以种种措施提醒用户保护版权、增强版权意识。只有社会公民的版权观念日趋成熟，才能更好地实现正当的版权保护。

四、结　语

社交化阅读作为数字出版领域一种全新的阅读方式，强调用户在阅读过程中发生互动和交流等阅读行为，基于社交圈群的全新阅读方式能够实现核心内容的有效传播，但同时也滋生了版权问题。

部分用户原创力不足，靠拼凑整合信息产出内容；部分著作权人缺乏版权保护意识，视非法转载为积累粉丝量增加热度的利器；用户端产出的内容或是不具备可版权性而难以确权，或原作无维权意识不确权。除此之外，服务商并未向用户提供高效的维权通道，也并未加强对注册用户的审核，服务端未能有力发挥保障用户著作权权益的作用。由此可见，目前社交化阅读版权保护形势并不乐观，侵权、盗版、洗稿等行为依然严重。

要遏制侵权之风还需多方共同努力，加快推进专门性法律的制定，尽可能弥补法律的漏洞；适当采用技术手段进行干预，同时鼓励公益维权组织发挥作用帮助著作权人确权存证、合法维权。最后，社会公众也应当提高版权保护意识，积极学习版权知识，如此才能真正端正行业风气，营造良好的阅读氛围。

参考文献

[1] 郝翌彤．公益性微信公众号的版权保护研究 [J]．当代经济，2018（16）：102-104.

[2] 黄芳．自媒体著作权侵权损害赔偿问题研究 [D]．武汉：华中师范大学，2019.

[3] 李宝华．新媒体时代新闻作品版权保护的困境与对策——以全国五所高校官方微信公众号为例 [J]．新闻采编，2017（3）：60-62，64.

[4] 李枫．Wattpad 社交出版实践研究 [D]．保定：河北大学，2019.

[5] 李花蕾．论社交化阅读 [J]．湖南科技学院学报，2014，35（3）：187-190.

[6] 李阳．移动互联时代的阅读社交化研究 [D]．贵阳：贵州民族大学，2019.

[7] 罗舒乔．探究手机阅读类应用程序数字版权的问题及出路 [J]．河南图书馆学刊 2017，37（9）：120-122.

[8] 王海燕．移动终端社会化阅读 [M]．北京：社会科学文献出版社，2019.

[9] 王莉．自媒体时代"社交化阅读"的版权保护 [J]．新闻知识，2015（11）：11-13.

[10] 俞锋，汤苏剑．5G 时代数字版权协同治理问题研究 [J]．中国出版，2019（16）：58-60.

移动有声阅读：数字出版下的新型阅读方式

张思念

摘要： 在互联网技术大力发展时代，传统出版业与时俱进，借助各种先进技术，逐步进入数字出版时代。人们获取文字信息的方式逐步发生变化，"全民阅读"向"全民闻读"迈进。借助移动终端，有声阅读的发展更是迅猛，成为一大流行趋势，进而促进有声读物的出版。本文将对当前移动有声阅读盛行的现象进行剖析，以数字技术、移动互联网技术的发展为背景，分析移动有声阅读的现状、流行背后的原因以及未来的发展趋势。

关键词： 有声阅读；移动音频；有声读物；数字出版

数字技术促进了媒介的融合，使得一本书、一首歌、一部电影等一些构成元素相差甚远的事物能够同时存在于一种媒介上，而移动互联网技术则帮助我们随时随地利用碎片化时间来学习、工作以及娱乐。当人们早年还沉浸在通过纸质书本等载体获取信息时，不曾想过未来能在解放双眼的情况下来用双耳去"读"一本书，也不曾想过借助一部小小的智能移动终端就能完成他们对外部世界的认知。不得不说，先进的科学技术正潜移默化地改变着人们的阅读习惯，人类的双手和双眼被逐渐解放出来，而作为人体五官之一的耳朵顺势站到了"舞台"的正中央。以移动端为载体的有声阅读在国内出版市场正迎接"春天"的到来。

一、数字出版后来居上，传统出版遭受威胁

著名"技术决定论者"麦克卢汉在"媒介即讯息"理论中提出："一种新媒介的产生能够改变人们的生活方式，甚至使整个社会发生变革。"的确，媒介类型的更新换代一次又一次地改变着人们获取信息的习惯。从发明造纸术和印刷术开始，纸张凭借着其携带方便、制作成本低等优势成为文字的最佳载体。伴随着纸张的普及以及印刷技术的迭代更新，我国出版业以迅猛之势飞速发展着。中国作为最早进行出版的国家之一，图书出版历史悠久，历代出版人借助纸张和文字，将中华数千年的灿烂文化保存并传承至今，助推了文化交流和人类文明的延续。

当人们早已把纸质阅读作为日常生活中的一部分时，互联网技术、数字化技术等新兴技术的到来打破了这一习惯，数字出版的出现，使人类文明就此进入了新纪元。所谓数字出版，简单来说就是出版的三大步骤"编、印、发"的数字化，"建立在计算机技术、网络技术、存储技术等高新技术基础上的一种出版新形式"。它并非简单地把线下文字直接搬到互联网上，而是利用二进制技术对整个出版流程实行数字化，其产物包括：电子图书、数字报纸和期刊等，统称数字读物。数字出版的出现极大地丰富了出版业的盈利模式。

与麦克卢汉的说法相呼应，人们的生活习惯在新媒体的影响下确实发生了翻天覆地的变化。在阅读方面，互联网用户规模越来越庞大，人们在获取知识和信息时，类似报纸和纸质书等传统出版读物不再是人们的第一选择，数字读物开始取代原来纸质读物的位置，成为人们的首选对象。虽说数字出版属于新兴事物，但其强大的优势严重地威胁了传统出版业的发展。相对于"前辈"，数字出版读物以内容丰富多样、制作成本低廉、绿色环保等优势吸引了众多读者。

在我国，数字出版虽然起步相对较晚，但以惊人的发展速度和极大的发展空间迅速占据出版主流。目前来看，数字出版在我国已经形成了如互联网广告、移动出版、在线教育、网络动漫与游戏等新兴业态，其中，网络广告、

移动出版、在线教育保持着迅猛的发展势头。在新业态诞生的同时，我国传统出版业也逐步走上数字出版的道路，纷纷向数字化转型，进一步丰富了数字读物的内容类型。

二、移动音频优势凸显，"声音时代"悄然而至

移动互联网给移动音频的诞生提供了可能性。所谓移动音频，是指利用手机、平板电脑、车载音响等智能移动终端设备，借助流媒体技术或利用在线下载的方式提供音频支持，其中包含的内容有传统电台、音乐电台、相声小品、综艺娱乐、小说、新闻资讯等。近些年，移动音频的发展稳中向好，捕获了众多用户的欢心。移动音频之所以在这个时代备受欢迎，原因可归结为以下三点：

（一）音频本身固有的优点

移动音频的本质是音频，与视频相比，音频拥有一系列闪光点。例如，音频具有使用情景范围广、获取信息方式易、制作成本相对较低、营造情感氛围强、记忆转化效果好等特征。

使用情景范围广：音频不需要与如"抖音""微信"等视频或社交 App 争夺流量，用户能够在忙碌其他工作的同时享受音频带来的听觉感受。

获取信息方式易：音频仅需要双耳就可以使用户的需求得到满足，更便于获取信息。

制作成本相对低：与视频相比，音频不论是制作成本还是入行门槛都略胜一筹，将各类信息转化为音频不仅传播周期变短，且易于二次传播。

营造情感氛围强：不同的主播对同一内容素材有不同的演绎，主播们通过节奏、轻重音、停顿等播音技巧丰富信息内容，给予用户听觉享受，使之容易产生情感上的依赖和共鸣。

记忆转化效果好：从理论上来讲，听觉记忆转化更为直接，对人们的记

忆更为持久，就像电视中的广告，我们无法记住画面细节，但我们对那些经典的广告语记忆犹新。从过去到现在，商标标识等视觉记忆是每个品牌所注重的，但在未来，听觉记忆将成为主流。摩托罗拉的开关机音效便是一个典型案例。对绝大多数人来讲，也许记不清它的界面动画，但是每当铃声响起时总是会不经意地想起那句经典语句："HELLO，MOTTO！"再者，人们也许对品牌"恒源祥"的商标图案记忆模糊，但其广告语"恒源祥，羊羊羊"却能引发大众的回忆。

音频的以上五个特点成为其最突出的优势，帮助它在多种媒体竞相争夺流量的时代突出重围。

（二）"网络音频+移动终端"强强联合

从技术层面上讲，自移动互联网技术产生以来，移动终端逐渐成为人们日常获取新闻资讯、学习知识技能以及进行娱乐消遣的重要途径。这也使各种依托于移动终端的平台层出不穷。人们借助智能手机、平板电脑等终端就可实现文字阅读和视频观看，随时随地获取所需信息，PC时代逐渐隐退，移动时代已经盛行。与此同时，网络广播媒体也应运而生，与传统的广播媒体相比，它凭借着海量的内容、便捷的操作、个性化的服务以及及时的交流互动带给用户全新的体验，作为新的媒介形态，网络广播给人们的生活带来了更多的选择。移动终端和网络技术的发展以及对碎片化场景的应用，助推网络广播与移动终端走向一体，移动音频就此产生。移动音频将二者优点集于一体，实现了技术的强强联合。

（三）直击大众两大"痛点"

一款新的产品能在短时间内得到众多用户的肯定和欢迎，说明该款产品在某个方面极大地满足了用户的需求，填补了以往用户的需求空白。众多类似"喜马拉雅FM"的移动音频平台就是找到了这一需求的缺口，抓住了当代用户的"痛点"。

痛点一：在当今这个被大小屏幕充斥的时代，"近视眼"人群的数量与往年相比有了井喷式的增长。根据百度大数据显示，从2012年至2020年，我国近视眼人数已达到6.7亿，跃居世界第一，如图1所示。

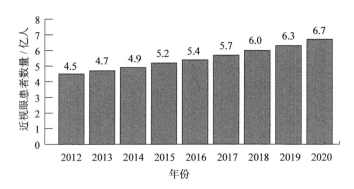

图1　2012—2020年我国近视眼患者数量

眼睛作为人们感知世界的一种重要器官是需要被保护的。移动音频极大地缓解人们对眼睛的损耗，来解放双眼和双手，突出耳朵的作用，使人们不再通过单一的渠道或是场景来获取信息。

痛点二："996"是当前快节奏社会常见的工作时间制，而通勤路途上的劳累与枯燥成为每个上班族的一大痛点。

移动音频贵在"移动"二字，其拥有多个应用场景，地铁、汽车等各种交通工具都能成为移动音频施展的空间。此外，音频在解放双眼的同时帮助人们缓解疲劳，这种"随时随地，放松身心"的特点使移动音频成为上班族乃至大众打发枯燥时间的方式之一。

综合移动音频的优势可见，移动音频的流行合情合理，"听"也许是这个时代最值得推崇的信息获取方式。不可否认，声音领域正在迎接一个美好时代的到来。

三、有声读物形式升级，移动有声阅读平台频出

有声读物，又称为"有声书"，诞生于 20 世纪 30 年代的美国。《辞海》中对其有这样的解释："录制在磁带中的出版物。"在学界对有声读物的概念界定中，美国有声读物协会给出的定义最为权威。有声读物是指："其中包含不低于 51% 的文字内容，复制和包装成盒式磁带、高密度光盘或者单纯数字文件等形式进行销售的任何录音产品。"

由此可知，最早的有声读物是以磁带、光盘等形式存在，通过录音机、DVD、台式电脑播放，是将传统纸质书籍通过声音的方式储存在某种媒介当中，供用户以音频的方式接收内容。然而社会在发展，技术在进步，有声读物的形式必然要升级，以数字文件形式存在的有声读物成为这个时代的主角。新形式的有声读物开始借助智能移动终端来推进自己的发展，已经存在了半个多世纪的有声读物迎来了发展的春天，移动阅读市场逐步走向繁荣，这也催生了类似"喜马拉雅 FM""荔枝 FM""懒人读书"等有声网站和应用的陆续出现，来自四面八方的互联网用户加入听书的队伍。由此，全民移动有声阅读正式拉开帷幕。

（一）集移动音频优势于一身的移动有声阅读

与传统阅读相比，移动有声阅读有其不可比拟的三大优势。

首先，它改变了人们传统的阅读方式，"耳听"取代"眼看"。这与麦克卢汉提出的"媒介即人的延伸"理论不谋而合。该理论认为："一切媒介信息传播的用处就是帮助人们接触到更加真实和广阔的世界。"最初，有声阅读的定位主体为视觉障碍人士、老年人和低龄幼儿等特殊群体，但如今有声阅读的受众规模与日俱增，各形各色的人群都加入了"听书"队伍，有声阅读的对象不再局限于小部分群体，而是向全民靠拢。

其次，它改善了社会的知识结构。由于"听书"不需要过多的文字素养，因此无论听众用户的知识水平如何都能成为听书队伍中的一员，这进一步说

明移动有声阅读的用户规模多元化。从长远来看，以"听"的方式获取知识有望改善"知识鸿沟"所带来的沟通障碍。

最后，它给人们带来了随时随地享受"听"的乐趣。因为具备移动的特性，所以人们能够充分地利用碎片时间满足自己的阅读及学习需求，提高阅读效率。这种新兴阅读方式首先获得了上班族和有车族的欢迎。随着阅读空间的延伸，从过去的图书馆、阅览室、个人书房扩展到地铁、公交车等各种公共场所，不论身处何方，戴上耳机便进入属于自己的阅读空间。"听书"一跃成为当下移动互联时代大众的刚性需求，并且以势不可当的气势带领着全民走向新的阅读风尚。

（二）为传统出版读物提供新的转型渠道

前文曾提到，互联网技术冲击了传统出版业的正常运作。传统出版业为了谋出路，开始踏上向数字化转型的"长征"。向数字化转型的方式有多种，最为直观同时最常用的就是将线下的文字读物变为线上，形成电子图书、数字期刊等。但是传统出版业的转型脚步并不能戛然而止，而是要继续实现内部组织机制的创新，发现更多的平台渠道将自身的优质内容向外拓展，寻找最佳的发展契机。

移动有声阅读向传统出版业伸出了"橄榄枝"。新型阅读方式的流行给众多基于"听书"的移动端应用程序的脱颖而出提供了理由，以"喜马拉雅FM"为例，其可谓发展最为迅速的一家有声读物平台。平台内部资源丰富，涵盖学习、工作以及娱乐等方面，通过下载移动客户端便可随时随地使用，为用户提供全场景化的阅读体验，其凭借强大的功能深得用户的喜爱。此外还有"懒人听书""蜻蜓FM"等应用程序都以这种新鲜的形式吸引了大量的用户群体。

对传统出版业而言，由于传统出版业对出版内容要求极高，早已建立了良好的公信力。在数字出版时代，网络上虽存在海量的阅读资源，但个人的时间和精力毕竟有限，只有优质的内容才能取胜。传统出版业凭借自己权威且优质的内容便能吸引大批用户的关注，再加上自身顺应时代潮流，将着力点放在当下最为流行的移动有声阅读上，优质内容与合适的载体合二为一，从而达到"1+1>2"的效果，唯有这样，传统出版业才能在数字时代找到自己的立足之地。

四、移动通信业重大突破，移动有声阅读拥抱"5G"

2019 年最为热点的词汇之一莫过于"5G 时代"。我国移动通信行业体验过"1G 空白""2G 跟随""3G 参与""4G 追赶"之后，终于看到了"5G 时代"向我们招手。随着 5G 的逐步商用化，音频行业和移动数字阅读产业一并步入发展的"快车道"，移动有声阅读登上更高的台阶。

"5G 时代"最突出的优势在于它的"高带宽、低时延"。这两大优势让内容生产的流程更加实时、自由。这对移动有声阅读平台的创新有着举足轻重的作用。例如在音频生产过程，用户可以实时与演播者发生交流互动；在音频发布环节，针对大容量的高品质音频，借助流媒体技术将音频传递给用户，使音频实时收听，下载播放更为流畅；在用户收听音频时，5G 赋予智能移动终端、车联网和 VR 等设备更强的计算处理能力，从而给听众带来更好的实时体验。典型数字阅读平台"咪咕阅读"为了迎接 5G 的到来，平台内部做了诸多的业务探索。从移动音频阅读的角度来看，5G 功能的扩展使音频阅读具有更多创新的阅读空间，甚至成为当今人类精神和文化消费的领导者。在2019 年下半年，"咪咕阅读"在 5G 技术的支持下，先后推出了"至境听书"与"至臻听书"两大功能，迈出了移动有声阅读功能升级的坚实一步。

此外，"喜马拉雅 FM"移动终端 App 通过自身品牌推出的"小雅"AI 智能音响形成了音频的智能投放，实现了"全场景＋全设备"的覆盖和无缝切换体验。当人们借助手机 App 收听音频踏入家门时，手机中播放的音频就会在 5G 网络的支持下无缝切换到家中的小雅音箱上，这样一来，不仅用户收听的节目内容不会被打断，而且能享受到更好的音质体验。

综上，移动有声阅读时代的到来，改变了人们的传统阅读习惯，填补了碎片时间，带来了新的转型渠道，助力全民阅读方案的实施……它让人们自然而然地喜欢上用耳朵阅读，享受"闻读"所带来的独特感受。但是不能忽视的是，倘若移动有声阅读想要在日新月异的时代实现稳定发展，就需要有关平台和企业在保证优质内容的同时不断创新业务，主动寻找能够盈利的新途径。唯有这样，移动有声阅读产业才能再次以新的姿态出现在大众面前，凭借其更胜一筹的内容和服务再次掀起新一波的出版业革新浪潮。

参考文献

郑建丽. 媒介融合背景下图书出版业的数字化现状及发展趋势 [J]. 出版发行研究, 2015（8）.

中国数字出版产业年度报告课题组. 迈向纵深融合发展的中国数字出版——2018—2019 中国数字出版产业年度报告 [J]. 出版发行研究，2019（8）.

潘新. 移动互联网＋时代，关于移动音频的若干判断 [J]. 中国记者，2016（6）.

罗茜. 我国有声阅读平台研究——以喜马拉雅 FM 为例 [D]. 南京：南京大学，2017.

刘丹，李圣辰. 听书：耳朵里的市场 [J]. 销售与市场，2010（9）：86-87.

第四篇 在线教育与知识服务

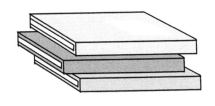

在线知识服务平台的数字出版商业模式浅析
——以"知乎"为例

严如玉

摘要：信息海量时代，一部分人陷入了知识焦虑，而随着社会的发展，知识型人群的比例在逐渐增加。"知乎"作为知识问答型社区龙头企业运用自己的资源和平台不断拓展商业版图，在数字出版领域做出了一定的成绩。本文从商业模式的概念出发，对"知乎"平台及其旗下的数字出版产品进行分析和探究，从产业链条、盈利模式、未来重点发展方向等方面进行阐述和分析，从而预测知识服务平台在数字出版领域的发展前景和未来发展趋势，为整个行业提供参考。

关键词：知乎；数字出版；商业模式

2016 年以来，在线知识服务行业迅猛发展，"得到""喜马拉雅 FM"进入人们的视野，并迅速获得融资进行了资本扩张。国内大部分知识服务平台以自己的核心业务为基础，进行平台发散式的业务扩张，利用知识付费业务作为上层建筑的业务驱动，但其盈利模式和擅长领域却不尽相同，见表 1。

"知乎"作为知识服务浪潮下的产物如今站在了产业的前端，从 2010 年至今，"知乎"完成了"小众精英问答社区"到"综合型的知识问答社区"的转变。本文选取"知乎"平台作为研究对象，通过分析其在数字出版领域的实践和经营模式，以此探索新媒体企业进军数字出版行业的可行性。

表 1　国内在线知识服务平台概况

平台名称	核心业务	盈利点	创立时间
得到	付费订阅专栏、每天听本书	专栏订阅收入、电子书销售	2016 年 5 月
喜马拉雅 FM	音频	付费音频、智能硬件销售	2012 年 8 月
分答	语音问答	付费语音问答	2016 年 5 月
知乎	问答社区	知识服务、商业合作	2011 年 1 月

一、"知乎"数字出版活动概况

"知乎"是一个社区化的网络问答平台，会聚了各行各业翘楚。依托互联网平台，用户分享着彼此的专业知识、经验和见解，为中文互联网源源不断地提供高质量的信息。"知乎"初创期经历了 40 多天的内测，其首批用户包含了李开复、徐小平、马化腾等各行各业的专业人士，让"知乎"成为互联网界独一无二的存在。他们在这段时间创造了 8000 个问题和近 2 万个回答，为"知乎"问答型社区的行业头龙头位打下坚实的基础。2011 年"知乎"作为高质量的问答社区上线，而此时需要依靠"知乎"提供的邀请码来注册。到了 2013 年，"知乎"做出了战略调整，原先的网站定位限制了其发展，"工具化＋社区化＋开放性"成为知乎的发展方向，如图 1 所示。

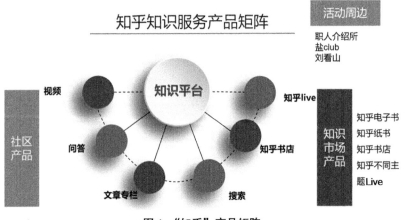

图 1　"知乎"产品矩阵

（一）"知乎"数字出版运营链条——由"生产者、用户、平台" 构成的产业闭环

"知乎"在知识服务领域的产品已经形成良好完备的产品矩阵，在探索数字出版领域之际，也依旧延续着其多方位、全方面、流程化的产品打造模式。"知乎"内容产出、内容加工、内容交易的产业链条是由生产者、用户、平台三者共同完成，构成了良好的产业闭环，在"知乎"平台的社区化环境中有序运行。

1. 生产者：贡献高质量内容的用户群体

"知乎"积累了大量贡献高质量内容的用户群体，包括具有创造力和影响力的各行各业的意见领袖（KOL）和充满好奇心的求知者及新知者。高质量有深度的问答内容营造了良好的社区氛围，激励高质量内容生产者持续生产优质化内容。与传统出版产业"作者—出版机构—读者"单向链不同，"知乎"的内容生产者和读者的界限相对模糊，在开放性的社区平台中两者的身份可以互相转换，也为"知乎"培养 KOL、UGC 内容生产相关知识产品打下良好的基础。

2. 用户：追求品质的中产知识阶级和准中产阶级

"知乎"有准确清晰的用户画像，用户具有以下的特点：有良好的经济能力，60% 用户月收入达到 4000 元以上。根据 CNNIC 发布的《中国互联网络发展状况统计报告》显示，中国的 6.49 亿网民里，月收入超过 5000 元的占比只有约 12%。日后也将成为"知乎"各种产品的购买力；消费意识强，90%的用户每月网购超过一次；年轻群体占用户人群大多数，23 岁以上的用户达到了惊人的 98%；87% 拥有本科以上学历；知乎人群类型较为集中，学生和 IT 从业者居多，其他的比如产品经理、运营、HR 数量也不少，这些人群的存在为"知乎"颗粒度极细的板块提供了 KOL 备选人群，与其相关的话题都保持着高活跃度和强纵深度。虽然目前"知乎"的用户群体组成不断向年轻化发展，但在未来一段时间"知识中产人群"仍然是中坚力量。

3. 平台：依托网站形成产品矩阵

目前中国的数字出版产业链逐渐趋于成熟，完成了上游、中游、下游的协同作业，但是并不能扭转传统出版业逐步衰落的现状。在"流量为王"的当下，其薄弱的核心用户群并不能在出版物转移到各移动终端后迅速适应，而在缺少流量和用户的情况下，很难完成变现，如图2所示。

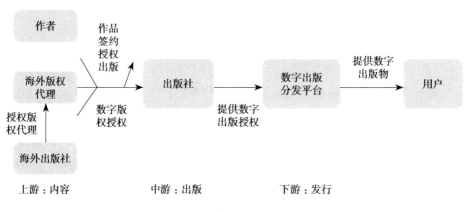

图2 中国数字出版行业产业链

"知乎"的数字出版模式与传统出版业的数字出版有所区别。"知乎"作为一个社区化知识服务 App，早期积累了大量用户关注度和广泛优质的内容，"知乎"数字编辑和团队所要做的，是以"知乎"平台为资源池，对内容进行编辑、加工、推广，而现有的庞大用户群会为"知乎"的产品买单。平台、用户、编辑三者形成了商业闭环。依托"知乎"平台，"线上＋线下"多维度的"知乎"产品矩阵由此形成，大量的用户注意力、优质资源产出都为其拓展商业版图打下良好的基础，如图3所示。

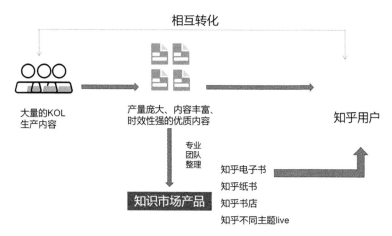

图3　知乎知识服务产品产业链

（二）"知乎"数字出版产业"书—报—刊"梯度式阅读链条的产生

内容在广度上达到高度聚合的时候，其出路必然是通过过滤整合，呈现出更加专业化和有针对性的内容。"知乎"在累积了大量的优质问答，吸引了一定基数的用户后，也开始对资源库中的内容进行筛选、编排，在结集成不同形式的出版物后以"知乎"平台为主要阵地向外扩张。"知乎"从2013年开始推出"知乎日报"和"知乎周刊"等一系列电子书产品，其产量大、更新快、覆盖广的特点为"知乎"的流量变现做出了进一步的实践探索，见表2。

表2　知识数字出版物一览表

产品名称	特征	类型	使用终端	是否付费
知乎日报	知乎话题精选	App	iOS、安卓、Windows	免费
读读日报	全网热门话题、用户自编辑日报	App	iOS、安卓、Windows	免费
知乎周刊	一周热点话题	专栏	亚马逊、苹果商店、iBook 等	免费

产品名称	特征	类型	使用终端	是否付费
"知乎·盐"系列电子书	各领域 KOL 精选内容成书	电子书	亚马逊、苹果商店、iBook 等	收费
"知乎一小时"电子书	各领域 KOL 精选内容成书	电子书	亚马逊、苹果商店、iBook 等	收费

1. 报——知乎日报 App

"知乎日报"是一个第三方内容精选 App，于 2013 年 5 月正式上线，每日提供来自"知乎社区"的精选回答和国内一流媒体的专栏特稿，秉承着互联网时代碎片化阅读的理念。"知乎日报"每天精选 21 篇"知乎"热门问题的优质回答，分三次推送，并且在文章下方标注阅读时长，界面再无其他版块。从"知乎日报"可以看出，"知乎"希望在资讯接收逐渐小众化、圈群化的趋势下，用"知乎日报"的方式解除"回声室效应"，从而挖掘更多的潜在用户。2015 年，"读读日报"上线，更体现出"知乎"想要用更加个性化的 UGC 生产模式吸引和留存更多用户。作为"知乎日报"的升级版，"读读日报"独立于"知乎"平台重新开辟领域，内容不再仅限于平台热点，而是整个网络。其最大亮点是开始探索"个人数字出版"，人人都可以在"读读日报"上发表内容，还能邀请他人一起进行日报的编辑创作。

但是"读读日报"和"知乎日报"的经营状态没有预想的那样好，现在"读读日报"客户端已经从各应用平台下架。可见基于"知乎"平台提供的内容和流量才是"知乎"数字出版成功的关键所在，只有"内容＋流量"的模式才适应数字出版市场。

2. 刊——知乎周刊

"知乎周刊"是在"知乎日报"基础上的进一步实践探索。"周刊"是从"知乎"平台每日产生的大量高质量 UGC 内容中经过组织、编辑、审校等工作后结集成刊。根据"知乎周刊"登陆周年时提供的数据，"知乎周刊"在所有平台的下载量达到了 700 多万次，平均每期 11 万 ~12 万次。

　　"知乎周刊"没有重复"知乎日报""广而不精""博而不专""脱离平台"的错误，其作为"知乎网"下的一个栏目，以周为单位进行出版，长周期地加工和打磨使刊内内容更加优质有深度，而后为了弥补内容纵深度不足的问题，又将"周刊"改为"特刊"，每周对一个热点话题进行全方位讨论，这一改变是向优质电子书转变的关键一步。

3. 书——知乎电子书

　　"知乎"推出的电子书可以大致分为两类：自己结集出版的电子书"知乎·盐"系列、"知乎一小时系列"和畅销书的版权代理。"知乎"自己出版的两种电子书都很好地沿袭了"知乎"电子出版物的一贯优点，各具特色。"知乎·盐"系列为"知乎"KOL 的某一个领域的精华问答和专栏文章结集成书，广泛涉及各个领域，且张弛有度，书籍字数少则两万字，多则十万余字，在"知乎"平台之外例如亚马逊、iBook 等平台也会同步上线。这些书籍面向对某一领域很感兴趣想深入了解的用户，精细的领域划分和有深度的知识让用户愿意为之付费。而"知乎一小时系列"则面向的是喜欢碎片化阅读和汲取新知识的人群，主打深度短时间阅读，能让人在短暂的时间内汲取到相对完整的知识，涉及的内容相比"盐系列"更加广泛，且定价也更低。"知乎"还会根据其用户数据购买一些畅销书的代理权，在大数据分析下的书籍选择都具有极强的靶向性。同时"知乎"也会结合数字资源进行书籍推广宣传，挖掘更多读者。

二、"知乎"数字出版的盈利模式——"交易为主，服务为辅"的复合交易模式

　　目前，我国数字出版的主要盈利模式包括内容销售模式、内容引流模式、广告收入模式、服务盈利模式和综合盈利模式等。"知乎"在积累了海量用户

和内容后，如何进行有效的分类和整理，发挥粉丝经济，完成流量变现是目前"知乎"数字出版实践的重要问题。对于互联网社区属性的"知乎"来说，目前的数字出版物已小有规模，浅阅读、深阅读两种梯度式出版物满足了不同人群的需求，而图书内容来自"知乎"热点话题，则保证了每一册图书都将拥有一定的读者基础，这是一种全新的数字出版运营模式。

（一）基于产品交易的盈利模式

"知乎"的数字出版盈利有很大一部分仍然集中在产品交易上，即数字出版交易活动，交易对象有用户以及各大网络平台。其中有直接产品交易盈利、免费内容"第三方"间接盈利等盈利模式。

1. 直接产品交易盈利

直接产品交易即将数字出版物售卖给用户从而获得盈利的方式，像"知乎"这样依托社区化数据库为内容资源来源的互联网企业，电子书的出售、下载是盈利的主要来源。"知乎"的数字出版产品中，"知乎周刊 plus""知乎一小时"和"盐系列"以向用户售卖的方式获得盈利，同时"知乎"还将自己的电子书在亚马逊、iBook 等网络平台上线，在扩大影响力的同时盈利。数字出版产品推出的时间虽不长，但是已经展现出良好的发展态势，"知乎一小时""盐系列"等上线以来已售出 2100 万本，作为网络知识服务平台相当可观。随着"知乎"用户基数的增长，其未来的发展前景不可估量。

2. 免费内容"第三方"间接盈利

"第三方"间接盈利是指通过免费阅读内容吸引用户，在用户阅读时，通过网络广告和增值服务便可以获得间接利润。传媒经济的真正价值在于其所凝结的大众注意力，"知乎"将用户注意力作为"二次售卖"的产品出售给广告商获得盈利。"知乎"数字出版产品中的"知乎日报"是广告投放的重点对象，在"知乎日报"每日的推送中会不定期投放一条广告，广告同时也开放了点赞、评论等功能，方便广告商利用平台优势获取相关的用户反馈和信息。在广告投放方面，知乎社区显然比"知乎"电子产品更加完善和出彩，以"知乎"上的"芬必得"广告为例："知乎"通过科普"疼痛知识"来传递品牌价值，用科普文章吸引受众关注度，再进一步进行品牌推广和价值宣传。这条广告获得了 36.9 万的点赞，平均点击率 5.11%，而相关的文章也获得了 44.7 万的浏览量。"内容引导＋品牌价值构建"的间接盈利模式，解决了广告主和受众之间难以融洽的问题，为数字出版盈利模式提供了新思路。

（二）服务盈利模式

基于服务的盈利模式是指通过提供一定服务满足用户的需求并收取服务费用从而实现盈利的模式。一般的服务盈利模式基本有三种：作者服务、平台服务和商业服务。"知乎"的数字出版在服务方面的盈利基本上包括这三个方面，但是又极具"知乎"自己的服务特色。

1. 作者服务

"知乎"对于作者的服务相比其他电子出版业务具有更强的主动性。通过招募合适的电子书作者，有意向的用户将自己创作的内容发给"知乎"团队，在团队整理后再确定出版细节。"知乎"不会向供稿者收取费用，仅是在电子书上架后利润分成。虽然这种作者服务仅占"知乎"盈利的一小部分，但在信息流量不断增长的当下，"垂直化优质内容＋精简的产业链"保证"知乎"数字出版快速产出优质产品，并能及时更新产品以顺应快节奏的阅读发展趋势。

2. 平台服务

"知乎"的订阅服务名为"知乎盐选会员"，于 2019 年 3 月正式推出，服务囊括了"知乎"平台约 300 本杂志、3500 节"盐选私家课"、近 10000 本盐选电子书、600 位盐选专家说书等，以及"知乎"推出的高品质数字杂志"知乎周刊"，这是整个平台关于内容以及服务的一次重要升级。会员制度是目前平台服务发展的主流，但"知乎"在这一板块的表现并不优秀，从会员费每年238 元调整至 198 元可以看出，"知乎"的会员并没有展现出其核心竞争力，未来在会员服务方面的改善或将重构"知乎"的盈利框架。

三、"知乎"数字出版商业模式的发展趋势

"知乎"数字出版在强大的流量基础上势必会发展得越来越好，在数据爆炸的今天，"知乎"要在众多的数字出版商中占一席之地并成为领军企业，依然要有其核心竞争力。

（一）以"读者需求"为导向的内容深耕

在"流量为王"的今天，对读者资源的挖掘、二次售卖将成为数字出版企业盈利的关键，所以满足读者的需求、吸引用户流量、保持用户黏度是电子书得以出售的重要保证。"知乎"在用户画像和用户需求挖掘方面相对于其他平台有着一定的优势。"知乎日报"拓宽了用户的视野，多元化的内容打破了社区群体常常产生的"回声室效应"，颗粒度极细的话题也能全方位吸引用户的兴趣，从而深度挖掘读者资源；"知乎周刊"和"知乎电子书"系列则是针对某一个领域以专题方式垂直探寻，为读者带来深度的优质内容。

这种梯度式内容的呈现方式满足了用户不同层次的阅读需求，在收集和分析用户数据进行精准推送和创作的同时，也要利用自身的平台优势，进行话题引导，创作用户感兴趣的话题。在营销方面，广告也应该通过用户画像进行精准投放，从而形成商业产业链条的闭环。

（二）以"差异竞争"为导向的自身特色创新发展

"知乎"在数字出版产业中有其独特的竞争力，良好的用户基础和优秀且

高产的内容生产都为"知乎"数字产品的产出和发行打下了良好的基础。未来如何充分利用平台的核心竞争力，准确对资源进行评估，将成为"知乎"能否走向行业领先的关键。

目前相对于传统数字出版企业单向线性的数字出版链条，"知乎"以平台为核心建立了"知乎"知识产品矩阵，以社会化的方式聚合、筛选优质内容，通过编辑团队根据用户的不同需求对内容进行整合加工，推送在"知乎"的各大媒体终端。"知乎"拥有的用户和作者资源是其他企业难以效仿和短期内无法企及的，如何将内容进行系统化、有针对性地加工，发掘更多优质的板块和数字产品是"知乎"未来发展的重点。

（三）以"关系资本"为数字出版重要支柱

在通过流量获得收益的同时，关系资本能为产业赋能，以价值关系培养营销环境，通过渠道合作、品牌合作、资本运作等方式进行版图的拓展。

从2011年李开复的天使轮投资，到2019年8月完成F轮融资，"知乎"在获得大量资金的支持下，数字出版方面也得到一定的资金注入。随着"快手"和"百度"对"知乎"投资资金的到位，预示着"知乎"将有数字出版的探寻新方向，依托品牌和渠道的数字出版物发行将成为未来可以探索和发掘的渠道。

（四）以"服务盈利"为重要转变点

"知乎"的数字出版盈利模式中，服务作为其辅助盈利模式并没有为其口碑带来增益。"知乎"会员费的降低也并没有带来更多的付费会员，这是由于用户核心权益的收缩及提供的服务不到位导致的。如今会员经济的发展渐入佳境，背后的逻辑也很容易理解：增量时代向存量时代演进，圈好忠诚熟客，提升重复购买率，并借此向外沿扩展发展新用户。"知乎"在未来要做的，是将"流量为王"的策略转向"留量为王"，应致力于提升服务。一是根据大数据为会员用户提供优选书单，并提供一定的每月免费阅读额度，用户可利用额度选择自己想阅读的书籍，提高会员的自主选择权益；二是让渡更多的用户权利，尝试会员超前阅读制度，对一些内容的提前获取也能让会员获得良好的体验。这种在产品售卖后的会员服务制度将为"知乎"留住更多用户，并挖掘更多的核心用户。

四、结　语

"知乎"对数字出版领域的探索是成功的，其凭借独特的平台优势和远超传统出版企业的流量打开了数字出版的一扇门。"知乎日报""知乎周刊""知乎电子书"这种有别于传统图书出版的 UGC 型电子出版物更具有这个时代的特性——碎片化、更迭快、个性化。社会化生产和社会化阅读为数字出版带来了新的内容生成渠道，其聚焦点都是读者，一方面重构了数字出版的产业格局，解放了受众的内容生产力，模糊了产业链条上传者和受众的边界，让内容以更多样的方式形成产品，迎合大众口味，完成流量变现；另一方面仍然存在一定的弊端，"知乎日报"和"读读日报"的日渐衰落就是其弊端显现的开始，一味依赖 UGC 生产和独立是"知乎日报"和"读读日报"在短短几年时间内败落的重要原因，而一味迎合受众需求使媒体的主体意识弱化，低质量的内容生产无法满足用户需求，最终导致"知乎日报"和"读读日报"的失败。

未来，以讨论社区为资源池的"知乎"依然需要深挖内容，专业生产内容（PGC）和 UGC 双线并行，主导出版话语权，承担起媒体的责任，才能在数字出版领域有更好的发展前景。

参考文献

[1] 季芬 . 认知盈余时代社交问答网站知识分享研究 [J]. 中国出版，2016（16）：22-26.

[2] 刘一鸣 . 数字出版盈利模式绩效评价研究初探 [J]. 中国出版，2015（20）：42-46.

[3] 邓寻丹 . 知乎日报的传播特点及未来发展——基于知乎日报和网易新闻客户端的对比研究 [J]. 新闻世界，2015（10）：76-77.

[4] 田风群. 中国传统出版业发展数字出版策略研究 [D]. 长沙：湖南大学，2009.

[5] 张懿."知乎式"逆行，力证优质内容赢了 [N]. 文汇报，2016（001）.

[6] 范玉刚."大众"概念的流动性与大众文化语义的悖论性 [J]. 人文杂志，2011（1）：107-112.

[7] 刘洋. 知乎网数字出版实践探究 [D]. 长沙：湖南师范大学，2016.

[8] 田风群. 中国传统出版业发展数字出版策略研究 [D]. 长沙：湖南大学，2009.

[9] 艾瑞网. 2018 中国知识营销白皮书——以知乎为例 [EB/OL].http：//report.iresearch.cn/report/201804/3197.shtml.

[10] 中国互联网发展统计情况报告 [EB/OL]. (2019-8-30) [2020-01-02]. www.cac.gov.cn/2019-08/30/c_1124938750.htm.

互联网直播课程的发展现状研究

胡卫玲

摘要：在线教育相较于传统的课程教育来说，具有很多优势，但也有许多需要改进的地方。本文基于目前在校互联网直播课程发展现状进行研究，包括直播教育发展的特征、直播课程教学过程中存在的问题和对直播课程教育的发展建议与对策。

关键词：在线教育；直播课程；场域理论

一、引 言

2015 年李克强总理在十二届全国人大三次会议上首次提出了"互联网＋"的行动计划，随后作为"互联网＋"产物的网络直播行业快速崛起，发展迅猛。2016 年成为网络直播爆发式增长的一年，直播教育平台迅速发展，带来了新的信息传播模式和学习方式。根据艾瑞咨询数据显示，截至 2019 年，中国在线教育市场规模预计达 3133.6 亿元，同比增长 24.5%，预计未来 3 年市场规模增速保持在 18%~21%。由此可见，在线教育行业已被越来越多的人所接受，成为一种新的学习方式。

受新型冠状病毒肺炎（以下简称新冠肺炎）疫情的影响，2020 年 2 月教育部办公厅、工业和信息化部办公厅联合印发《关于中小学延期开学"停课不停学"有关工作安排的通知》，教育部门和学校采用在线教育的方式维持正常的教学活动，从而在一定程度上有效保障了停课期间的教学质量。

二、目前直播课程教学的特征

（一）双平台联合，有效开展教学活动

疫情期间在线教育的教学方式主要有两种，一是同步网络直播课程，二是异步网络在线课程。同步网络课程是教师和学生在约定时间内通过网络直播平台进行高效、互动的教学方式，与传统的教学方式相似。异步网络课程则是指借助信息技术将线下课程数字化，并以学习管理系统为载体，进行基于课程内容的线上教与学活动。

通过对两种学习方式的比较，发现异步网络课程平台更能满足以学生为主体的自由学习，海量课程资源为学生提供了丰富的选择，也拓展了学生的知识水平。但异步网络直播课程不能实现师生之间的音频和视频互动，双方只能通过文字进行交流。

通过资料分析发现，目前，教师采用同步网络直播课程的平台主要有"腾讯课堂""CC talk""学习通""腾讯会议""We Link""EZ Talks"等，异步网络课程包括"慕课""雨课堂""云班课"等网络平台。同步和异步方式的结合，弥补了单一教学方式的不足，可以更有效地推进线上教学的开展。

（二）教学"场域"的新形态

社会学的"场域理论"是关于人类行为的一种概念模式，由库尔特·考夫卡等人提出。主要指人的每一个行为均被行动所发生的场域所影响，既包括物理环境也包括他人的行为及与此相关的许多因素。

在传统线下教育因疫情不能实现的情况下，网络直播课程为教学提供了场所，构成了一个全新的教学场域，这个场域连接了师生双方，但由于这个教学场域处在互联网的环境之中，导致了网络直播课程的教学场域也具有了互联网的特质。这种教学模式，改变了以往教育的单向传播问题，师生双方的权利结构在全新的场域中得到了变化，网络课程的教学场域更偏向平等、自由、开阔和去中心化，这些变化也促使了教学效果的改善。

（三）互动性强

直播课程教学的突出特点是互动性，学生可以随时随地与教师进行交流。通过直播教育平台，教师与学生以视频、语音、文字等形式实现实时互动。与此同时，在直播课程教学的过程中，学生可以借助直播平台有针对性地对教师的课堂教学进行评价，教师通过评价中的数据发挥教学优势，补足缺失，从而提高教学质量，达到更好的教学水准。例如，现任深圳市福田区黄埔学校副校长的康黎，在直播的过程中，时刻关注自己直播课的点击量和评论，在备课过程中注重自己教学设计的创新性，并注重自己镜前形象和语言应变能力，从而促使她加快自身职业技能的提升，并在教学实践中不断改进提高教学质量。

三、目前直播课程存在的问题及对策

（一）目前直播课程存在的问题

1. 直播教学平台种类繁多，使用效果存在一定的差异

随着在线教育市场的不断开拓和发展，更多的资本企业投资在线教育，开设教育机构和在线教育平台。根据 2019 年艾瑞咨询发布的《中国在线教育行业数据发布报告》显示，在线教育 App 月独立设备数均值为 3.99 亿台，整体上，我国网络教育平台呈逐步增长的趋势。

但目前在线教学平台并没有统一的建设标准，尤其在疫情背景下，使用直播在线教育平台的用户数量激增，导致了一些在线教育平台软件支撑跟不上市场的需求。许多直播在线教育平台没有可容纳多人音视频和兼容各种课件的后台终端服务器和技术，使直播教学无法有效展开，直播课程教学过程状况不断，影响教学活动的正常开展。

2. 用户的直播技能仍待提高

因疫情影响，为积极响应国家号召"停课不停学"号召，大部分学校要

求教师使用直播的方式上课，广大教师投身于直播平台的教学实践中。但教师并没有提前对直播教学的技能接受系统科学培训，致使教师在直播课程教学过程中出现各种问题，教师使用方法不当，课堂效果差强人意。与此同时，许多教师并没有一个相对安静的教学环境，在直播教学过程中杂音不断，严重影响学生注意力的集中。

对于学生来说，教育部门针对教师选择直播课程平台并没有一个相对统一的标准，不同学科教师会结合实际情况选择不同类别的直播平台。由此造成学生针对不同学科下载多种直播教育平台，导致学生学业负担加重，影响学习效率。

3. 丧失面对面教学的优势

在传统线下教学课堂上，教师可以和学生进行面对面交流，教师基本可以掌握学生的大致情况，从而有针对性地开展教学活动。然而在网络直播课程教学中，教师对着屏幕和镜头讲课，对直播学习的学生情况无法了解。很多教师都反映授课过程像是在自言自语，互动不能得到及时反馈，从而不能有效地完成教学任务，达不到与传统线下课堂教学相同的学习效果。同时，学生通过网络课程进行学习，与传统的线下课堂场域存在差异，缺乏实时的教学场景。致使学生对课堂学习的严肃性缺乏一定的尊重，特别是自律性较差的学生，对直播课程教学感到新鲜，沉迷于直播聊天的娱乐性，耽误正常的课堂学习。

4. 对学生造成生理伤害

学生配备手机、电脑等设备上课成为目前学生的必备学习工具，但学生长时间盯着电子显示屏上课，会对健康造成一定的危害，比如近视度数提高。同时因隔屏授课，部分学生自制力有限，有的在听课的同时，打游戏，教师虽然进行直播授课，但对屏幕后学生的情况并不了解，从而导致学生不能专心学习，危害学生的身心健康。

（二）直播课程教学发展建议

1. 优化教学资源，重视学生需求

面临种类繁多的在线教育直播平台，教师应该以学生为中心，合理优化教学资源，通过课前准备、课上直播、课后复习等过程做好直播教学任务。

教师在进行在线教育的活动时需要结合教学计划合理优化配置教学资源，以教学任务为核心、直播方式为主，PPT 课件、网络教学资源、录音录屏为辅将多种教学资源有效结合，促进教学活动的有效开展。在教师进行优化资源配置的过程中，要以学生为中心，充分考虑学生的实际接受能力，通过提供便捷、有序、合理的教学资源帮助学生提高学习能力。

2. 落实教学安排，提高综合能力

受疫情的影响，使传统线下教学的教师手忙脚乱地转战网络直播课程教学，又因其没有实战经验，结果可能导致各种直播现场"翻车事件"频发，比如网络断线、网络拥堵、缺少互动环节、错误发放学生学习资料等。教师如果不能及时处理，则会导致课堂学习效率低下。因此，针对教师的网络直播课程教学，相关部门和学校应制订直播教学的培养方案和落实计划，同时教师应重视个人教研能力的培养，及时学习和掌握直播技术，尽快掌握教学工具，有效开展教学活动。

3. 探索多样的直播教学场景

在传统的线下教学模式中，教师可以根据教学实际需要进行场景教学，比如邀请学生表演小品、做实验等，学生在实践中学习的知识更加高效牢固，实用性强。然而在网络直播课程教学中，教师和学生隔着屏幕授课和学习，互动性不强。因此在直播课程教学中，教师应该考虑如何进行场景化的传播，使教师和学生可以及时互动交流，提高课堂学习效率，培养学生的实践能力，从而更有利于加强学生理论联系实际的能力。

4. 建立多种功能评价体系

对于传统的网络教学和目前的直播课程教学来说，使用的还是比较单一的教学评价模式，一般都是在结课后，学生通过网络评价教师教学效果。但这门课程已经结束，即使课程中间存在问题，教师也无法及时改进。因此在未来的直播课程教学过程中，可以充分利用网络直播课程的功能，让学生对教师进行实时课程评价，使教师有针对性地及时改进教学方法并了解学生的特点和不足。同时引入教育专家对教师的直播课程教学进行专业化的评价，以此来不断激励教师提升教学质量，从而更好地提高课堂效率。

四、结　语

新冠肺炎疫情的扩散，使全国师生从传统课堂教学转移到在线教育的阵地上。网络直播课程教学打破了空间的限制，以交互性、实时性的优势保证了疫情期间的教学活动，也为教育贡献了新教学形式。但直播课程教学还存在许多不足和弊端，因此如何更好地利用直播教学，推动其与线下教学的融合发展，提高教学效率，提升教学质量，是我们未来研究和探讨的课题。

参考文献

[1] 艾瑞咨询 . 中国在线教育教育行业数据发布报告 [R]. 艾瑞咨询研究院自主研究及绘制，2019，（12）.

[2] 陈倩娟，李小杭 . 线上直播教学提质增效策略探索与实践 [J]. 广东轻工职业技术学院学报，，2020（2）：50-53.

[3] 丁一 . 基于直播平台进行数学教学的可能性与局限性 [J]. 数学之友，2020（2）：23-24.

[4] 何秀秀 . 基于网络平台的在线教学难点应对策略案例 [J]. 时代金融，2020，（17）：164-166.

[5] 刘佳 . "直播 + 教育"："互联网 +"学习的新形式与价值探究 [J]. 远程教育杂志，2017（1）：52-59.

[6] 社会工作者协会.小组工作基础理论——场域理论 [EB/OL]. (2015-01-09) [2020-02-20]. https : //mp.weixin.qq.com/s/ov-D8SPw98-9abSBdyfNtQ.

[7] 谭清立，关颖妍，李煜.新冠肺炎病毒肺炎疫情下大规模在线视频教学存在问题及对策 [J]. 学周刊，2020（21）：173-174.

[8] 许喜斌，赵小蕾.直播教育教学融合策略探讨 [J]. 山西科技，2018（6）：72-74.

[9] 闫亚婷.网络直播在科普场馆教育活动中的应用 [J]. 科技传播，2020（11）：142-143.

[10] 张樱，曾玲芳.突发疫情背景下"纳税实务"课程在线教学模式探索与实践 [J]. 武汉交通职业学院学报，2020（2）：72-76，82.

[11] 邹晨璐.一位深圳校长的思考：直播教学 3 年，我有很多话要说…… ——深圳少年派 [EB/OL]. (2020-02-19) [2020-02-20]. https : //mp.weixin.qq.com/s/645mBjjCpsj-PRXB asxyzA.

我国在线教育平台的学习功能体验探究
——以"有道精品课"为例

李祎峣

摘要：在"互联网+"时代，随着多媒体以及大数据等技术的快速崛起，我国在线教育发展环境良好、发展空间广阔，移动互联网的普及以及教育需求的上升也为在线教育提供了巨大的发展动力，在线教育业的成功可以说是必然的。"有道精品课"作为目前在线教育市场上的优质代表之一，自创立以来一直稳步发展，在在线教育平台规模以及平台用户活跃榜上都位列前茅，优质的教学资源与服务均是其吸引和维持用户流动的基础与保障。本文选择"有道精品课"为研究对象，分析当下在线教育平台的学习功能、课程资源以及用户体验对平台经营发展的影响，并从中总结出当下我国在线教育平台的发展方向与优化策略。

关键词：在线教育；学习功能体验；有道精品课

一、"有道精品课"的发展现状

在互联网快速发展的当下，"互联网+教育"越来越受到人们的关注，我国在线教育用户规模及在线教育使用率占网民的比重也呈现出逐年增加的趋势。截至 2019 年 6 月，我国在线教育用户规模达 2.32 亿人，较 2018 年增长了 3122 万人，占网民整体的 27.20%，2019 年全年在线教育市场规模达到

2517.6 亿元，同比增长 20.46%，预计在未来 3~5 年市场规模增速能够保持在 15%~20%，增速持续降低但增长势头仍保持稳健发展态势。随着近几年二孩政策的实施以及用人单位学历要求的提升，学生的升学压力以及竞争压力逐年增大，学习需求也随之增加，加之当下我国线上学习的体验和效果通过技术升级得以不断提升，而 2020 年春季学期恰逢突发性公共卫生事件，全国各地大、中、小学生都开始通过网络进行在线学习，用户对在线教育的接受度得到了进一步的提高。因此，我国在线教育市场未来的发展潜力可以说是巨大的。

当下，不只是"沪江网校""新东方在线"等专业在线教育企业推出的在线教育产品经营火爆，很多一线互联网企业也开发了自己的教育平台，其中，较为知名的有"网易"旗下的"网易云课堂""有道精品课"及"腾讯"旗下的"腾讯课堂"等。

"有道精品课"作为"网易"旗下有道公司打造出的一款典型的在线教育产品，拥有很多同类型产品所不具备的产品优势。一方面，截至 2020 年，网易有道的核心平台产品"有道词典"已经拥有了 6 亿人以上的用户规模，通过平台互通与宣传投放，能够对"有道精品课"起到很好的引流作用；另一方面，有道作为一家技术驱动的公司，旗下产品无论是搜索引擎、文娱产品，还是词条规模达千万级别的网络词典，都对技术能力有着极高的要求，因而有道在进行在线教育产品建设时，将包括翻译技术、口语评分以及计算代数系统等在内的数字技术逐步应用到了在线教育业务中，进而提升了其教育产品的品质与口碑。因此，2014 年一经上线，便受到了行业与用户的关注。在 2018 年课程报名人次达到 2000 万，为 500 万用户提供了教学服务，K12 在线教育用户量也同比增长了 5 倍，并于 2019 年 12 月通过备案，出现在教育部办公厅公布的第一批教育 App 备案名单中。

二、"有道精品课"的课程设置与学习功能

"有道精品课"的目标用户并不仅仅局限在某个特定人群或年龄段，而

是致力于为所有想学习与完善自我的人群提供一个可以在线学习的平台。"有道精品课"坚持打造精品课程，让用户能够花费较少时间与金钱找到自己想要的、有质量保障的课程。因此，丰富的课程设置与贴心多样的学习功能也成了"有道精品课"在众多在线教育平台中能够稳步发展、不断进步的基础与核心。

（一）精准全面的课程设置

"有道精品课"的课程范围目前已经涵盖了从少儿到大学乃至职场等各个阶段，适用人群广泛。课程内容包括涵盖了小学一至六年级语文、数学和英语的小学课程；涵盖了初一至初三年级五大主要科目的初中课程；针对不同科目内容进行了不同体系设置，同时配有教师针对性教学的高中课程和服务；同时，还设置了从英语学习、口语学习、小语种学习，到职场技能学习等各阶段人群都适合学习的实用课程。

此外，"有道精品课"针对课程研发推出了一项"同道计划"，与每个科目最顶尖的教师团队合作并成立教育工作室，孵化打造出众多的爆款课程IP。例如，专业从事少儿编程普及和信息学培训、为4~18岁的中国青少年提供编程学习的"有道小图灵"少儿编程课程，以及在大学生中十分火爆的"有道考神"系列品牌课程。其中，"有道考神"系列课程是大学生辅导课程，主要包括四六级、考研专业课、专四专八、雅思、教资、计算机二级辅导等国内考试业务，这种IP优势也在一定程度上降低了用户筛选平台的成本。

在课程选择方面，"有道精品课"将课程分为免费课程与付费课程，付费课程有免费试听的环节，这一设置增加了用户进行产品课程体验的机会，因此，用户在购买付费课程之前，可以先通过免费课程进行体验尝试，再进一步决策，从而建立起一个让用户逐步了解平台产品并建立信任感的过程。

在课程内容方面，课程分为综合课程与专项课程，方便不同类型的用户根据自身需求进行选课与购课。以英语学科为例，综合课程一般囊括用户所需的听力、阅读、写作等多项题型的讲解，课程内容主要为解题方法的点拨以及真题的练习与解答。专项课程则细分为单词班、语法班、听力班等单项内容的深入指导，更适合于学科内某一领域较弱的学生或专职人员进行能力提升，一般专项课程在该领域的内容会比综合课程涉及的内容更加丰富与深入。此外，用户还可以在课程学习结束时对课程与讲师进行评价，并通过回看查询相应课程的往期评价，对课程内容与性质进行更加深入全面的了解。

（二）丰富高效的学习功能

"有道精品课"针对其平台上的各类课程推出了课程直播录播系统、题库系统、模考系统、作业打卡与批改系统等一系列学习系统，并通过不断的技术完善与功能改进，为用户提供了更加方便完整的技术平台，用户在平台上可以根据自身需要选择并使用相应的学习功能，从而达到获取所需内容、提高学习效率的目的。

从用户能够进行自主选择的授课形式上来看，"有道精品课"的课程直播录播系统支持用户观看课程直播，以及在课程有效期内无限次回看录播。用户可以在课程平台上依据自身情况自行选择观看直播课程或录播课程，避免漏看漏学现象的出现。这一系统可以同时满足希望跟随课程直播，实时与教师互动问答，并以此约束自己按时学习的用户；以及平时工作学业繁忙，难以协调直播时间，需要利用不固定的闲暇时间观看录播课程进行学习的用户；还有观看直播后，希望再通过回看录播课程进行巩固的用户的使用需求。

从用户可以根据自身需求选择性参与的互动功能来看，"有道精品课"的学习互动功能目前主要包括课堂讨论、作业打卡与模考题库。

用户在观看直播课程时可以直接通过课程视频右侧的实时讨论功能，与教师进行互动，和同学进行交流。用户可以在讨论区写下自己在听讲过程中的疑问，或对教师在课程中进行的实时提问做出回答，教师也可以在此对课程的内容做出补充与答疑，并对学生是否已经理解所讲内容有一定了解。课堂讨论功能一方面搭建起了师生之间交流的平台，另一方面鼓励用户积极参与直播进行学习与互动，间接提高了平台的用户黏性。因此，充分利用好课堂讨论功能，可以在一定程度上提升课程的质量和效率。此外，用户还可以通过 PC 端或手机客户端观看课堂直播，并根据自身需求，通过课程视频播放器的变速、评价、分享、课程重点等功能进行自我调节与使用。

作业打卡功能则支持教师根据课程内容对用户设置相应的课后练习，包括晨间听力练习或单词复习打卡等，用户只要在规定的时间内完成练习，并将完成后的打卡图分享至微博或微信上，便可以参与相关课程的打卡抽奖活动，有概率抽取课程减免券、真题集及周边文具等奖品。这一功能一方面可以督促用户自主复习，养成良好的学习习惯，提升用户的学习质量；另一方面可以促使用户参与平台活动，提升双方互动率，进而提高平台的用户活跃度以及传播范围。

模考及题库功能则可以为用户提供免费的刷题工具，让用户可以根据自身需要进行模拟考试或试题练习，帮助用户巩固知识，提升学习效果。

三、"有道精品课"的功能体验分析

在线教育平台作为一类专用平台，其核心和特色在于对课程学习的支持。课程学习体验贯穿在用户通过平台进行学习的每个环节，在线教育平台的用户除了浏览、观看、收听等多种媒体的学习资源以及用户自身产生的思考外，还包括教学交互、笔记、作业、测试以及教学反馈等，平台需要为这些用户尽可能地提供条件和便利。

"有道精品课"通过为高校学生及考证人员搭建一个提升自我的平台，提供学科教学与专业技能的相关学习课程，来提升用户的专业知识储备和技能水平。用户通过支付一定费用来接触学界与业界的优秀教师，进而通过听课与实践来提升自己的学科能力与专业竞争力，同时提高自己的学习能力与效率。因此，平台必须保证用户能够得到足够优质的教学资源与课后服务，保障用户的权益，进而优化用户的学习体验，并在一定程度上提升用户黏性，进一步扩大市场占有率。

（一）以资源质量为核心的教学体验

从"有道精品课"目前所具备的教学资源可以看出，其非常注重视频资源与教师团队的质量。首先，"有道精品课"每一类细分领域的课程在筛选上非常精细严格，平台上每一位讲师的教学内容都会进行精心的反复检查，并且需要经过层层审核与改善才能出现在用户面前。因此，这些经过平台筛选的课程都是名师团队凝聚出的教育 IP 及优质资源，且涵盖了广大用户的广泛需求，极大增加了用户黏性，这也是"有道精品课"在市场竞争中最大的优势之一；其次，"有道精品课"的学习平台为用户提供了教学指导及查询学习进度的功能，用户可以以此为根据使用平台功能同时了解课程的时间及内容安排，并及时查询自己学习的进度，做到更加省时省力地学习，提升用户使用体验；最后，"有道精品课"在教学过程中还设置了笔记功能，用户可以在观看视频课程的同时对重点内容进行标记，进而形成多方位的知识输入，加强内容记忆，并且在课后，用户可以通过笔记功能进行复习回顾，并对标记的重点进行批注与展示，与其他用户共享标记内容，这不仅可以帮助用户积极完成知识输出，还可以为用户创造出更加良好的学习讨论氛围。

（二）以用户需求为导向的服务体验

从"有道精品课"目前所具备的服务体验来看，"有道精品课"在课程销售与教学之余，还围绕在线学习为增强用户体验提供了很多附加服务。其中包括单词辅助工具、课后测试、打卡激励、实体教材等。

单词工具与课后测试作为在线教育平台的"标配"辅助功能，能够让用户在课后第一时间进行复习与练习，提升知识转化力。"有道精品课"在此基础上，还额外设置了晨间打卡功能，用户在课程期间，在晨间完成前一天的课程复习，并按时完成打卡，通勤用户可以参与返学费以及抽奖活动，一方面增加了用户的学习热情，增强了平台的用户黏性；另一方面利用与社交媒体相结合的打卡活动所产生的"病毒式传播"效应，来帮助平台进一步吸引潜在用户。

"有道精品课"另一项突出的优质服务体验是随着课程进程向用户邮寄的附赠教材礼盒。在"有道精品课"的在线平台上，几乎每一门付费课程都会附赠一套学习教材，不同类型的课程所涉及的教材内容也不尽相同。课程的附赠教材礼盒一般都会涵盖课程讲义、有道笔记本以及一套文具作为基础配置，同时还会根据课程性质附加其他内容，例如四六级课程会在教材礼盒中附赠历年真题、平台自编的预测模拟题及一张印有"逢考必过"的贴纸；考研公共课课程则在附赠讲义、真题的基础上，于考试冲刺阶段再向用户邮寄一册最新的时事解析和平台自编预测卷，更加贴合用户内心所想，满足用户在课程同步上的需求、课下练习上的需要以及心理上的鼓励，与用户产生心理共鸣，从而进一步提高用户的购买率与平台黏性。

四、总结与启示

从目前各在线教育平台活跃用户数量来看，2019 年在线教育平台用户活跃人数前五名分别是"网易公开课""腾讯课堂""有道精品课""跟谁学"以及"网易云课堂"。其中，"网易公开课""有道精品课"与"网易云课堂"三款产品均出自"网易"旗下。排名第一的"网易公开课"的活跃用户人数接近300 万，"有道精品课"与"网易云课堂"的活跃用户数量则分别为 58.4 万与28.6 万。由此可以看出，"网易"旗下的在线教育产品活跃用户人数排行靠前，但目前这三款产品在业务上存在部分重叠，"网易公开课"通过其免费丰富的名校公开课资源吸引了较之其他产品更多的流动用户。因此，如果"网易"能够更好地对业务内容进行调整和协调，将更好地发挥其各项产品优势。

"有道精品课"作为当下在线教育平台的领先者之一，拥有得天独厚的品牌优势及服务特色，通过严格筛选教师团队、精细打磨课程资源、完善服务体验等措施，为整个行业提供了提升用户体验的范本。但"有道精品课"也存在一些尚待改进与进一步完善的地方，必须通过不断探索与创新，来推动平台持续发展进步。这对当下我国在线教育平台的整体环境的优化也具有一定的启示作用。

（一）关注更广泛的人群需求

受社会环境及认知上的限制，我国自发参与在线学习的人群总体比例尚低，目前在线教育产品的用户多是高校学生以及青年在职者，这部分用户一般都具有学习能力和学习需求，对在线课程的选择也具有一定局限性与选择性。"有道精品课"的用户受众、课程设置也显示，当下用户选择购买、观看课程的主要目的是应试与提升自身专业技能，受众群体及目标课程十分局限且细化。因此，平台应当利用好大数据分析与宣传手段，正确认识并了解平台用户以及潜在用户的核心需求，预测"互联网＋"环境下在线教育使用者的发展趋势以及选择倾向，提供适合的产品与服务。同时，提高在线教育的社会认知度，调动社会人群的学习积极性，进而在关注原有用户群体的基础上，关注更广泛的社会人群需求。推出更丰富、更细分的课程，让更多的社会人群找到符合自身需求的课程资源，认识到在线教育产品的潜在价值，从而进一步扩大用户群体。

（二）整合优质资源，优化产品服务

"有道精品课"的发展经验表明，通过平台丰富的课程资源，优化教师团队质量、附赠使用教材等手段在一定程度上提高了平台的课程质量与服务质量，使平台形成了可持续发展的课程体系，进而增强了平台的用户黏性，在维系老用户的同时吸引潜在用户。但就目前而言，在线教育产品的资源和服务还是难以跟上快速发展的互联网时代的用户需求。因此，我国在线教育的课程体系与平台建设、服务完善应当跟随时代发展，做出进一步明确清晰的规划与改进，并进一步打造质量与流量双高的教师团队，实现具有平台特色的优质资源整合，进而增强平台的核心竞争力，降低平台课程的同质化现象，保障平台课程在激烈的竞争市场中保持稳健与活力的同时，推动整个在线教育产品市场的健康发展。

（三）丰富交互功能与优惠活动，提升用户体验

"有道精品课"在平台中设置了用户评价、用户间经验交流、社交媒体打

卡与抽奖等交互功能，同时推出了课程的拼团优惠、套餐满减以及新老用户优惠等优惠活动。一方面满足了不同用户的需求，激励和促进用户自发学习，并从用户的评价与交流中了解课程质量、交换交流思考；另一方面在价格方面推出了一些折扣手段，在吸引潜在用户、维系老用户的同时，扩大传播范围，提升传播效率。

此外，随着移动互联网的高速发展以及在线教育的不断推广与普及，二线以下城市用户的比例逐年提高，这也意味着在线教育产品的用户在不断下沉，优秀师资团队以及优质教育资源得以覆盖到更多地区，更多的用户也可以由此打破空间的限制，享受到更优质的教育。但与此同时，随着在线教育市场的下沉，用户对价格的敏感度以及对课程质量与评价的关注度也随之有所升高，用户更加注重课程的性价比，如果课程的试听观感不如预期会很快舍弃。因此，平台必须结合在线教育的授课及功能特点，深度贴合用户的在线学习体验特征，进一步对学习平台体验开展深入研究，以提升用户体验为出发点来改善产品功能与服务，在满足用户需求方面进行更加全面多元化的探索，适度推出优惠活动，丰富交互功能、用户间以及师生间交流功能等，进而促进用户学习体验的提升，增强在线教育平台的价值与竞争力。

参考文献

[1]　刘述.用户视角下在线学习平台体验研究 [J].学习环境与资源，2019（10）：47-52.

[2]　前瞻产业研究院.2019 年中国在线教育行业发展现状和市场前景分析 [EB/OL].[2019-12]. https：//www.qianzhan.com/analyst/detail/220/191202-40a21fe3.html.

[3]　艾瑞咨询.2018 中国在线教育行业发展研究报告 [EB/OL].[2019-02]. http：//report.ire-search.cn/report_pdf.aspx?id=3336.

[4]　前瞻产业研究院.中国在线教育行业市场前瞻与投资战略规划分析报告 [EB/OL].[2019-12]. https：//bg.qianzhan.com/report/detail/301f7505ece84137.html.

[5]　中国新闻网.教育部公布第一批教育 App 备案名单：晓黑板等 152 款 App 获通过 [EB/OL].[2019-12]. http：//www.sh.chinanews.com.cn/kjjy/2019-12-17/68454.shtml.

浅谈新冠肺炎疫情影响下
我国在线教育行业面临的机遇和挑战

范 钰

摘要：2020年2月在我国暴发了新型冠状病毒肺炎（以下简称"新冠肺炎"）疫情，在此情况下，为了不影响学习，各地采取"停课不停学"，采用网课的形式进行线上教学。本文分析了我国目前主要的网课形式，针对其存在的问题提出相应建议，探讨了此次全国性在线教育实践对我国教育行业带来的影响。

关键词：在线教育；新冠肺炎疫情；教育改革

一、引 言

由于教学观念的差异，我国现行的教育模式主要是课堂式面授模式，学生的教育是以线下的学校教育为主，线上的网络辅导为辅。互联网进入中国已有数十年，给人们的生活等方面都带来了翻天覆地的变化，对教育的影响也在逐步探索实践中。"互联网＋教育"颠覆了传统的教育模式，创新了教育机制，其倡导全民教育和终身教育，赋予教育行业新的活力。网络直播课程一定程度上解决了我国教育资源不均衡等问题，有利于实现教育公平。

2019年中国在线教育用户规模达2.69亿人，同比2018年的2.01亿人增长33.83%。2019年《政府工作报告》明确提出互联网、大数据、人工智能等新兴信息技术与教育教学的融合，社会正在掀起一场新的教育变革。我们要借助发展"互联网＋教育"模式，促进优质资源共享。

由于受到疫情的影响，全国大中小学生不得不暂时停课，为了不耽误学生的学习进度，许多学校开通了网上授课。虽然是不得已而为之，但也加快了网络课堂的普及速度，促进了我国传统课堂与在线教育的融合，对我国进一步实现教育公平来说也是一个机遇。

二、各大平台齐发力，推动在线教育普及

目前我国的在线教育主要集中于课外辅导，以课后提升、一对一教学等形式为主，大部分学生还是依赖于学校的课堂教育，仅将在线教育平台作为辅助工具进行学习。我国目前有很多慕课平台，但大都是针对大学生的，如"中国大学 MOOC""学堂在线"等平台，上面有大量由全国知名学者录制的免费公开课供大学生学习，很少有针对中小学生的慕课平台。如今在疫情的影响下，为了做到"停课不停学"，慕课作为"互联网＋教育"的产物终于从大学平台延伸到了中小学。中小学生的慕课平台能够在短时间内大规模普及，一方面是全国停课的学生太多，有着巨大的网课需求；另一方面，我国拥有丰富的互联网教育平台，例如作业类 App、搜题类 App、视频类 App 等，优质的课程和顶尖的师资自然会逐渐浮现出来。

面对全国性的网上授课，一方面，线上的互联网教育机构开始发力，如"作业帮""小猿搜题"等平台都免费为广大学生提供教育资源；另一方面是线下学校的教师团队开始紧急筹备线上课程，同时有一批综合性的网课平台正在兴起，比如阿里巴巴的"钉钉"、腾讯的"小鹅通"等。此外，一些学校向社会公布了非常宝贵的校内课程资源，比如深圳中学、人大附中等，实现了教育资源的破壁、公开和流通。

目前，我国传统教育最大的阻碍是时间和空间的限制，偏远地区和乡村的学生无法享受到与城市学子平等的学习资源。对此，"互联网＋教育"便是当前最大的出路之一。例如，2013 年由中国社会福利基金会推出的"授渔计

划·双师课堂"公益助学项目。"双师课堂"是一名教师进行云授课，另一名教师负责管理课堂纪律的一种崭新的教育模式。通过"双师课堂"，一位名师可以同时对多间教室的几百名学生授课。通过"互联网＋教育＋公益"的空中课堂模式，更加有效地帮助乡村学生获得优质教育，实现教育公平。可见，我国利用在线教育解决贫困地区教育问题已经进入进行时状态。

三、当前线上教育存在的问题

网上授课的普及是我国教育改革向前迈的一大步，但从线下到线上的转化不可能一蹴而就，短时间内大规模应用网上授课也反映出了很多问题。

（一）隔屏交流降低授课效果

在课堂教学中，教师可以看到学生的上课情况，对不认真的学生可以予以提醒，对有疑问的学生可以及时进行解答；网上授课教师对着屏幕自言自语，无法了解屏幕背后学生的听课状态，互动性差，可能使其课堂效果大打折扣。

（二）操作不便等因素影响教学质量

对于大多数教师，尤其是年纪较大的教师，可能更习惯线下授课的方式，他们对互联网使用技能的不足导致很多功能不能灵活使用，无法及时与学生沟通，在操作流程上浪费大量时间，很有可能会影响其自身的教学质量，得不偿失。

（三）读屏时间过长，极易影响身心健康

大量使用电子设备进行学习，会对青少年的身心健康造成一定影响，特别是年纪较小的学生，缺少了学习中与教师的互动和情感交流，只能对着屏幕和摄像头完成作业，对学生的视力也会产生极大的危害。

目前的线上教学，只是将线下课程照搬到网课中，教师教学任务大，白天长时间对着屏幕讲课，晚上还要对着手机批改学生的作业，工作量无形中增加。

（四）对学生的自律提出了过高的要求

线上学习对学生的自主性和自律能力提出了很高的要求，比如环境对学习效果的影响，浓厚的课堂学习氛围远高于松散的在家学习氛围，甚至一个人在家很难营造出学习的氛围。此外，缺乏与同学的交流沟通以及形成的良性竞争，这些都对学生提出了很高的要求。

（五）对学生家庭的经济条件设置了一定的门槛

自主进行网上学习对学生的硬件条件有一定的要求，需要有听课的手机、电脑等电子设备及畅通的网络，而这对贫困地区的学生来说是很高的要求。在线教育本是为了实现教育公平，结果在起步时便将一部分学生卡在门槛外，失去了上网课的意义。这就需要政府、企业及社会团体的帮助，推出更有利于贫困学生学习的政策和项目，帮助他们实现线上学习。

除了以上问题外，目前的直播课中也存在不少网络问题，如人数太多进不去直播间、卡顿、系统崩溃等，随着教学平台的不断优化、基础网络设施的升级和通信技术的更迭换代，这些问题也将迎刃而解。

四、全方位、多元化、科技化促进教育公平

当前的网络直播课由于时间准备仓促、教师线上教学技能培训不足等原因，形式上仅是教师从课堂教学转变为线上"主播"，其教学质量会受到各种因素的影响。理想的线上教育应是平衡教学资源，线上课程应做到统一化、公开化，学生可选择观看感兴趣的、优质的课程；教师发挥自己的优点，选择自己适应的授课方式，实现教学资源的优化配置。

在线教育是最大化实现教育公平的途径，因此拥有优秀的师资团队、利用科技实现智能化学习的网上课程是在线教育未来的主要发展方向。

（一）注重教学质量，使效果最大化

现在校外辅导机构多以高新科技为主要噱头来进行招生，但无论技术如何发展，教学质量都是在线教育生存和发展的根本。

大范围普及网课教学，对学生自主性要求更高，对未来教师的数量有很大影响，因为在线教育具有共享性，教师和学生不用按照以往的固定模式被限制在同一教室内进行授课。在线教育作为实现教育公平最直接的途径，要保证大多数学生的学习质量，需要严格审查网络教师的资质，并找出优质且适合网课教学的教师，再借助科技力量，使他们最大化地发挥个人能力，实现教育资源共享，并根据实际需求推出一对一的线上教学课程。

无论是共享课程还是一对一教学，无论是普通视频课程还是 AI 等新技术，都要对教师资质进行严格把关，提高教师的能力素质，完善教师的考核制度，同时对课程进行合理安排，使学生的学习效率得以提高。

（二）开发已有互联网平台的网课功能

以往想要旁听的学生只能挤在教室，还受到时间和空间的限制，现在教师可以利用互联网的共享性，使用公开课这种开放式的课堂。在"互联网＋教育"的模式下，很多优秀教师开始借助网络录制公开课，在校学生以及社会上所有对这门课感兴趣的人都可以观看视频或者购买课程，节省了时间和费用，降低了知识获取的成本。

"微博"和"哔哩哔哩"（B 站）都是拥有巨大受众群的网络平台，在新冠肺炎疫情期间均推出了学习区，提供丰富的网课资源供大家学习。"B 站"起初是以二次元著称的平台，目的主要是娱乐。"B 站"推出学习区后，受到了广泛的关注和好评。"B 站"既可以听课，又可以直播学习互相监督，还有丰富的学习资源，央视网曾报道称"这届年轻人爱在'B 站'学习，2018 年有近 2000 万人在'B 站'学习，成为年轻人学习的首要阵地"。"B 站"学习区在此次疫情期间"停课不停学"中发挥了巨大作用，不仅有很多教师使用"B 站"进行日常教学，更有不少优秀教师在"B 站"开设直播公开课，例如清华大学官方"B 站"号推出的"宅家"云课堂活动，邀请数位优秀教师和专家从社会学、心理学、饮食锻炼等方面带领大家学习抗击新冠肺炎的知识，丰富学生的课外生活，观看人数上万。网上课堂很好地调动了大家的好奇心、求知欲以及积极性。这些公开课吸引了众多非清华大学学生听讲，课程不设立门槛，实现了教育公平。

因此，借助这次在线教育的改革升级，很多应用软件或网站都可以大力开发其学习功能，向更多的受众开通在线学习通道。这不仅是互联网企业向教育领域拓展的机遇，也是推广全民线上学习的机遇。

（三）借助科技创新，缩小城乡教育差距

新时代，党和国家对"三农"问题作出了新的战略部署，中国农村进入了全面发展时期，农村职业教育也被赋予了新的使命，是乡村振兴的重要推动力。2018 年全国教育大会上，习近平总书记作出了优先发展教育事业、加快教育现代化、建设教育强国的重大部署。教育现代化是教育发展过程中呈现出的高水平教育形态，努力实现教育现代化成为新时期国家教育顶层设计和教育系统实践变革的重要任务。

"互联网＋教育"的在线教育模式目前正逐渐延伸至广大农村和边远地区，开始解决城乡间教育不均衡问题，无论是家境优越的孩子还是贫困生，都有机会接受到优质的教育，学到知识。

在线教育提倡全民教育、终身教育，乡村课堂在线化正在朝这个方向推进。目前不少地方已推出了"乡村空中课堂"，不仅是针对中小学生的课堂教育，还有针对成人的学习课程。例如，浙江省江山市打造的不打烊"乡村空中课堂"，分成初、中、高等级，形成梯状知识链条，免费提供涵盖公民素质提升教育、农民职业养成、青年创业技能指导、公民健康生活教育等主题的

"专家讲座"851 集，乡村振兴网上讲堂 14 个系列，小视频课程超 1.2 万个，全方位满足人们多样化的学习需求。

五、新冠肺炎疫情下"互联网＋教育"对我国教育行业的重构

2017 年《国家教育事业发展"十三五"规划》中首次提出利用大数据、云计算等信息技术，推动"互联网＋教育"，促进优质教育资源共建共享。规划发布以来，在线教育只是作为教育中辅助手段在发挥作用，在线教育的普及进程仍然缓慢。

受到 2020 年新冠肺炎疫情的影响，在避免人群聚集的同时又要不影响广大学生的学习进度，全国各类学校都推出了网上教学模式，极大地推进了我国在线教育发展的进程。我国的各大互联网教育平台也都抓住这个机会，研发出更加优质的在线教育平台，这对我国传统的面授式教育模式是一种挑战，同时在不断地探索发展与磨合中也将进一步构建更适应市场和大众的教育模式。

"互联网＋教育"的跨界融合，是一个逐步渐进变革的过程，不是一蹴而就的。遵循一个清晰的变化、变革的路径，从技术服务于已有业务的应用，到新的技术环境下的流程创新、业务创新和制度创新。在线教育的发展必然会面临很多挑战，只有及早洞察社会变化，从整体的视角推动教育适应时代发展需求和技术发展的要求，才能更好地发挥出"互联网＋教育"的优势。

参考文献

[1] 李克强 . 政府工作报告（2019）[R/OL]. 中华人民共和国中央人民政府，2019.

[2] 祁占勇，王羽菲 . 乡村振兴战略背景下农村职业教育现代化的指标体系与行动逻辑 [J]. 西南大学学报（社会科学版），2020，46（4）：67-77，194.

[3] 国家教育事业发展"十三五"规划 [R/OL]. 中华人民共和国中央人民政府，2017.

[4] 余胜泉，王阿习 . "互联网＋教育"的变革路径 [J]. 中国电化教育，2016（10）: 1-9.

[5] 朱德全，黎兴成 . 中国农村职业教育研究 70 年：研究嬗变与范式反思 [J]. 西南大学学报（社会科学版），2019（6）: 5-19.

"停课不停学"背景下
在线教育平台影响用户黏性不足因素的研究
——以"腾讯课堂"为例

徐 露

摘要: 受新型冠状病毒肺炎（以下简称"新冠肺炎"）疫情的影响，全国大中小学都延迟开学，线下教育机构也不得不停摆。为响应教育部门"停课不停学"的号召，各在线教育平台争夺疫情期间的高流量红利，但用户更深层次的需求和对用户使用黏性的维系往往容易被忽略。本文通过在线问卷的方式对在线教育平台用户进行了随机抽样调查，结合获得的数据和"腾讯课堂"的发展现状，深度挖掘导致"腾讯课堂"平台用户黏性不足的多方面因素。

关键词: 在线教育；用户黏性；"腾讯课堂"

一、研究背景和研究目的

2020年年初，一场新冠肺炎疫情突袭荆楚大地，并很快蔓延全国。在新冠肺炎疫情严重的社会大环境下，教育部门明确了各地学校"停课不停学"的实施要求。2020年年初的疫情导致学生"足不出户"，在线教育又一次迎来了发展的"春天"。

根据酷传数据显示（图1、表1），疫情从1月23日开始在全国迅速蔓延后，在线教育 App 下载量呈现剧烈下降趋势。随着疫情发展愈发严峻、教育部门下达了"停课不停学"的指令，六大平台活跃人数呈爆发式增长，无论是下载量，还是活跃人数，均和春节前拉开较大差距，数据表现出"疯狂"的飙升趋势。在 2 月最后一周，六大平台周总下载量便超过 1.7 亿人次。这意味着，目前阶段的转变加快了在线教育平台对市场的验证速度，平台亟须辨别用户"真"需求与"伪"需求，真正考验了平台产品的核心能力是否与用户学习需求、体验相匹配。他们只有意识到这点，深耕教育的在线教育平台才能脱颖而出。

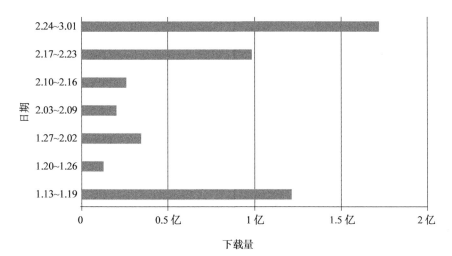

图 1 六大在线教育平台周下载量总数

表 1 六大在线教育平台周下载量

单位：万

日期	作业帮	乐教乐学	晓黑板	一起学	猿题库	互助文档	合计
1.13~1.19	11567.13	31.22	367.34	97.21	45.58	37.33	12145.81
1.20~1.26	854.53	16.82	169.24	123.21	88.73	33.26	1285.79
1.27~2.02	2844.63	110.77	257.94	126.85	100.67	34.57	3475.43
2.03~2.09	965.30	624.32	124.36	148.53	90.42	83.21	2036.15
2.10~2.16	1135.43	702.69	430.49	172.84	122.43	70.98	2634.85

日期	作业帮	乐教乐学	晓黑板	一起学	猿题库	互助文档	合计
2.17~2.23	8598.01	540.81	106.45	181.66	292.34	142.49	9861.76
2.24~3.01	15650.98	479.35	639.84	159.52	135.76	131.36	17196.82

数据来源：酷传数据。

疫情后期即从2月中旬开始，由于在线教学工具需求增加，云课堂、直播、录播平台快速建设并投入使用，各类App开始受到关注，使用量激增，其中"腾讯课堂"的关注度从2月到3月持续排名第一，表现尤其突出，在众多App中脱颖而出，下载活跃度稳步升高。腾讯系在线教育平台（包括"企业微信""QQ直播""腾讯课堂"）同样应用于网络在线教育，根据数据显示，截至2月3日，腾讯教育已与全国40余家各级教育局建立联系，覆盖20个省数千万师生，其在教育界的影响力不容小觑。由于疫情让学校复课一拖再拖，但腾讯教育旗下的"腾讯课堂"在线教育平台成为千万名师生响应"停课不停学"的第一选择。与为全国中小学生提供开放免费课程的"作业帮"和"猿辅导"有所不同，"腾讯课堂"更是推出在线"战疫锦囊"专项，免佣金支持线下机构在线授课，即为线下机构入驻免费提供在线网课教育平台，免除全部平台佣金。

因此本文把"腾讯课堂"列为具体的研究对象，深入探讨"腾讯课堂"在线教育平台用户使用黏性不足的影响因素。目的是希望平台运营商能够从自身特点出发，以此为鉴，不仅获取一时的大量用户、规模化的流量变现，而且更能从"以人为本"提高用户的使用体验，实现"留住"用户的总目标，进而为在线教育平台争得更大的发展空间。

本文主要通过在线问卷，对在线教育平台用户的平台持续使用意愿进行随机调查，并分析"腾讯课堂"的现实运营状况，深度解读哪些因素导致用户使用在线教育平台黏性弱。本次调研一共收到196份问卷，其中有效问卷160份，被本文采纳的有效问卷数据中，被调查对象必须符合属于"腾讯课堂"在线教育平台的用户这一基本属性。

二、"腾讯课堂"在线教学模式

（一）以 QQ 客户端作为强大的辅助支撑

"腾讯课堂"的定位是"连接师生"，帮助教师将优质的内容进行聚合，通过模拟教学中的互动、管理，帮助学生找到合适的课程。"腾讯课堂"最大的优势就是拥有大量忠实的 QQ 用户，可以方便实现与 QQ 客户端的深度技术整合。借助 QQ 客户端，学生在自助提交报名课程申请后，便可以通过腾讯 QQ 的弹窗提示、消息提醒、短信等功能及时接收上课提醒；学生还可以通过 QQ 客户端进入"我预定的课程"直接进入课堂。同时，在课后学习阶段，学生可以申请加入"腾讯课堂"绑定的机构官方 QQ 群，浏览或下载教师分享的教学资源，如课外拓展文献、短视频等学习素材。基于 QQ 群的天然群聚效应，师生之间还可以通过腾讯 QQ 实现一对一的辅导教学；学生之间可以彼此分享学习心得、经验与学习进度，促进学生沟通与合作能力的培养。

（二）线上线下培训机构入驻

线下教育机构拥有海量的优质师资，教师要想进行线上教学，首先要入驻"腾讯课堂"教育网站。教育机构要符合入驻条件，下载填写相关文件并提供入驻"腾讯课堂"所需要的信息资料：机构图标、名称、简介以及身份证照和承诺书等，申请免费入驻"腾讯课堂"，提交后等待审核。接着，入驻机构需要签约群与教师——签约的群可以是官方运营的群，也可以是机构入驻 QQ 号所建立的群，签约后机构便拥有该群的所有权，签约教师是发布课程的必要前提，因此机构需要在发布课程前便签约好任课教师。

（三）发布课程

"腾讯课堂"的授课方式有两种：直播（图 2）和录播（图 3）。教师直播上课时，学员可以通过平台模拟线下课堂的"举手"功能发言，功能类似师生进行"一对一"语音通话，教师可以使用这个功能为该学生答疑解惑。此外，教师和学生均可在课程的讨论区通过"对话框"以文字形式进行交流。无论是直播还是录播，教师都可以通过演示 PPT、分享屏幕、播放视频、打开摄像头四种模式自主选择其一，进入上课状态。教育机构入驻"腾讯课堂"平台的具体流程步骤，如图 4 所示。

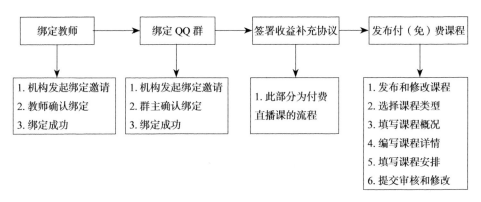

图 2　直播课程发布流程图

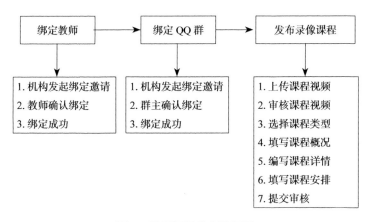

图 3　录播课程发布流程图

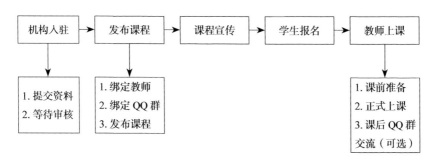

图 4　教育机构入驻"腾讯课堂"流程图

三、在线教育平台"腾讯课堂"用户黏性不足的原因分析

用户黏性度（User viscosity），是指用户对于品牌或产品的忠诚、信任与良性体验等结合起来形成的依赖程度和再消费期望程度，是衡量用户忠诚度的重要指标，它对于整个企业的品牌形象起着关键的作用，见表 2。

表 2　2020 年 3 月教育类 App 活跃用户规模 TOP30

细分赛道	数量 / 个	具体 App 名称
中小学类教育	15	作业帮—学生搜题利器、小猿搜题、一起小学学生、猿题库、乐教乐学、一起学、快对作业、学而思网校、洋葱学院、作业帮家长版、小盒学生、纳米盒、小猿口算、猿辅导、学乐云教学
教育平台	5	学习强国、安全教育平台、腾讯课堂、学习通、智学网
儿童教育	4	小伴龙、儿歌多多、掌通家园、智慧树
外语学习	2	百词斩、流利说—英语
应试教育	1	升学 e 网通
校园管理 / 校园应用	1	晓黑板
学习工具	1	Timing
付费问答	1	知乎

（一）授课形式单一

根据艾媒发布的《2018 中国在线教育行业白皮书》（图 5）显示，在线教育平台用户更青睐直播授课形式，他们认为直播课程相对录播更加新颖，趣味性更强。160 份随机抽样的有效问卷数据（图 6）表示，用户在实际学习中采用录播授课形式的更多。从这 160 个随机调查对象中可发现（表 3），超过一半的用户认为他们不能持续使用在线教育平台的原因为"临时有事，不能按时完成"——这主要是由实时直播的不确定性造成的。

相比录播，直播课程时间长、对网络质量和学习环境的要求更高，但学生参与"腾讯课堂"的录播课程时缺乏反馈渠道，师生之间"零"互动是其"通病"。并且学生在播放回看时，主动积极的自由交流发言都将受到严重的抑制，堪比传统的"灌输式"教学方式。相反，在"面对面"的真实课堂上，教师通过积极饱满的面部表情，辅之以眼神、简单的形体动作以及亲切热情的教学语言，可以调动学生的积极性，引导学生学习过程中的被动消极状态。

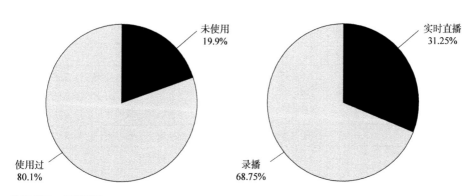

数据来源：艾媒咨询。

图 5　2018 年中国在线教育用户使用直播课程形式情况调查　　**图 6　用户上课形式频度的调查数据**

表 3 "腾讯课堂"影响用户黏性不足的因素调查结果

你认为自己不能完成全部课程的原因是？（多选题）

选项	小计	比例
每一次都完成得很好	15	9.38%
授课内容难度大小	18	11.25%
非自愿上课（如学习压力/学校或父母要求/抱着尝试心态报名等）	32	20%
课程质量低于预期	40	25%
内容无趣/授课形式单一	45	28.13%
无人监督，注意力难集中/难坚持	77	48.13%
临时有事，不能按时间完成	93	58.13%

与电商"淘宝直播"App 中的"评论"功能相类似，粉丝可以借此直接与主播及时沟通交流。引入弹幕能够在一定程度上解决尤其是录播课学习过程中"学习者持续性不强、师生分离、交流不足"的问题，教师可以通过弹幕及时收到学生的反馈，并及时作出调整。

（二）师资把关不严谨

据对华南五所大学 797 名学生的调查结果显示，促使学生学习的诱因排在首位的是好教师。课程的质量与教师资质息息相关。尽管"腾讯课堂"在运行过程中，教育机构、教师与学生三方似乎是无缝链接的关系。但我们也能从中发现，"腾讯课堂"在审核教师资质时存在漏洞。由于"腾讯课堂"采用与多家教育机构合作的形式，教育机构承担着签约教师的职责，"腾讯课堂"负责帮助宣传和售卖入驻机构的课程，这便意味着"腾讯课堂"与师资审核环节完全脱节。从广告传播理论角度，我们也可以把"腾讯课堂"看作"产品代言人"，消费者是在线教育平台的用户，因此，"腾讯课堂"首先要对课程的消费者——用户负责。如果出现用户对课程质量或教师能力、师德不满的情况，"腾讯课堂"首先会成为用户眼中的第一负责人。如在 2020 年 1 月 25 日，"腾讯课堂"宣布疫情期间免费支持线下机构在线授课，其中专注 IT

培训的线下机构"叮丁狼教育"享受了"腾讯课堂"免费提供的效率高、专业性优的服务。"腾讯课堂"在三天内就帮助其13个班600多名学生完成了课程线上转移，但"腾讯课堂"根本无法在短时间内做到一一核实所有教师的具体信息。

既然核实教师资质的工作难以高效率实现，平台可以通过提高机构入驻、课程筛选的门槛，确保平台的内容质量。在线教育平台还应该积极挖掘与高校、专业机构、优秀讲师密切合作的机会，尤其要注重和国内"双一流"大学建立合作。

（三）平台交互功能不成熟

美国著名心理学家班杜拉于20世纪70年代在其著作《思想和行为的社会基础》中提出自我效能感的概念，并且认为学生的自我效能感（自信心）在学生学习的过程中起着关键性的影响作用。自我效能感是指"人们对自身能否利用所拥有的技能去完成某项工作行为的自信程度"。因此，对学生在合作、展示教学活动中的积极表现要给予及时的评价，让学生在课堂获得自信与成就感。

如表3所示，在160份有效问卷中，竟然有高达48%的用户认为自身对在线教育平台使用黏性不足的原因是平台缺乏"监督"机制。本来在线教育就是一种师生处于"异化"空间维度进行教与学的活动，学生一方面处于被动的学习状态，另一方面教师缺乏向学生传达正面激励信息的渠道，导致平台用户的使用难以持续。

尽管"腾讯课堂"设计了"签到"与"举手"功能，但那仅仅是一种对功能的"标签化"形式，并没有对促进学生的积极性和提高学生的"在场感"产生"有效功率"，也暂时无法为用户营造一个真实的学习环境和浓厚的学习氛围。如果学生的学习过程与教师的监督"失之交臂"，那么学生的学习效果反馈仅仅通过线上及时交流工具沟通是很难从根本上解决的。另外，"腾讯课堂"在跟进学生学习进度方面的功能稍有欠缺，教师无法直接在平台发布课后习题，学生也不能通过图片、文件的形式上传课后作业，因此"腾讯课堂"暂时与为师生提供"麻雀虽小，五脏俱全"的"学习现场"目标有一定差距。同属于提供教育平台服务的"超星学习通"App就为教师行使监察"权力"提供便利，在上课后教师可以通过"更多"功能查看课堂的"出勤率"以及当前班级学生的上线状态。

四、顶层与基层的共振

在线教育平台"米乐教育"创始人兼CEO刘琼认为，"社会发展日新月异，有的职业会没落，同时也会产生很多新兴的职业，终身学习是未来的一大趋势"。

（一）顶层引擎

2020年特殊背景下的"宅经济"为在线教育迎来新的发展契机。2018年国家出台了对在线教育的专项规范，由此在线教育从监管的"真空区"步入了监管的"管制区"。政府作为政策的制定者和颁布者，应作为在线教育平台健康发展的主要推动者对其进行积极的引导和鼓励。同时，5G在通信上的应用一定程度上为在线教育平台解决了网络卡顿、连接崩溃等问题。

（二）底层助燃

随着在线教育的发展愈发成熟，在线教育平台的用户对平台的筛选能力也随之加强，因此平台只有满足用户对课程与教师质量及平台使用体验更深层次的要求，才能做到脱颖而出。在线教育平台密切关注用户的使用感受和体验，既是自身文化的标签和基因，也是情怀使然，更是"人无我有、人有我优"的战略，提升在线教育品牌识别度对于自身来说应是最大的利益驱动力。

"形而上者谓之道，形而下者谓之器。"按照这个理论，平台提供的课程质量就是道，提供服务的平台就是形，真正的王者属于提供有价值内容和上佳使用体验的在线教育服务平台。

参考文献

[1] 陈晓娟，陈红普．"腾讯课堂"在线教学模式探究 [J]. 软件导刊，2015，14（8）：221-224.

[2] 吴秀文．运用教育心理学原理调动学生学习的积极性 [J]. 中国地质教育，1997（3）：47-48.

[3] 陈红普，凡妙然．"腾讯课堂"在线教育运行模式的思考与启示 [J]. 现代教育技术，2015，25（11）：86-92.

[4] 疫情期间，各在线教育平台如何群雄争霸？ [EB/OL]. (2020-02-13) [2020-04-12]. https：//mbd.baidu.com/newspage/data/landingshare?pageType=1&isBdboxFrom=1&context=%7B%22nid%22%3A%22news9743301184033877859%22%7D.

[5] 芥末堆．"腾讯课堂"是如何做在线教育 [EB/OL]. (2014-11-24) [2020-04-14]. https：//www.jiemodui.com/N/11552.

[6] 腾讯 QQ 课怎么入驻 [EB/OL]. (2014-06-14) [2020-04-14]. https：//jingyan.baidu.com/article/36d6ed1f56a5fe1bce488363.html.

[7] 于淼，高妍玫．"传统文化＋网络短视频"的传播赋能探赜与举隅 [J]. 北京印刷学院学报，2020（3）：1-3.

浅谈新冠肺炎疫情下当代数字教育出版的价值与困境

何玉清

摘要：数字教育出版是我国数字出版领域的重要分支之一，随着教育信息化 2.0 时代的到来，人们对数字教育出版的关注也与日俱增。2020 年春天中国经历了一场无声但艰巨的战役——抗击新型冠状病毒肺炎（以下简称"新冠肺炎"）疫情，在这场战役中，数字教育出版的发展价值不断凸显，也因为这场突如其来的疫情使数字教育出版行业的困境逐渐暴露。文章基于此特殊背景，从社会价值和经济价值两个方面肯定了当代数字教育出版的积极意义，也从技术、版权和收效三个层面对其不足加以分析。

关键词：新冠肺炎疫情；数字教育出版；价值；困境

一、数字教育出版现状

近年来我国信息化技术水平不断攀升，"互联网＋"政策持续发力。与新技术飞速进步相对应的是国家对新人才、新教育的迫切需求，为此国家提出了教育信息化 2.0 行动计划，即传统教育出版向数字教育出版转型。

数字教育出版是数字出版的分支之一，即依托数字技术和互联网平台展开的教育活动或教育资源，关于数字教育出版的内容形态最易想到的可能就是网课这种在线教育类型。在线教育作为数字教育出版的代表，是本文重点研究对象。数字教育出版早在 20 世纪 90 年代末就开始萌芽，只不过由于当时通信、数字技术受限，线上课程都是以录播形式出现，也并不普遍。经过 20 余年的发展进步，数字教育出版已形成了独有的庞大体系，不论是音频、图书资源，还是长时间的直播课程，抑或是符合碎片化时代的短视频均被包括其中。数字教育出版对推进出版业、教育业的数字化、信息化进程，其作用了然可见。

二、防疫过程中数字教育出版的价值体现

新型冠状病毒作为一种极具传染性的病毒，相应的防疫工作不容小觑。作为普通公民保护好自己、避免聚集，是杜绝感染的良方。但疫情来势凶猛又正值寒假期间，为防止疫情扩散，面对仅次于春运的又一大范围人口流动事件——学生返校，各地教育部门陆续出台了延期开学的通知，要求"停课不停学"。随着互联网的发展和普及，数字教育出版的价值在此特殊时期显得尤其突出：它不仅能有效避免因防疫而停课所带来的学业停摆问题，还能在一定程度上弥补疫情所带来的经济损失。

（一）数字教育出版有助于摆脱停课困境

数字技术在给人们生产、生活提供更多可能性的同时，也为人们获取知识带来了更多方式。数字教育出版以在线教育为代表，其中也包含数字教材、数字资源等，其最大的特点就是数字化，即依托互联网络呈现形态。这种教育模式与中国传统的面授教育思维略有冲突，虽然近几年发展势头正猛，但仍未跻身互联网行业"顶流"。不过在这场突发疫情中，它却发挥了超乎寻常的作用。谈到新冠肺炎，人们总会不经意地将其与 2003 年的"非典"相比较，但今时不同往日，不论是医疗技术还是社会协调能力都比当年进步了很多。以教育领域为例，"非典"时期同样有过封校停课，但那时的停课就是彻底停学，课业完全无法继续。但在今天，借数字教育之力，学生足不出户也能在

家与教师正常沟通、直播听课、共享知识资源，将疫情影响降到最低。国家"停课不停学"的号召在数字技术支持下得以响应，这是数字教育出版的社会价值在此疫情中最为直接的体现。

（二）在线教育突破瓶颈，弥补经济阴霾

新冠肺炎疫情影响的不仅是国民健康，还有国家经济，隔离防疫的代价便是春节经济的低迷。为避免聚集，除必要行业，大小企业都被要求停工，然而停工期间的房租和员工的基本工资等需要企业负担的成本并没有降低。而在零收入的情况下，成本就变成了债务。企业没有生产性活动，国民经济增长的内生动力必然会减弱。当年的"非典"疫情也对国民经济造成了影响，然而今时不同往日，经过十余年的快速发展，随着社会信息化程度的提高，企业"因时而变"的行业洞悉能力也越来越强。此次受疫情影响带来的停工停学虽然打击了实体经济，但无形中也让我们看到了在线教育、远程办公等行业的未来之光。以在线教育为例，以往其最大的发展瓶颈就是得不到家长的普遍认可，使其尚未完全进入国民视野。但如今在政策支持下，在线教育几乎成了"有孩一族"日常生活的一部分，日后即使学生返校，这段足不出户也能上课的独特体验也会助力在线教育跻身主流行业。而在线教育的兴起为未来创收的巨大红利必然会为国民经济注入一股全新的活力，在一定程度上也能为受疫情打击的国民经济弥补一些损失。

三、疫情背景下突出的数字教育出版之困

在严峻的疫情背景下，尽管数字技术和互联网平台为人们配合防疫所需要的线上学习、工作提供了极大便利，但也因此暴露了这个领域的很多问题。这些问题主要表现在技术、版权和收效三个方面，包括网络难负荷、崩溃成常态、盗录现象不绝、知识产权难以保护和网络教育不在场带来的注意力分散等。直面这些问题，对数字教育出版更好的发展大有裨益。

（一）技术之困：网络难负荷，崩溃成常态

2020 年 2 月 17 日，大部分高校开学首日，一大早"学习通崩了"这一话题就跻身微博热搜前五。"学习通"是一款较为知名的在线教育软件，在当日随之而崩溃的还有"云班课""中国大学 MOOC"等一系列同性质软件。此后"学习通"官微发出公告称，由于早上八点左右"学习通"使用量瞬间超过了1200 万人，造成服务器压力过大难以负荷才会出现崩溃情况。对此解释，网民们表示既理解又无奈。

根据中国互联网络信息中心（CNNIC）发布的第 44 次《中国互联网络发展状况统计报告》显示：截至 2019 年 6 月，我国网民规模达 8.54 亿，手机网民规模达 8.47 亿。庞大的数据代表着我国互联网水平的飞跃进步和超高的普及率，尽管成就显著，但反观"学习通"崩溃事件，区区 1200 万用户同时登录就会造成一个软件的瘫痪与崩溃，足见部分数字教育平台的网络技术尚不能完美匹配网民需求。造成此类技术问题的原因有以下两点：一方面是由于"学习通"等软件自身硬件水平不高；另一方面是因为疫情暴发突然，很多在线教育软件之前从未被如此大范围地使用过，如此"措手不及"造成了系统崩溃。技术是数字教育出版发展的基本保障，在今天数字教育出版的技术环境中，虽然教育信息化时代为"互联网＋教育"提供了一个全新的发展平台，但是在技术的支撑下，还需要教育出版机构和相关单位不断努力。

（二）版权之困：盗录现象不断，知识产权难以保护

互联网技术有其便捷、无界、海量等优势；也有其匿名、信息易泄露、泄露难追踪等负面特性。因此，网络侵权现象屡见不鲜也极难根治杜绝。在众多侵权案件中，在线教育遭遇第三方侵权已经成为数字教育领域十分普遍的现象。在在线教育发展过程中，无论是在线教育课程还是用户生成内容均面临着盗版侵权问题。最为常见的侵权方式是由一名通过正规渠道进入线上平台学习的用户，借助录播软件将线上授课过程全盘复制，再以网盘资源等形

式传播给他人，并收取比正常学费稍低的费用以谋利。此行为不仅损害在线教育平台的经济收益，更是严重威胁授课者的知识产权。

众所周知，社会各界为打好此次疫情攻坚战纷纷响应国家号召，实行居家办公、学习。全国大中小学都开通了线上授课的保证学习进度，作为高校授课教师，他们的课堂内容、分享的课件资料都是多年积累的知识成果，这些成果如果被心怀不轨者利用，不加限制地在网络肆意传播，势必会对学界造成极坏影响。数字教育出版是以人为支撑的行业，要想数字教育持续不断地健康发展，则必须保证行业内工作者的积极性和创造性，因此对版权的重视与保护不能掉以轻心。在未来，随着具有不可篡改性的区块链技术的发展完备，相信在线教育平台的版权问题以及授课教师的知识产权问题都能迎刃而解。

（三）收效之困：身体在场感缺席，教育成效受质疑

人类传播技术发展至今，从报纸到电报、从电话到互联网，再到今天的虚拟现实技术，科技的进步使人类之间的信息传播逐渐摆脱面对面交流的必要性。诚然，这种允许身体缺席的技术帮助人们省去了很多麻烦，如在此次疫情中，人们借助网络技术，在避免人群聚集的同时也能继续正常工作生活。但即使技术允许人类在交流中身体缺席，我们也不能否认传播活动中身体在场的价值。身体在场的必要性体现在身体的仪式性上，而教育作为传播活动之一，尤其需要这种仪式感。在数字教育过程中，经常会出现学生"听着听着就走神""开着电脑玩手机"等现象。其中原因除了学生自身因素外，不容忽视的一点就是线上授课缺乏在场感、仪式感和督促感。线上授课没有教师站在讲台前的在场感，没有课堂上必须端坐的仪式感，也没有教师犀利眼神环顾教室的督促感，最终极有可能带来教师对着屏幕自言自语，学生对着屏幕自娱自乐的结果，一堂课下来收效甚微。

四、结　论

数字教育出版作为步入教育信息化 2.0 时代的重要标志，一直受到社会各界的广泛关注。2020 年突发疫情，防疫工作严峻，全国停工停课无形中将数字教育出版拉入人们的学习生活中。这场突如其来的疫情，让我们看到了数字教育出版的时代价值，但同时也暴露了些许问题。然而不可否认的是，随着 5G 技术、区块链技术的应用，将会给数字教育出版带来更多的可能性，数字教育出版未来可期。

参考文献

[1] 李磊，闫亚武. 数字教育出版的发展现状与对策 [J]. 出版广角，2019（21）：37-39.

[2] 王飚. 数字教育出版发展趋势浅析 [J]. 科技与出版，2019（11）：6-11.

[3] 张敏敏. 中国在线教育版权保护评估及优化研究 [D]. 合肥：中国科学技术大学，2019.

[4] 赵建国. 身体在场与不在场的传播意义 [J]. 现代传播（中国传媒大学学报），2015，37（8）：58-62.

第五篇

网络视听研究

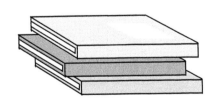

移动音频平台的健康传播现状及影响
——以"喜马拉雅 FM"为例

张雅君

摘要：移动互联时代，以"喜马拉雅 FM"为代表的移动音频平台，依靠强大的技术支撑和音频媒介的独特优势，在健康传播中呈现出越来越重要的作用和价值。本文主要采用案例分析法，研究移动互联时代以移动音频平台为媒介的健康传播现状，并根据媒介影响力形成理论和影响力评价指标探讨"喜马拉雅 FM"在健康传播中的作用和存在的问题。本文发现该平台在营造健康文化、满足用户深度健康信息需求、提供个性化健康内容等方面发挥着积极作用，同时也存在在健康传播中互动率较低、易导致迷惑滋生谣言、平台栏目疏于管理等问题。最后本文展望了在新形势下如何充分发挥移动音频的特点，优化移动音频平台的健康传播方式，扩大移动音频平台在健康传播中的影响力和潜力。

关键词：移动音频；喜马拉雅 FM；健康传播；健康养生；影响力评价指标

移动互联时代，新媒体发展呈现垂直化、专业化、平台化趋势，以"微博""微信""抖音"等为代表的移动互联网应用（App），目前正以迅猛的发展势头渗透到各个领域，影响着人们的生活方式和思维方式。其中与人们生活切实相关的"健康传播"在移动互联时代也在发生着深刻的变革，除了大综合性门户网站的健康频道、自媒体平台和专业性的健康养生 App，以"喜马拉雅 FM"为代表的移动音频平台，依靠强大的技术支撑和音频媒介的独特优势，在健康传播中展现出越来越重要的作用和价值。

一、健康传播和移动音频平台相关概念

（一）健康传播

20 世纪 70 年代初期，健康传播成为一项独立的研究领域，美国"斯坦福心脏病预防计划"被誉为开展健康传播研究的重要起点。1994 年美国学者罗杰斯等认为，健康传播是一种将医学研究成果转化为大众的健康知识，并通过态度和行为的改变，以降低疾病的患病率和死亡率，有效提高一个社区或国家生活质量和健康水准为目的的行为。本文基于对移动互联时代移动音频平台的健康传播研究，将健康传播视为对健康信息和与之相匹配的健康服务的传播。

2003 年"非典"疫情的暴发，使研究传播的学者意识到健康传播的重要性，并开始自觉地将传播理论应用到健康传播中，我国的健康传播研究进入了一个全新的发展阶段。2020 年伊始，新冠肺炎病毒在全国迅速蔓延，在病毒肆虐的同时，健康传播作为重要命题再次引发人文社会科学界的深度反思。

（二）移动音频平台

移动音频平台是以移动终端为载体，提供语音收听、在线下载等服务的音频媒体。不同于传统广播，移动音频具有伴随性、无限性、主动性等特点。艾媒咨询《2019—2020 年中国在线音频研究报告》指出，2019 年，在线音频市场用户规模达 4.89 亿人，预计到 2020 年，这一数值达 5.42 亿，中国在线音频行业将迎来"耳朵经济"蓬勃发展新时期。其中，2019 年中国在线音频用户泛娱乐类节目偏好中健康 / 心理类占到 23.6%。"喜马拉雅 FM"作为行业头部平台，2019 年平台用户规模达 5 亿人，月活跃用户数 8800 万人，成为移动音频市场的领跑者。

二、"喜马拉雅 FM"健康传播的现状分析

在"喜马拉雅 FM"关于健康传播的内容集中在"健康养生"栏目上，笔者对"健康养生"栏目下所有电台节目进行了相关梳理，得出以下结论。

（一）专辑数量较多，类型多元化

"健康养生"栏目位于"喜马拉雅 FM"的"生活"板块，包含：每日精选、中医、催眠、两性健康、健康常识、营养、疾病预防、心理、艾灸、针灸、偏方、黄帝内经 12 个分类（图 1）。"每日精选"是平台对所有健康养生专辑的优选推荐，其他 11 个为正式分类。截至 2020 年 2 月 7 日，中医、催眠、两性健康、健康常识、营养、疾病预防、黄帝内经、心理这 8 个分类分别有 1000 个健康养生专辑，除此之外，艾灸有 519 个专辑、针灸有 460 个专辑、偏方有 199 个专辑。其中不同分类有重复，如中医和黄帝内经中都有"梁东、徐文兵对话《黄帝内经》"专辑，同时这些健康养生专辑有很多属于一个电台发布，如"健康中国"旗下就有 4 个健康养生专辑，"厚朴中医学堂"下有 2 个健康养生专辑。由此可见，"喜马拉雅 FM"平台健康养生类专辑丰富多样，且对每个分类的专辑数量上限定为 1000 个。根据专辑内容，不同分类的专辑排列相互融合，基于推荐算法技术为平台用户提供个性化需求和体验。

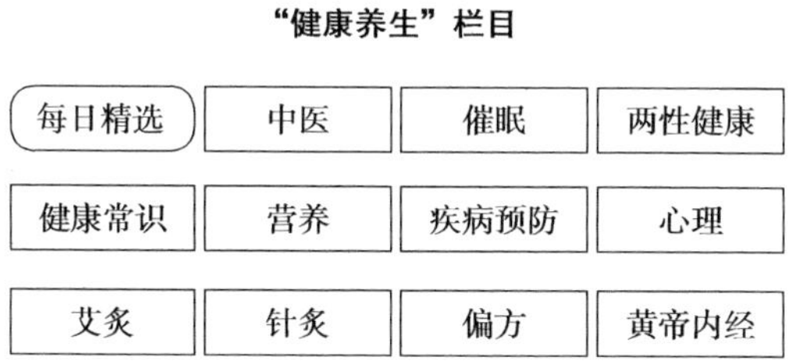

"健康养生"栏目

每日精选	中医	催眠	两性健康
健康常识	营养	疾病预防	心理
艾灸	针灸	偏方	黄帝内经

图 1　"喜马拉雅 FM"健康养生栏目板块结构

（二）具有一定用户规模，传播潜力巨大

通过对"健康养生"栏目下 11 个分类的专辑进行分析，数据显示平台收听次数排行前三的专辑分别是："天方烨谈"专辑，有 1.55 亿收听次数；"健康养生"专辑，有 1.55 亿收听次数；"《黄帝内经》养生智慧"专辑，有 1.06 亿收听次数。订阅人数排行前三的专辑分别是："梁东、徐文兵对话《黄帝内经》"专辑，有 48.8 万人订阅；"深夜睡眠专业催眠曲音乐"专辑，有 43.8 万人订阅；"睡前催眠"专辑，有 27.9 万人订阅。由此可见，"喜马拉雅 FM"作为移动音频平台的健康传播有一定体量的用户规模，发展潜力巨大。

（三）起步较晚，呈现蓬勃发展态势

通过对"喜马拉雅 FM"的"健康养生"栏目电台专辑的调研可知，从 2016 年起涉及健康养生的专辑才开始大规模出现，以"39 健康网""罗大伦""二妹姐"为代表的电台主播是平台早期的健康传播者。而"喜马拉雅 FM"移动客户端于 2013 年上线，相比较而言平台健康传播模块化起步时间较晚，但近年来，以"喜马拉雅 FM"为代表的移动音频平台依靠强大的技术支撑和音频媒介的独特优势，在健康传播中展现出越来越重要的作用和价值，健康养生类专辑增长迅速，其总量已超过 9000 个，呈现出良好的发展态势。

三、移动音频平台在健康传播中的影响与作用分析

对移动音频平台的健康传播研究，除了研究平台的健康传播现状，重点探讨了移动音频平台在健康传播中的具体影响和作用，其中包括积极影响和消极影响。目前，对新媒体影响力的评价还没有一个统一的方法和指标体系。根据"媒介影响力形成理论"，有学者将媒介的影响力归纳为"接触、认知、说服和二次传播"四个环节。笔者运用案例分析法，基于影响力评价指标对"喜马拉雅 FM"的健康传播进行综合分析。

（一）研究方案

1. 移动音频影响力评价指标

① 接触指的是博主将内容暴露给受众，引起其选择性的注意。接触环节的评价指标包括粉丝量、订阅量、阅读量等。这些指标用于衡量信息传播的广度和信息覆盖的受众范围，信息传播越广，受众接触信息的可能性越高，反之则越低。

② 认知指的是受众接触传播内容后的理解过程。认知方面的评价指标包括信息发布频率、发布数量、原创率、内容形式等。这些指标用于评价信息质量，信息质量越高，受众的认知程度就越高，反之则越低。

③ 说服环节的评价指标包括博主的权威性、知名度、专业性、搜索热度。这些指标用于评价信息被受众接受的情况，博主权威性越高，受众关注度越高，那么信息的说服力就越强，反之则越弱。

④ 二次传播指的是受众被说服后，主动或被动地进行二次传播的过程。二次传播环节的评价指标包括粉丝质量、主动转发量、评论量、互动率。受众教育水平越高，传播者的信息在二次传播中的影响力就越大，反之则越小。

2. 研究过程

（1）接触角度（覆盖率、规模性）

笔者首先对"喜马拉雅 FM"的"健康养生"栏目收听量超过 1000 万人次的音频专辑进行了统计（表 1）。结果显示，截至 2020 年 2 月 8 日 22 点 40 分，共有 39 张专辑收听超过 1000 万人次。其中播放量最高的为"天方烨谈"1.55 亿人次、"健康养生"1.55 亿人次，订阅量超过 10 万人次的有 16 个，粉丝量超过 10 万人的有 29 个。同时还发现，音频专辑收听量、订阅量、粉丝量并不呈正向关联。例如"大伦育儿说"主播"罗大伦"的粉丝数有 84.3 万人，但播放量只有 1056.6 万次，订阅量只有 10.2 万人次，而基因频道粉丝数 10.7 万人，订阅量 7.7 万人次，但其专辑"天方烨谈"播放量超过 1.5 亿次。从整体来看，平台健康养生类音频收听量、订阅量、粉丝量都比较高，因此健康信息传播和受众覆盖范围较广。

表 1 "喜马拉雅 FM"的"健康养生"栏目中收听量超过 1000 万人次的专辑统计

	主播 / 电台	专辑	收听量 / 万次	订阅量 / 次	粉丝量 / 万人
1	基因频道	天方烨谈	15500	77000	10.7
2	39 健康网	健康养生	15500	234000	31.7
3	张成教师	《黄帝内经》养生智慧	10600	648000	74.1
4	蕲艾养生灸学堂	灸对有缘人，为有缘人做灸	8875.6	25000	14.7
5	蕲艾养生灸学堂	《黄帝内经》我读给你听	5936.4	17000	14.7
6	唐喜明催眠师	深度睡眠，专业催眠曲音乐	5424.1	438000	45.8
7	厚朴中医学堂	梁东、徐文兵对话《黄帝内经》	5292.6	488000	50.5
8	庄里巴人	打造健康的居家环境 健康的生活观念	4987.7	888	11.8
9	罗大伦	聊聊张锡纯医案	4648.9	233000	84.3
10	跑步心情	跑步心情	4613.7	168000	21.2
11	大毉精诚	养生有道	3938.5	183000	31.6
12	丁香医生	健康日历第一季	3316.1	14000	2.1
13	健康中国	健康中国趣味健康百科	2881.4	3658	1.4
14	张娟娥 s	女人健康养生平台	2735.4	978	1.5
15	张大花 E7	戒为良药	2733.6	124000	14.5
16	张浩读书会	经皮毒：从日用品、化妆品 被人们忽略的健康	2193.4	367	0.00444
17	重塑心灵心理 训练中心	催眠音乐：深度睡眠 静心安眠入眠	2186.6	122000	70.2
18	二妹姐	女人都爱养生	2156.1	180000	22.5
19	跑步指南	跑步指南	1880.6	88000	11.7
20	婵儿姐姐	睡前催眠（轻松入睡）	1864.7	240000	27.9
21	减肥瘦身小博	健康减肥瘦身法	1820.6	120000	15
22	大馨 _XINXIN	大馨里拉唠养生	1809.5	24000	6.8
23	大毉精诚	话中医	1609.8	109000	31.6
24	中医频道 FM	养生正道	1604.9	96000	19
25	重塑心灵心理 训练中心	5 分钟治愈失眠 （睡前催眠）	1594.9	87000	70.2

	主播/电台	专辑	收听量/万次	订阅量/次	粉丝量/万人
26	健康新佟学	佟彤中医养生妙招	1546.2	105000	11.3
27	身体领导力	身体领导力品牌电台	1529.9	4993	0.06002
28	蕲艾养生灸学堂	赤方蕲艾养生灸课堂	1296.9	5704	14.7
29	大白话说中医	大白话说中医	1272.9	87000	9.8
30	听书铺	不衰老、不疲劳的生活	1244.2	84000	61.1
31	听书铺	女人暖养更年轻	1232.1	73000	61.1
32	冯名雨艾灸	艾灸治病108招	1194.6	82000	9
33	陈允斌	陈允斌教你24节气饮食法	1178.1	—	—
34	中医频道FM	名医讲堂	1135.1	89000	19
35	漏风独语	《黄帝内经·素问》释读	1109.8	107000	85.6
36	古人食	古时候FM	1087.6	5966	13.5
37	蕲艾养生灸学堂	濒湖脉学	1063.8	17000	14.7
38	罗大伦	大伦育儿说	1056.6	102000	84.3
39	黄庭禅	《黄庭禅经》助眠养生（站桩静坐）	1027.6	81000	25.1

注：数据来源"喜马拉雅FM"客户端，数据统计截止日期为2020年2月8日22点40分。

（2）认知角度（时效性、原创率）

"喜马拉雅FM"的"健康养生"栏目新品榜前十的数据显示（表2），几乎所有专辑都保持每天更新的发布频率，且所有榜单中专辑的发布数量基本保持在40~1000集。其中，浙江科学技术出版社的"李兰娟院士——疫情防控树兰在线"专辑排名第一，播放量为33万次。排名前十的专辑都与疫情防控有关，这与当时新冠肺炎疫情和舆情有极为密切的关系，体现出移动音频平台健康传播较强的时效性。不同于文字的可复制性，在"健康栏目"上传音频的主播都参与了音频内容的创作，基本都具有原创性，且大部分专辑都使用了"喜马拉雅FM"平台的版权登记服务，因此笔者在数据统计过程中暂将音频平台的内容原创率默认为100%。笔者还发现，以"婵儿姐姐"的

"睡前催眠"为代表的热度和口碑较高的专辑，发布频率不固定，且自2019年9月后暂停更新，账号疏于管理。从整体来看，平台健康养生类音频专辑发布频率不一，发布数量较多，原创率较高。

表2 "喜马拉雅FM""健康养生"栏目新品榜前十统计

主播/电台	专辑	收听量/万次	订阅量/次	粉丝量/万人	发布频率	发布数量/集
浙江科学技术出版社	李兰娟院士——疫情防控树兰在线	33	1006	1110	每天	126
微医	新型肺炎科普系列	9.6	386	19000	每天	54
胡一条	新冠肺炎病毒肺炎疫情防护	10.2	804	843	每天	52
江苏省疾控中心	防控新冠肺炎病毒	1.6	17	20	周更	3
天津科学技术出版社	疫情防控科学知识	3.6	257	320	每天	17
喜听趣话	广播剧：丁丁和爸爸抗疫情	1.8	77	1278000	每天	17
深圳晚报	抗击新型肺炎安心手册	370	302	6776	每天	18
李远东	钟南山谈健康	2	511	1694	每天	12
焦虑症网络课程	预防新型肺炎心理自救妙招	1.6	173	50000	每天	17
陕西师范大学出版总社	抗疫心理指导手册	1.9	383	467	更新2天后停更	30

注：数据来源"喜马拉雅FM"客户端，数据统计截止日期为2020年2月8日22点40分。

（3）说服角度（专业性、权威性）

由于收听量只能体现一段时间内"喜马拉雅FM"平台的健康传播情况，从某种程度上来说与专辑的创建时间具有一定关系，它不能体现平台关于"健康养生"内容的口碑和热度。因此，笔者又对"喜马拉雅FM"的"健康养生"栏目口碑榜、热度榜前十名进行了统计。结果显示，口碑榜和热度榜的收听量统计重合度较高（表3、表4）。

表3　"喜马拉雅 FM""健康养生"栏目热播榜前十影响力情况

电台/主播	专辑	收听量/万次	订阅量/次	粉丝量/万人	发布频率	发布数量/集	专业度	搜索热度	粉丝质量	评论量	互动率
厚朴中医学堂	梁冬、徐文兵对话《黄帝内经》	5292.6	488000	50.5	2018年3月更新全集	53	高级中医讲师	热播榜1 口碑榜1	一般	1w+	高
健康中国	健康中国趣味健康百科	2881.4	3658	1.4	不固定目前还有更新	45	国家卫生健康委员会音频节目	热播榜2	一般	157	较低
大白话说中医	大白话说中医	1272.9	87000	9.8	不固定目前还有更新	181	专家郭亚宁蓝V认证	热播榜3 口碑榜4	一般	999+	较高
唐嘟明催眠师	深度睡眠专业催眠曲音乐	5424.1	438000	45.8	不固定目前还有更新	57	国家二级心理咨询师	热播榜4 口碑榜10	一般	999+	较高
健康新佟学	佟彤中医养生妙招	1546.2	105000	11.3	不固定目前还有更新	104	北京卫视养生堂特邀中医	热播榜5 热播榜5	一般	999+	较低
浙江科学技术出版社有限公司	李兰娟院士——疫情防控树兰在线	33	1006	0.01110	每天	126	浙江科学技术出版社有限公司	热播榜6 新品榜1	一般	<30	非常低

续表

电台/主播	专辑	收听量/万次	订阅量/次	粉丝量/万人	发布频率	发布数量/集	专业度	搜索热度	粉丝质量	评论量	互动率
罗大伦	聊聊张锡纯纸医案	4648.9	233000	84.3	不固定目前还有更新	139	CCTV《百家讲坛》中医专家	口碑榜2 热播榜7	较高	999+	较高
听闻哲趣说营养	会吃才有营养	257	20000	2.1	每天	93	资深中医讲师 高级公共营养师	热播榜8	一般	338	较低
婵儿姐姐	睡前催眠	1864.7	240000	27.9	2019年9月后无更新	16	Isha官方认证哈他瑜伽教师	口碑榜7 热播榜9	一般	999+	较高
廖阅鹏教师	催眠引导助你一夜好眠	303.4	45000	5.1	2017年2月更新全集	4	顶级催眠师	热播榜10	一般	999+	较高

注：数据来源"喜马拉雅FM"客户端，数据统计截止日期为2020年2月8日22点40分。

表4　"喜马拉雅FM" "健康养生" 栏目口碑榜前十影响力情况

主播/电台	专辑	收听量/万次	订阅量/万	粉丝量/万人	发布频率	发布数量/集	专业度	搜索热度	粉丝质量	评论量	互动率
厚朴中医学堂	梁东、徐文兵对话《黄帝内经》	5292.6	48.8	50.5	2018年3月更新全集	53	高级中医讲师	热播榜1 口碑榜1	一般	1w+	高
罗大伦	聊聊张锡纯纯医案	4648.9	23.3	84.3	不固定，目前还有更新	139	CCTV《百家讲坛》中医专家	口碑榜2 热播榜7	较高	999+	较高
张大花E7	戒为良药	2733.6	12.4	14.5	不固定，目前还有更新	244	网络主播	口碑榜3 热播榜11	一般	999+	较高
大白话说中医	大白话说中医	1272.9	8.7	9.8	不固定，目前还有更新	181	专家郭亚宁、蓝V认证	口碑榜4 热播榜3	一般	999+	较高
健康新佟学	佟彤中医养生妙招	1546.2	10.5	11.3	不固定，目前还有更新	104	北京卫视养生堂特邀中医	热播榜5 热播榜5	一般	999+	较低
大懿精诚	养生有道	3938.5	18.3	31.6	每天	1692	——	口碑榜6 热播榜12	一般	999+	较低
婵儿姐姐	睡前催眠（轻松入睡）	1864.7	24	27.9	2019年9月后无更新	16	Isha 佰计官方认证，哈他瑜伽教师	口碑榜7 热播榜9	一般	999+	较高
黄庭禅	黄庭禅经助眠养生（站桩静坐）	1027.6	8.1	25.1	2014年3月—2019年11月不定期更新	15	蓝V认证	口碑榜8	一般	999+	较高
陈允斌	陈允斌教你24节气饮食法	1178.1	—	—	2016年11月—2018年3月不定期更新完结	311	CCTV "养生节目" 特邀嘉宾	口碑榜9 VIP精品付费课程	一般	999+	较高
唐誉明催眠师	深度睡眠专业催眠曲音乐	5424.1	43.8	45.8	不固定，目前还有更新	57	国家二级心理咨询师	热播榜4 口碑榜10	一般	999+	较高

注：数据来源 "喜马拉雅FM" 客户端，数据统计截止日期为2020年2月8日22点40分。

在播放量超过 1000 万次的 39 张专辑中，主播"蕲艾养生灸学堂"有 3 张专辑播放量超过 1000 万次，但是根据主播资料显示其只是普通用户。可以发现"喜马拉雅 FM"的"健康养生"栏目的主播不仅有对健康和养生略有研究的草根用户，也有像华大基因团队、高级中医讲师、中国中医药出版社这样的专家、专业团队和平台，还有知名自媒体、网络主播、品牌创始人等。"喜马拉雅 FM"的"健康养生"栏目热播榜前十的数据（表 3）和口碑榜（表 4）前十的数据显示，口碑与搜索热度有关，厚朴中医学堂的"梁东、徐文兵对话《黄帝内经》"由于口碑好，在口碑榜和热搜榜均列第一位。与播放量较高的 39 张专辑不同的是，位于口碑榜和热搜榜前十位的健康养生专辑的主播均具有较强的权威性，几乎都是行业内专家学者。整体来看平台健康养生类主播具有多元性，大部分权威性和专业性都比较强，受众搜索热度较高。需要提及的是目前在"喜马拉雅 FM"前台无法明确区分对平台主播或电台权威性、专业性和知名度的评价，故笔者在这里暂以平台提供的认证将三者结合，并以"知名度"作为统计指标进行说明。

（4）二次传播角度（评论量、互动率）

由于健康信息和服务是人们生活刚需，以及移动音频平台本身"非视觉"的特性，"喜马拉雅 FM"平台"健康栏目"的音频专辑的受众涉及各个年龄阶层，除个别栏目科学性较强，旨在为一般人群提供通俗易懂、日常生活所需的健康信息。虽然有很多专辑的评论量达到 999+，但大部分专辑的单集评论量并不高（表 3、表 4）。比如"天方烨谈"单集播放量达 10.4 万人次，但是有的单集评论量只有 15 个，新品榜单排名前十的音频专辑评论量几乎都少于 10 个。这说明大部分主播与受众的互动并不高。整体来看平台健康养生类音频的受众素养一般，评论量较少，互动较低。需要提及的是"喜马拉雅 FM"前台无法统计音频节目或专辑的转发量，故笔者在这里暂忽略此项数据。

（二）移动音频平台在健康传播中的积极作用

1. 营造健康文化，增强健康传播社会责任感

用户在"喜马拉雅 FM"的"健康养生"栏目专辑中可以随时随地进行评论，增强了受众的参与感，也有利于在互动中进行反馈和健康信息的再次传播。平台健康养生栏目有一定体量的用户规模，较高的音频收听量、订阅量及主播的粉丝通过评论、转发等都能在潜移默化中扩大健康信息的影响力，在一定程度上培育健康文化。同时，开放的平台让一些从事医学、养生方面的专家和学者或草根健康爱好者，可以通过"喜马拉雅 FM"平台认证上传音频节目，参与健康传播的过程中，增强了大众的社会责任感。由此，大众对公共卫生咨询、健康知识的需求也更容易得到满足。

2. 提供专业、权威的健康信息，满足用户深度诉求

随着"喜马拉雅 FM"以其强大的技术支撑和独特的场景伴随性在新媒体领域获得一席之地，越来越多的健康养生类专家和平台看到了移动音频平台的优势而纷纷入驻，其中包括"喜马拉雅 FM"认证的国家卫生健康委员会官方账号"健康中国""39 健康网""丁香医生"、中国中医药出版社官方电台"中医频道"、国内著名催眠大师"唐喜明催眠导师"等。同时，为了在知识付费的激烈竞争中脱颖而出，"喜马拉雅 FM"自 2016 年起提供众多原创性优质音频，其中包括在健康养生栏目邀请知名专家和学者打造精品付费栏目。例如与《养生堂》特约中医学者佟彤老师合作打造的"佟彤中医养护 50 讲"VIP 付费专辑；与 CCTV 养生节目特邀嘉宾陈允斌合作打造的"陈允斌教你24 节气饮食法"VIP 付费专辑等。高原创率、专业化的专辑能够满足用户对健康信息和服务的深度诉求。

3. 时效性和长效性健康内容并行建构，提供个性化服务

根据平台专辑不同的发布频率，笔者将"喜马拉雅 FM"平台上健康养生类专辑内容分为两类：时效性专辑和长效性专辑。时效性专辑主要以实时健

康类新闻为主，其内容更新频率高，但是收听率较低。比如新冠肺炎病毒疫情暴发期间，受众在"喜马拉雅 FM"平台上可以听到实时地关于疫情以及疫情防控的播报，以华大基因专业团队为代表的主播也会每天对新的疫情进行分析，并为听众讲解科学有效的防控措施。长效性专辑通常以某一主题为内容，但相对时效性专辑更新速度较慢。例如，唐喜明催眠师的"深度睡眠专业催眠曲音乐"专辑，从 2018 年 11 月开始不定期更新直到目前。"喜马拉雅 FM"健康传播对时效性内容和小型内容并行建构，优势互补，促进健康信息的广泛和深入传播。同时，这些信息通过后台技术建构用户画像，根据用户的健康信息收听和反馈情况随时进行调整，为用户提供高精准、个性化的服务。

（三）移动音频平台在健康传播中的消极作用

1. 伴随性场景应用互动率低，易引发虚假影响力

从研究结果看，"喜马拉雅 FM"平台关于健康养生类专辑的互动率普遍较低，达到包括近来舆情集中点新冠肺炎病毒疫情相关的"李兰娟院士——疫情防控树兰在线"专辑的总榜放量达到 33 万次，但是单集的评论数不理想，甚至有零评论的情况。根据艾媒咨询《2019 年中国在线音频市场研究报告》用户场景偏好使用媒介调查显示，2018 年用户在运动、开车、家务等体力劳动时、上下班通勤时最常收听音频。与视频、图文等形式媒介相比，音频形式的内容更适合用户碎片化和伴随性场景使用。

因此，"喜马拉雅 FM"健康养生类专辑互动率较低，很大程度上与移动音频平台"非视觉""重听觉"的随身性有关，大部分用户会选择在不占据身体劳动力的场景下收听，因此大部分用户不会专门去评论或者转发相关内容。但同时也能看到，绝大多数健康养生类主播与受众的交流积极性不高，直接影响了互动效果。而且音频专辑播放量较高，但是听众是否真正从音频中获取有效的健康信息并愿意二次传播也存在异议。例如"蕲艾养生灸学堂"虽然有三个超过 1000 万次播放量的音频专辑，但是其播放量与订阅量差距明显，评论更是寥寥无几，对于该主播的健康传播效果容易出现虚假判断。

2. 主观感知性强，易导致迷惑、滋生谣言

移动音频"非视觉"的传播形式给受众带来的是独特的、放松的和具有强烈主观感知性的信息传播体验。健康养生栏目主播为听众讲述健康信息，通过声音的音调、力度、节奏等营造氛围、表达感情，而受众在收听过程中需要集中注意力，发挥联想和想象进一步丰富接受的健康信息。在这一传播过程中，主播的专业度以及听众的素养、注意力集中程度等都会影响听众最后对信息的理解程度。根据艾媒咨询提供的数据显示，2018 年中国在线音频用户男女比例均衡，但是 30 岁以下用户占到总人数的 62.3%，年轻群体占比较高。根据易观千帆提供的 2018 年"喜马拉雅 FM"用户属性调查显示，"喜马拉雅FM"35 岁以下的用户占比为 68.98%，二线城市以下的用户占比为 44.75%，中等及以下消费者占比为 61.38%（图 2）。在平台用户中部分听众素养较低，且在收听过程中注意力涣散，这样就容易迷惑，进而获得错误的信息，如果听众将获得的健康信息进行二次传播，将有可能滋生谣言。同时，相较于"文字"的把关难度，音频平台对"声音"的把关难度较高，并且平台健康传播者的多元化和低门槛进入也容易导致虚假健康信息的扩散。

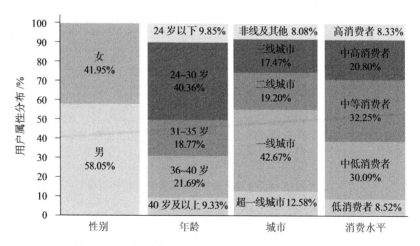

图 2　2018 年"喜马拉雅 FM"活跃用户属性分布情况

数据来源：易观千帆整理。

3. 用户偏好度较低，发展落后于其他栏目

"喜马拉雅 FM"的"健康养生"栏目虽然在收听量、订阅量、粉丝量等方面都体现出一定体量的规模和发展潜力，但是与"喜马拉雅 FM"平台 5 亿的用户总量相比还有较大的差距。根据易观千帆数据发布的《2018 年中国移动音频市场年度综合分析报告》显示，与移动支付、日常消费和教育学习等用户消费场景相比，"喜马拉雅"用户在医疗健康方面的渗透率和偏好度较低（如图 3 显示）。同时，笔者发现"喜马拉雅 FM"热门榜单排名 100 位的专辑中，并没有健康养生类专辑。这表明与有声书、广播剧等栏目相比，健康养生栏目热度低，平台在健康传播方面还比较落后，有巨大的发展空间。并且在健康养生栏目中存在部分热门口碑账号长期未更新的情况，也提醒平台应加强对主播和电台的管理和激励。

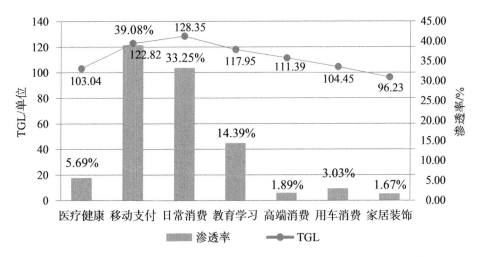

图 3　2018 年"喜马拉雅 FM"用户消费场景情况

数据来源：易观千帆。

四、新环境下优化移动音频平台健康传播的策略

（一）音频为主，图片、文字、视频等形式为辅

音频是移动音频平台健康传播的核心要素，但在融媒体时代，基于移动音频平台的技术条件，在电台页面加入与音频内容相关的文字或图片，可以同时满足受众"听"和"看"的需求。并且健康传播的刚性需求决定了信息容不得半点儿错误，从而提高了信息的专业度和准确度。这样不仅能给听众提供多样化的收听形式和多元化的选择，还能在一定程度上以更加形象化、深度化的方式，加强听众对健康信息的理解，防止迷惑和谣言的二次传播，缓解了移动音频平台内容把关的压力。

（二）开展多层次互动，增强听众黏性

移动音频平台应激励电台主播与听众开展多层次的互动。首先主播可以在评论区为听众答疑解惑；其次还可以开展周期性的线上音频直播或连线，加强与粉丝之间的互动与交流。除此之外，平台或主播还可以策划一些"面对面"的线下活动，例如以"女性健康养生"为主题策划一个线下专家座谈会或线下交流分享会。以此来提升听众对平台活动的参与度和专辑收听的忠诚度。这种持续性、趣味性的多层次互动既可以增强听众黏性，又可以扩大移动音频平台在健康传播方面的影响力。

（三）制作优质内容，加强栏目管理

平台在内容建构上可以采用 UGC+PGC 的模式，聘请专业人士对音频脚本进行专业化打造与审核，使传播内容优质化，促进平台健康信息的长效传播，形成"长尾效应"。还可以寻找一些具备专业性或代表性的特色声音，录制相关内容吸引受众，充分发挥音频节目在健康传播中的特色。平台要借鉴其他栏目的发展模式，充分重视平台"健康养生"栏目的开发与策划，更加

深入地细化健康传播的内容。

通过对"喜马拉雅 FM"的"健康养生"类栏目的调查分析，笔者认为，我国移动音频平台的健康传播已经进入了井喷式的快速发展时期，且在健康传播领域发挥着巨大的影响力。这不仅与健康信息和服务日益成为人们生活的刚性需求有关，还与"喜马拉雅 FM"等移动音频平台在健康传播中的多样性、伴随性、专业性、即时性、互动性等特点有着极为密切的关系。未来，移动音频平台作为健康传播的重要渠道，应不断克服其存在的问题，以期发挥越来越重要的作用。

参考文献

[1] 艾媒咨询 . 2019—2020 年中国在线音频专题研究报告 [EB/OL]. (2020-02-08) [2020-05-19]. https：//www.iimedia.cn/c400/67192.html.

[2] 艾媒咨询 . 2019 中国在线音频市场研究报 [EB/OL]. (2019-03-05) [2020-02-08].https：//www.sohu.com/a/299233480_533924.

[3] 百度百科 . "移动音频"词条 [EB/OL]. (2019-11-14) [2020-02-08]. https：//baike.baidu.com/item/%E7%A7%BB%E5%8A%A8%E9%9F%B3%E9%A2%91/19221752?fr=aladdin.

[4] 匡文波，武晓立 . 基于微信公众号的健康传播效果评价指标体系研究 [J]. 国际新闻界，2019（1）：153-176.

[5] 王丽君，李晓飞 . 知识付费视角下音频分享平台的传播特点研究——以喜马拉雅 FM 为例 [J] 新媒体研究，2018（18）：21-23.

[6] 武小菲，崔丹丹 . 政务移动电台的营销传播——基于喜马拉雅 FM 的分析 . 青年记者，2019：85-86.

[7] 许艺凡，马冠生 . 新媒体在健康传播中的作用及评估 [J]. 中国健康教育，2018, 34（1）：62-66.

[8] 杨阳 . 健康传播视域下微博平台乙肝议题的建构，以人民日报为例 [J]. 传媒个案，2018：71-72.

[9] 易观千帆 . 2018 年中国移动音频市场年度综合分析报告 [EB/OL]. (2019-09-09) [2020-02-08]. https：//wenku.baidu.com/view/91363c25c950ad02e80d4d8d15abe23492f0357.html.

在线音频场景化布局与优化路径探析

王　晓

摘要：随着 5G 技术、物联网的兴起，人工智能技术不断发展应用，在线音频走向"场景化"时代。在线音频产业的"场景化"布局对于满足用户的个性化需求、提供有效的知识服务、实现在线音频产业转型升级有着重要意义。本文探究在线音频平台在"场景化"布局下呈现的新业态，明晰其构建逻辑并探析其在当下的传播局限，由此提出"场景化"语境下的延伸问题，以小窥大，为在线音频产业的"场景化"探索给予优化路径的启示。

关键词：在线音频；场景化；个性化需求；智能硬件

2009 年，中国移动公司对有声读物进行了初探；2016 年，知识付费呈现出爆发式增长，"耳朵经济"在信息技术迭代和文化产业转型升级过程中，以"听什么、谁会听、怎么听"的发展逻辑形成了颇具规模的在线音频产业。"艾媒网"发布的《2019—2020 年中国在线音频专题研究报告》显示，我国在线音频用户规模迎来新一轮增长，2019 年在线音频市场用户规模达 4.89 亿人，2020 年用户规模有望到达 5.42 亿人；但从 2016 年起，知识付费逐步散热，用户增长率呈逐年放缓趋势。显然，由于短视频、网络直播等新媒介涌入赛道，在争夺用户的时间战场上展开了激烈竞争，在线音频市场岌岌可危。在这样的背景下，单一的商业模式已不能满足用户的多元需求，在线音频产业基于"怎么听"这个问题需继续探索，借助 5G、物联网技术布局"场景化"，构建"音频生态圈"，开启新的篇章。

一、在线音频"场景化"内涵

（一）技术赋能"场景化"革新

"场景化"这一概念最早是由美国学者罗伯特·斯考伯和谢尔·伊斯雷尔在《即将到来的场景时代》一书中提出的，他们认为未来 25 年互联网将步入"场景时代"。作者将大数据、移动设备、社交媒体、传感器与定位系统作为场景五力。在如今的互联网时代，这些技术不仅得以实现，还作为驱动力量，使互联网产业产生裂变。随着我国互联网平台由内容提供商逐渐向服务商转变，用户需求随着产品革新越发多样，在线音频产业愈加意识到与用户情感联结的重要性。用户关注的不仅是产品本身，还包括围绕产品所构建的场景，"场景化"俨然成为移动互联网时代新的商业逻辑。

（二）在线音频"场景化"的价值意蕴

早期的在线音频平台对"场景化"的探索更多集中于内容的营销方面。例如，"蜻蜓 FM"看到人们入睡前时间支配的市场空白，抓住用户需求，在自家应用中加入了"睡前场景"模块，换言之，其强调的是内容主题与用户场景的融合。随后，罗振宇提出了"人类时间总和"概念，使用户的时间战场成为互联网企业聚焦热点，短视频的出现更是抢占了用户大量的时间，这意味着，在线音频要想提高渗透率，打赢时间战场，让音频 24 小时伴随用户是非常必要的。因此，在线音频"场景化"的价值不能局限于场景营销，更应将音频内容与用户生活场景深度融合，更好地陪伴用户、留存用户，达到音频使用场景的延伸。

当前我国在线音频已迈入"场景化时代"初期，以智能车载、智能音箱等为代表的智能联网硬件提升了网络音频在细分场景下的收听体验，"场景思维"带动模式创新，内容产品与场景融合的布局意识越发重要。因此，创造传媒产品场景价值的能力即"场景力"就成为音频平台获得竞争优势的"核心竞争力"。

二、在线音频"场景化"布局现状

在线音频产业当前的"场景化"布局从声音传播的角度来看，主要体现在三个生活场景中：私人移动场景、私人固定场景及公共场景。

私人移动场景是车载音频市场的主要布局场景。一是 5G 技术的出现使汽车成为"接收终端"；二是由于车载场景对行车专注的要求，用户无法沉浸式收听，也就是说，技术和需求决定了车载音频应注重伴随式的收听方式，伴随性、场景化成为车载音频的主要特性。以"考拉 FM"为例，旗下的"K-radio"开创了"场景化＋智能电台流"核心技术，成功将"考拉 FM"平台内容转移到车载场景中，还通过智能电台流的方式，将音频内容不间断地主动推送给车主，满足了车主多元收听需求。

私人固定场景是以人工智能、语音交互为核心技术的智能音箱、智能家居等移动音频设备的主要应用场景。5G 网络与物联网结合，使设备与信息传输零延迟成为可能，智能音箱成了在线音频产业的"香饽饽"。"喜马拉雅 FM"旗下的智能音箱"晓雅 Mini"便是音频与私人固定场景结合的典型。一方面，免费听会员作品的功能完全和"喜马拉雅"会员内容库打通并进行了深度绑定；另一方面，在平台用户渗透率瓶颈之时，"晓雅 Mini"的推出在某种程度上可以解放用户双手，使其不再依赖 App，达到使用场景的外延。

"懒人听书"于 2018 年在北京、上海等 10 座城市推出"有声图书馆"，在以纸质书阅读为主的书店、书城等传统阅读空间配置"听书机"，给有声阅读赋予全新使用场景，是在线音频产业在"公共场景"布局的主要体现。在这个意义上，"有声图书馆"将音频悄无声息地融入传统阅读空间，不仅赋能了传统阅读空间数字阅读的属性，更是拓展了有声阅读的应用场景，使公众对有声阅读有更多维度的认识。

从以上音频平台针对场景化的布局案例来看，智能车载、智能音箱、听书机器等硬件的普及和发展，不同程度上延展了用户收听平台内容的使用场景，满足了用户在不同场景下收听网络音频的深层次需求，实现了"收听场景＋智能硬件"的有机结合。简言之，这样的场景化布局可总结为三个特点：

一是去 App 化，用户享用资源不需要再伴随打开 App 的行为；二是伴听化，音频伴随性在用户场景中的体现；三是个性化，多元用户需求、多元推送。从以上场景化布局特点来看，在某种程度上，在线音频触达了用户 24 小时的各种场景，使音频场景更加丰富。

三、在线音频场景化布局问题探析

随着在线音频市场对场景化布局的不断深入，面对海量的内容产出，一方面，用户有很强的自主权和选择权；另一方面，不同于短视频的多维立体性，在线音频内容的传播高度依赖对用户场景的把控。从"内容 + 场景"的传播路径来看，目前在线音频的场景化布局仍有诸多局限和问题。

（一）"碎片化场景"与"智能硬件"的矛盾

据"艾媒网"发布的《2019 年上半年中国在线音频调查研究报告》显示，通勤和出行占到所有使用场景的 41.4% 的比例。这说明"碎片化场景"是最为体现音频的伴随特质的场景；而在线音频平台布局智能硬件实现场景化的目的主要是延伸平台内容的使用场景，增加用户对平台内容的黏性。从全场景覆盖的角度来说，许多"碎片化场景"外延智能终端无法全面渗透，这显然是相互矛盾的。平台方在扩大内容使用场景的同时，不应忽略人本身的需求、感受和情感体验，不能片面追求场景外延，而是应将其视为音频传播的逻辑起点和落脚点，否则会出现本末倒置的局面。

（二）"去 App 化"与"设备化"的矛盾

在线音频布局智能终端实现了"去 App 化"的使用机制，对于音频内容的服务不再依赖于 App 本身，而是将 App 内容转移到智能终端，通过语音交互实现平台内容的服务，提升用户在某一场景下对音频的依赖。从内容分发的角度来看，"去 App 化"虽然转变了用户对内容资源的获取方式，但仍要受制于"设备化"的载体；而在通勤等高频率使用音频的场景中，更是只有手机这一终端，如此情境中如何从形式上给予用户立体的场景化体验仍是需要探究的问题。

四、"场景化"语义延伸——"场景化塑造"

基于以上的矛盾，"场景化"的语义亟待进一步的延伸与重构。平台应利用新兴技术，提升音频维度，主动塑造场景，使终端作为载体的意义模糊于背景中，以"场景化塑造"的理念优化其布局路径。基于"场景化塑造"的语境，本文提出以下几点畅想。

（一）有声读物可视化畅想："音频可视化＋儿童教育音频"

二孩政策促进了儿童消费市场激增，家长希望在线音频儿童产品增加教育科普类内容，在线音频业迎来新风口。一方面，面对巨大的儿童教育市场，在线音频"场景化"布局仅停留在以"语音交互"为特色的智能音箱层面；另一方面，儿童教育产品是以人工智能为核心的各种交互技术的天然试验场，产品形式尚未出现新形态。因此，以音频可视化的形式在手机终端"塑造场景"的畅想，不仅是"场景化"发展趋势的必然，更是缓解"去 App 化"与"设备化"矛盾的有效方式。

音频可视化是以音频为载体，借助多种新媒体技术等传播媒介，通过画面、影像来诠释音频内容的、视听结合的大众化传播方式。音频可视化在对音频的特征（如波形、频率、音调、音高、节奏、速度等）进行提取之后映射到相应的可视化效果。例如，儿童拼音、英语等有声教育产品，中文学习有声调，英文有重读，结合音频可视化，将读音的频谱以适合儿童的形式表现出来，可以直观引导儿童理解，哪里是重音、哪里要变音。同时，会根据使用者的读音与发力，以对比的图形频谱展现出来。

基于这个模式，有声书可视化未来发展趋势已现雏形，同样基于"场景化"的语意，利用音频可视化技术将单一品牌内容提升维度，主动塑造立体场景，以更多元、更具有交互性的模式表现出来。有声书可视化日后可能会更多地在教育出版领域得到更广阔的开发。基于已有的有声书读物，可结合平面图片或者三维动画创作，衍生新的有声书阅读模式，甚至涉及 IP 的开发延伸，把碎片化的时间场景体验变得更加充分。

（二）单一终端塑造多维场景的可能——"听书＋音效"

2018 年，"网易云音乐"向用户推出了"鲸云音效"功能，用来匹配不同曲风，利用各类音效达成听歌"场景化"。音效类似于音乐均衡器的模式，根据音频的风格特点叠加音效让使用维度更立体化。而在线音频的听书类产品同样可利用音效叠加的模式塑造多元听书场景氛围，例如在用户听武侠小说时，加入竹林声、刀剑声等音效，使听书维度更加立体丰富，用户体验和交互感更加强烈，激发用户使用需求，提升使用黏性。

场景分析的最终目标是要提供特定场景下的适配信息或服务。而如今人工智能、5G 技术和传感器的发展，使音效与使用场景迅速智能匹配成为可能。在后台数据库中提前输入大量音效元素，并在声音资源数据库中进行标引编码，用户实时收听不同类别有声内容时，后台自动识别内容并匹配音效，用户只需充当体验者这一个角色。一方面，解放了用户双手，在平台方创造的虚拟场景里对音频内容尽情享用；另一方面，也化解了场景与硬件的矛盾。

五、结　语

在线音频布局"场景化"是时代赋予的命题，也是音频内容与短视频、网络直播等媒介在竞争中突破重围的必经之路。不可否认，在线音频在"场景化"这个命题上不断探索，从"场景化营销"到如今借助智能设备达到"使用场景延伸"，在一定程度上激发了在线音频的新业态，促生出新玩法和新活力，但往往忽视用户使用音频内容的初衷。因此，必须充分认识到"用户为本"的重要性，在用户最常见的使用路径和行为的背景下，有针对性地布局"场景化"，将"延伸场景"意识转变为"塑造场景"，借助新兴技术构建音频垂直知识服务生态，发掘未来在线音频产业发展新趋势，促使"场景化"到"全景化"变革。此外，在"场景时代"下发展平台布局的同时，应对用户的隐私数据给予保护，技术科技赋能的同时不能突破道德底线，使在线音频在"场景化"的转型升级过程中健康发展。

参考文献

[1] 艾媒网.2019—2020 中国在线音频专题研究报告 [EB/OL]. (2019-12-13) [2020-2-29]. https：//www.iimedia.cn/c400/67192.html.

[2] 艾媒网.2019 上半年中国在线音频专题研究报告 [EB/OL]. (2019-08-29) [2020-2-29]. https：//www.iimedia.cn/c400/65917.html.

[3] 刘茜，欧阳宏生.场景力：移动时代传媒核心竞争力 [J].新闻战线，2018（1）：67-69.

[4] 罗伯特斯考伯，谢尔伊斯雷尔.即将到来的场景时代:移动、传感、数据和未来隐私 [M].赵乾坤，周宝曜，译.北京：北京联合出版公司，2014：11.

[5] 彭兰.场景：移动时代媒体的新要素 [J].新闻记者，2015（003）：20-27.

[6] 搜狐网."伴听"来袭！最懂你的车载音频选择 [EB/OL]. (2018-07-13) [2020-2-29]. https：//www.sohu.com/a/241037830_647985.

[7] 王钧平.音乐可视化的研究进展及其应用实例 [J].演艺科技，2018（5）：11-16.

推荐算法在短视频中的应用分析
——以"抖音"App 为例

杨林娟

摘要：在互联网技术快速发展的今天，人工智能和大数据技术也愈发普遍地被运用到新闻出版领域，机器学习已经成为常态。近年来，短视频作为一种内容分享和互动的新形式，在互联网内容产业上占据重要地位，平台发展战略也逐步从开拓与占领市场转变为增强用户黏性。本文以"抖音"App 为例，探究推荐算法在短视频中的运用机理，并对其在应用中所带来的弊端提出解决对策，使算法更好地服务用户，实现人与"算法"之间的平衡。

关键词：推荐算法；短视频；抖音；个性化推荐

随着网络和智能手机的普及，短视频行业出现井喷式的快速发展态势，用户规模逐步扩大，新媒体行业的产业格局发生了重大变化。目前，短视频已经成为人们日常娱乐活动的重要一环。短视频的流行几乎不受年龄限制，各个年龄段的人群都能从中找到感兴趣的领域，并通过多样化的场景方式享受信息带来的快感。在如今快节奏社会，这种碎片化浏览方式让短视频拥有"病毒式"的传播潜力。然而，在短视频如此受欢迎的背后，实际上是一种算法机制在后台默默操控。互联网技术的发展实现了机器自主学习，用户的个性化需求也推动了算法时代的到来。因此，分析推荐算法在短视频中的应用模式，使算法充分发挥积极作用，具有一定的现实意义。

一、短视频的发展现状

短视频是一种即时性、短时长的视频。与图片、文字等传统媒介相比，短视频具有信息量大、时长短、娱乐性强等特点，便于传播和分享，比较符合快节奏的现代生活方式。2012年新浪推出的"秒拍"视频开启了短视频热潮，随后，诸如"小咖秀""美拍"等一系列短视频平台如雨后春笋般层出不穷。2018年短视频市场更加热闹，"抖音""快手"等短视频平台成为人们日常生活的重要娱乐方式。至今，短视频行业格局已经基本形成。在媒介融合的大环境下，短视频为何一跃成为大众获取信息和社交娱乐的重要形式？除它娱乐性强的特点外，平台是运用怎样的运营机制抓取大众的心理和兴趣从而赢得用户的喜爱？本文以"抖音"App为例，介绍推荐算法在短视频中的运用机理，探究平台的运营机制。

"抖音"是一款拍摄并发布短视频的音乐创意软件，于2016年9月20日正式上线，用户通过音乐短视频的拍摄进行分享互动，从而形成一个社交圈。"抖音"短视频是北京字节跳动公司旗下的一款产品，该公司是一家专门从事数据挖掘和推荐引擎产品的公司，其旗下的"今日头条"是最早一批将人工智能技术运用到新闻出版领域的领头产品。"抖音"仍然沿用其公司背后强大的算法团队所研发的推荐算法系统对用户进行精准画像，从而增加用户黏性。

二、推荐算法在抖音短视频中的应用

（一）算法是什么

算法是一套解决问题的清晰指令，是用系统方法解决问题的策略机制。通俗地讲，算法就是一套评判机制，这套机制适用于"抖音"所有用户，无论是内容生产者，还是内容消费者，都能从这套机制中获取一种全新的体验。算法通过一定的公式对大量的数据进行整理和分类，根据每一个用户的数据进行清晰定位、精准画像、个性化推荐，并根据用户的反馈行为不断改进完善，最终实现精准推荐。随着机器的自主学习能力不断增强，算法发挥着越来越大的作用。算法的强大功能使它逐步渗透到各行各业。

（二）算法在抖音短视频中的应用机理

"抖音"是一个去中心化的平台，这就意味着任何一个普通账号都有机会成为拥有百万粉丝的流量明星。即便只是普通人，只要发布的内容受欢迎、有吸引力，就会获得高关注量，从而收获大量粉丝。"抖音"去中心化的特点契合网红经济时代下用户的心理诉求，精准的推荐算法也给用户带来了高效的阅读体验。

1. 算法的审核机制

"抖音"平台每天生产无数的视频，这些视频如果靠人工进行审核，将是一个十分耗时和烦琐的工作。算法的出现便轻松解决了这个问题，它的审核效率远远大于人工。用户每发出一条视频，都会接受平台的审核。而这些初步的审核工作就是由算法完成的。后台算法根据提前设置好的人工智能模型来识别视频画面和关键词，判断作品是否有违规行为。如果存在疑似违规问题，算法就会在后台进行拦截，并向人工传达出信号，提示人工注意，由人工进行二次审核，这种依托算法的人机协同审核机制为"抖音"平台节省了大量人力。

2. 智能分发

每一个视频在发布时，后台算法都会给予一部分的推荐流量，也就是流量池。新视频流量分发以"附近"和"关注"为主，再配合用户标签和内容标签智能分发。后台算法会根据该视频的评论、点赞、转发量、完播率、关注数量、过往权重等来判断该视频的受欢迎度，并权衡是否对其进行再次推荐。如果该视频比较火爆，获得较高点赞、评论数，后台算法就会为该视频分发更多的流量，进入高流量池。依此类推，对视频进行叠加推荐。"抖音"里还有一种新奇现象，很多用户发现自己之前发表的内容忽然有一天重新火了，即后台算法系统会定期重新挖掘数据库里的"优质老内容"，并给予它更多的曝光。平台根据算法对用户所发表的内容进行智能分发，体现了"抖音"平台的去中心化特点，使每个人都可能成为被关注的焦点。

3. 精准推荐

算法的另一个重要功能，即个性化推荐。一旦视频被审核成功分发出去，就会出现在某些用户的推荐首页。这些用户并不是随机选取的，而是算法通过精准计算得出来的。算法通过用户的点赞记录、浏览时长等因素来判断每个用户的喜好，把挖掘出来的数据整理分类，将用户分类成不同的标签，精准用户画像，对用户进行个性化推荐。每个用户的推荐首页都是不尽相同的，甚至可以说算法为每个用户量身定做了一套推荐体系。这种个性化推荐在海量的信息资源中，准确地给予用户感兴趣的内容，满足用户的个人喜好，给用户带来沉浸式的阅读体验。

三、推荐算法在应用中的弊端

推荐算法以迅雷不及掩耳之势进入大众的视野，满足用户的个性化需求，给人们的生活带来极大便利。然而，快速发展的事物在其优势背后往往存在着一定的弊端，算法在"抖音"短视频中的应用也不例外。

（一）算法把关不够，价值观念缺失

算法的把关标准与传统的价值观念相比差距很大，主要包括使用场景、用户喜好、内容类型等，把关过程主要根据算法程序进行自主审核，因此并不能把人们的价值观念融入把关的标准中。由于平台内容是依据推荐算法的，算法是根据人的喜好进行推荐的，因此很大程度上过滤掉了一部分主流价值观的内容，娱乐性过强。

个性化推荐虽然实现了对用户的精准推荐，但机器并不具备人的意识和情感，对所推荐内容的价值取向也很难做出正确的判断。短视频内容整体还是呈现一种泛娱乐化业态。"抖音"平台上部分用户受教育程度不高、文化素质较低，去中心化的平台特点使任何平民都有成为网红的机会。网红经济时代下，很多用户为了获取高访问量甚至不择手段，平台部分内容资源背离正确价值观。汉服文化作为我国的传统文化，近年来重新活跃在大众视野，接着"抖音"上便出现了一批穿着汉服在街上转悠几圈、走上几步扬言要弘扬汉服文化的人，实则这类人群对汉服文化并不了解，却打着弘扬传统的名义去骗取高的点赞量。文化传承成了一种作秀、摆拍，失去了它真正的意义。这类视频本身内容价值不大，却因高访问量被后台算法持续推荐在用户首页，并引起一种大众模仿之风，成为"抖音"视频里人们喜闻乐见的作品。然而，用户过度关注这些娱乐性内容，主流价值观的传播受到了限制，不利于形成良好的社会风气，也在无形中影响了新生一代的价值观。

（二）"信息茧房"现象

美国芝加哥大学教授凯斯·R.桑斯坦在 2006 年出版的著作《信息乌托邦》中提出了"信息茧房"概念。"信息茧房"是指人们对信息的需求并非是多元化、全方位的，人们本能地被自己喜欢的信息所吸引，久而久之会将自己禁锢在一种类似蚕茧一样的"茧房"中。基于算法的个性化推荐体系，"抖音"会根据用户的浏览记录、点赞、评论等给用户推荐相似的信息内容，用户看到的都是自己感兴趣的内容，丢失了自己主动搜索信息、筛选信息的机会，这是推荐算法的一大弊端。个性化推荐使用户关注内容同质化严重，用户就像被一个蚕茧包裹着，活在自我的兴趣世界里，获取信息渠道窄化，逐渐与外部世界脱节。长此以往，用户获取信息过于单一，对社会缺乏全面的认识，思想受到禁锢，造成个人信息接收的"回声室效应"，从而形成一种恶性循环。

四、应对策略

（一）平台提高审核机制

推荐算法提高分发内容的效率，实现对用户的精准推荐，但也使一些不良内容被推荐到大众视野中。因此，平台可以对内部算法程序进行价值观测试，改善把关标准，加大优质内容的推荐权重，鼓励和扶持优质内容的创建，改善"抖音"短视频内容的低俗化现象。此外，平台在依托推荐算法更新内容的同时，也应该加强人工审核机制，将算法和人工结合起来，做好对优质内容的把关，避免低俗内容的泛滥，进行正确价值观引导。

（二）优化算法技术，加大算法宽度

个性化推荐实现了对用户的精准推送，但也造成了"信息茧房"问题。平台在依据推荐算法的同时，应优化技术，加大算法宽度，在推荐算法同类型内容时掺杂一些其他类型的内容，扩大用户视野，有效解决用户获取信息的窄化问题。"抖音"技术开发人员要对应用其中的各种算法技术定期优化，在分析推测用户喜好方面做到更加准确的同时，放大推荐宽度，给用户推荐更加全面的内容，从而实现"精准推荐"与"保持宽度"之间的平衡，改善用户接收信息的"信息茧房"现象。

（三）用户提升自己的媒介素养

媒介的升级是不可避免的趋势，因此想要改善"信息茧房"现象，必须提高用户获取信息的能力，即提高用户的媒介素养。

算法是根据用户的阅读喜好来进行推荐的。在了解推荐算法的基本原理之后，用户可以运用一种逆向思维，去主动训练算法。这就要求用户提升自己的媒介素养，将被迫接收信息转为主动搜索信息。一是扩大自己的搜索范围。用户在搜索视频观看时，搜索内容如果是多元化的，其被推送的信息也

将是多元化的。因此，用户可以主动搜索多方面的内容，来改变算法的推荐内容。二是重拾对信息的主动选择权。算法机制下，用户接收的信息大部分是被直接推荐的，因此慢慢丧失对信息的自我筛选能力。用户应该为自己所获取的信息把关，找回主动权和选择权，成为信息的主人，不应该让算法牵着鼻子走。三是扩展自己的兴趣范围。用户应主动进行多元阅读，多去涉猎一些自己兴趣之外的内容，扩大自己的兴趣圈。用户只有自身做到"自搜索，勤筛选，广阅读"，主动训练算法，加大算法的推荐宽度，才能更好地避免信息窄化，获取更多的优质内容。

五、结　语

随着网络技术的快速发展，推荐算法被广泛运用到各种短视频平台中。不仅是"抖音"，如"快手""微视"等短视频平台也在逐步研发算法系统来增强用户黏性，实现流量变现，推动产业升级，短视频发展势头十分迅猛。短视频作为一种内容产业，优质、持续、差异化的内容是平台制胜的关键。推荐算法技术的应用让人们在海量的信息中能够立刻搜索到自己感兴趣的内容，给大众阅读带来极大便利，但也造成了低俗信息泛滥、"信息茧房"等问题。如何让算法更好地应用到短视频平台中，消除推荐算法带来的弊端，使算法始终成为人们获取信息的服务者，仍是我们进一步需要探讨的问题。

参考文献

[1] 冯子亚. 抖音 App 的"信息茧房"效应研究 [J]. 视听，2019（12）：173-174.

[2] 何燚宁. 个性化新闻推荐系统中算法把关的思考——以"今日头条"和"一点资讯"为例 [J]. 新闻爱好者，2019（9）：75-77.

[3] 纪煜东. 对采用个性化推荐的移动端视频平台的优化策略 [D]. 无锡：江南大学，2019.

[4] 梁全存. "抖音"短视频发展战略研究 [D]. 北京：北京交通大学，2019.

[5] 王婵娟. 抖音推荐算法初探 [J]. 科技与创新，2019（24）：110-111.

网络短视频对青少年受众的影响
与监管策略研究

张思琪

摘要：短视频作为移动互联网时代十分便捷的获取信息形式，呈现出爆发式发展的态势。据相关报告显示，当前我国网络短视频的受众逐渐低龄化。本文主要运用相关案例分析青少年受众使用网络短视频的现状及存在的问题，并探讨相关网络监督策略以减少网络短视频带来的不良影响。

关键词：短视频；青少年；使用与满足；媒介依存症

一、网络短视频定义、兴起的原因及发展现状

（一）网络短视频定义

网络短视频，指的是在互联网上传播的视频时间长度在几秒到几分钟不等的视频，它是更加适合在移动状态和碎片化时间下观看、高频推送的视频内容，且可以实现快速拍摄和剪辑，能够在各大社交平台进行实时发布的视频形式。短视频的呈现方式集合音频、图片和文字于一体，能够使用户的表达与沟通需求、分享与展示自我需求得到更加快捷、立体、直观的满足。短视频内容的主题多种多样，时事热点、生活窍门、时尚潮流、科普宣传等都是当下热门的短视频主题。

（二）网络短视频兴起的原因

人类的传播方式由口语传播转向文字印刷品之后，尤为强调视觉文化。视觉是从整体感觉集束中被分化抽离出来的一部分，但确是这一小部分影响了人们对整个世界的观察与思考的偏好。此外，网络短视频的流行与发展，整合了人们的感官系统。

1. 低成本、低门槛

发布在短视频平台上的视频，并不需要高端、专业的拍摄工具和拍摄团队，只需一部智能手机或者电脑这种高普及率的工具就可以完成短视频的拍摄。至于视频后期的剪辑，除了 Adobe 公司研发的专业的音视频剪辑软件外，如今许多软件开发商推出了更加简单易操作的手机 App，这让短视频的制作更加便捷。同时网络短视频低成本、低门槛的特点还瓦解了以往的精英话语权，视频的发布者可以是任何人，网络赋予大众的话语权使网络短视频参与的主体逐渐全民化。

2. 内容多元化、个性化

短视频平台上的内容包罗万象，各个阶层和年龄段的人都能够在平台上找到自己喜欢的内容。用户能够在平台上自由表达、展现自我，获得别人的关注，极大地满足了用户的表达欲。通过发布具有个人色彩的内容，用户会收获"喜欢"和有相同喜好的"粉丝"，赢得关注度，甚至可能成为"网红"。

3. 用户黏性大

如今的短视频平台通过推荐算法机制，根据用户设置的个人信息和浏览过的内容进行个性化推荐，大量推送相同类型的视频。这样既可以做到让观看者获得更多感兴趣的内容，又可以让发布者获得流量和关注，双向激发平台用户的使用频率。此外，平台中的内容可以分享到平台外的社交软件中，通过人际传播扩大平台的影响范围，增加视频内容的传播周期。

（三）发展现状

根据《2019 中国网络视听发展研究报告》显示，截至 2018 年 12 月，我国网络视频用户规模（含短视频）达 7.25 亿，占网民总数的 87.5%，短视频用户规模为 6.48 亿、网络直播用户规模为 3.97 亿、网络管频用户规模为 3.01 亿，网络视听已占据互联网数据访问总流量的 80% 以上。我国短视频用户规模达 6.48 亿，用户使用率为 78.2%。

另外，根据 Trustdata 提供的统计数据显示，我国有 88% 的互联网用户会使用短视频进行社交；79% 的互联网用户通过短视频渠道获取新闻资讯；70% 的互联网音乐用户通过短视频观看音乐 MV 或音乐专辑；41% 的互联网用户电商购物时会观看短视频展示。由此可见，在短视频用户规模增长的同时，短视频已成为人们互联网生活中的重要传播和社交方式。

二、网络短视频青少年受众分析

青少年指的是在青春期阶段的、年龄在 12~18 岁由儿童向成人过渡时期的人。

短视频的各种特征比如碎片化、互动性、丰富性、嵌入性等恰好迎合了青少年的网络社交需要，这就使短视频逐渐成为青少年的"心头好"。

（一）短视频青少年用户占比分析

根据短视频的相关用户画像，可以看出目前青少年是短视频用户的主要群体。CNNIC 发布的《第 44 次中国互联网络发展状况统计报告》显示，截至 2019 年 6 月，青少年作为我国网民占比最高的群体，占据总量的 26%，其中 20% 的青少年表示"几乎总是"在看短视频，而且 10% 的青少年表示"每天看几次"。

（二）青少年用户短视频喜好分析

短视频行业从娱乐化内容起步，在短时间内积累了大量用户，收获流量红利。从用户"喜欢的内容"来看，内容需求图谱多元且个性化。总体上，泛娱乐内容仍为用户刚需，知识和泛资讯需求旺盛，垂直化内容蕴藏着流量空间。年轻用户喜欢个人秀、舞蹈、明星、萌宠等垂直化内容。

青少年用户对于短视频内容的喜好更加偏向娱乐化，更加强调视频所带来的"交流感"，并且追求快速体验，喜欢长度较短的视频。根据卡茨的"使用与满足"理论：受众是根据个人的需求和愿望进行媒介和内容的选择的，受众通过对媒介的积极使用来制约媒介传播的过程。通过"使用与满足"理论，受众的种种媒介接触行为被看作具有意识和特定动机的行为。受众选择怎样的媒介内容往往取决于以往的媒介印象，同时根据对内容的满足程度不断修改使用习惯，进而决定是否继续使用该媒介。由此可以分析得出，青少年用户由于年龄较小，仍处在求学阶段，观看短视频的时间大多在课后，且有教师、家长的监管，所以一次性观看视频的时间偏短。同时，面对学业负担，及与同学之间的社交压力，较容易出现孤独、焦虑的情绪，因此更加渴望通过观看或者拍摄制作短视频释放自己的情绪，满足自己的表达欲、分享欲以及社交需要。短视频给予青少年更多自我表达的机会和空间。

三、网络短视频存在的问题及原因

（一）短视频中不当内容影响青少年身心健康

法国社会学家塔尔德在他 1890 年出版的《模仿律》一书中认为："模仿是最基本的社会现象。"模仿在人格形成和人的社会化过程中起着重要作用。世界上任何事物都是具有双面性的，对于青少年而言，网络短视频所产生的影响同样既有正面，也有负面。在青少年成长过程中，要做到尽量规避网络短视频带来的不利影响，积极引导他们健康成长。

1. 盲目性模仿

短视频内容生产中存在着一些固化的问题：缺乏优质原创内容、缺少创新性、内容泛娱乐化、低俗化等。除了这些问题，现在各大平台的网络短视频中，经常会出现一些恶俗、浮夸的视频，内容含有不健康的信息和动作，甚至存在出格搞怪、偏激嘲讽、触碰法律底线等负面内容，这些视频更加容易误导青少年，造成青少年的盲目性模仿，不利于他们的身心健康。

如今，手工制作类视频是不少短视频平台的一个重要组成部分，而且种类繁多，有手工品制作类、美食制作类等，有些视频光看标题就觉得具有安全隐患，比如：饮水机煮火锅、熨斗烤肥牛、灯光烤肉等，这种视频从标题到内容全部都在利用观众的好奇心。这类视频在手工自制过程中常用到的酒精灯、小型燃气瓶、蜡烛等工具，都有非常高的消防安全隐患，若是使用不当，很容易发生爆炸、引发火灾等。同时不少手工制作类视频、视频发布者都没有对自己的操作进行很详细的讲解，而且没有在可能发生危险的地方标注"注意操作安全"或"小朋友请勿模仿"等安全警告。

2. 沉迷网络

短视频内容由于时间较短、内容新颖、互动性强，是人们茶余饭后打发时间的利器，经常出现打开短视频软件就不知不觉消耗了大量时间，青少年也同样深陷短视频的"迷网"之中。根据中国互联网络信息中心发布的报告显示，从 2017 年起，短视频应用迅速下沉至三四线城市，用户规模持续增长。截至 2018 年 12 月，我国短视频用户规模达到 6.48 亿人，网民使用达78.2%，其中大部分是青少年用户。

媒介依存症是指过度沉迷于媒介接触而不能自拔的一种社会病态现象。由于青少年的自控能力较差，经常出现因为沉迷短视频熬夜刷手机而导致上课时无法集中注意力，最终导致学习成绩下降等不良影响。他们还未能理性认知网络短视频在生活中扮演的"调味剂"角色，将网络短视频这样一个调节生活的休闲之地当成逃避现实的暂停港，沉溺于短视频所带来的"准社会互动"满足感,选择回避现实生活中的互动活动,长此以往就养成了孤独自闭的性格。他们总是在媒介中寻求价值的实现和行为的认同感,从而产生媒介依存症。对于青少年群体自制力较差,短视频平台上存在大量能够使他们感到放松愉悦的内容,这些内容让他们更加无法控制自己,从而沉迷其中。可这样过度的沉迷会让他们分不清网络中的虚拟世界和真实的现实世界,导致青少年脱离现实生活。

青少年正处在身心快速发展的阶段,长时间近距离地观看屏幕往往令他们受到屏幕辐射并产生高度紧张的感觉,这样可能会对人体造成不同程度的伤害,加大使用频率可能会引发用眼过度、肥胖、颈椎病等问题。此外青少年的世界观、人生观、价值观仍在塑造中,极易受到外界的不良影响。

3. 价值观扭曲

浙江新闻客户端在曾发布了一篇报道:一名初中女生沉迷于"抖音"App,女生家长多次劝导教育无果,后来在心理医生的帮助下得知,该女生因在"抖音"上发布自己设计的字体,并且依靠这些字体获得了部分报酬及粉丝的关注而产生这样的念头:"能靠'抖音'挣钱保证日常开支,为什么还要上学?"由于过度沉迷"抖音"获得的短暂正性体验而丧失了对现实社会中学习和人际交往的热情,最终这位女生不得不休学并接受心理治疗。

由于长时间接触类似"吃播""直播"这样的视频内容,部分青少年逐渐与现实生活脱离,慢慢丧失了对社会分工与职业分布的正确认知,就像这位初二女生那样对于其擅长的领域抱有过高的期待。青少年时期的未成年人,大都有叛逆心理,具有强烈的自尊心和自主意识,不愿受他人支配。青少年需要清楚的是,任何一种职业都需要必要的教育和相关的专业、法律知识支撑。除了错误的职业认知,部分青少年在网络上采取一种过度表演的方式为自己构建出"人设"以赚取关注。由于认知模糊且出于好奇,看到这种过度表演的方式奏效后,同样想受到关注的青少年就会盲目模仿。这样的视频内容所传递的价值观对青少年来说是极其有害的。

（二）产生原因

1. 短视频内容丰富易满足青少年的猎奇心理

"长尾理论"提到"需求量不高的产品合并起来所占据的市场份额可以和那些少数需求量大的热门产品所占据的市场份额相当甚至更大，即众多小市场汇聚成可产生与主流市场相匹敌的市场能量"，这一理论在短视频领域也同样得到了印证。互联网赋权下，任何人可以发布任何内容，各种各样的短视频将社会认知尚浅的青少年带入色彩缤纷的多元化景观中。在虚拟空间中，发布任何形式的内容都有被关注的机会，任何标新立异的内容都有人为之"买单"。青少年追求独特、不屈服主流的心理在符合"长尾理论"的网络短视频中得到了回应。

2. 大数据推荐算法造成"信息茧房"

网络环境具有的共享性、开放性、复杂性和动态性的特点，在种类繁杂的网络视频中，青少年会根据自己的喜好选择观看视频类型。如今各大视频平台都会使用到大数据算法，根据用户的浏览历史和搜索行为，利用"猜你喜欢"进行视频内容的推荐，帮助用户在使用平台时能够保持集中的注意力和心理上的舒适感。如此反复观看相同喜好的视频内容，就会不知不觉将自己桎梏在"信息茧房"之中。这样的"信息茧房"，会让青少年个人和整个群体之间产生极化现象，同时减少了他们接触新鲜事物和不同想法的机会。

3. "把关人"功能弱化

互联网时代，信息传播的速度、主体、渠道和工具与传统媒体时代相比，都产生了巨大的变化。原先的一对多的传播方式随着移动媒体的发展与应用变为多对多的传播方式，每个人都拥有传播信息的工具和传播渠道，这让原本在信息传播过程中处于弱势地位的受众获得了更多的权利，参与到信息的传播中，成为具有传播者与接受者双重身份的用户。但这样的变化，使传统意义上的"把关人"作用不断被弱化，议程设置功能与引导舆论能力被分化，从而出现反转新闻、网络暴力、泛娱乐化等现象。

4. 青少年媒介素养教育重视不够

媒介素养指的是面对媒介信息时，人们对信息的选择能力、理解能力、质疑能力、评估能力、表达能力以及创造和使用能力等。在信息海量的时代，很多人教会了青少年如何获取信息，却对于如何分辨信息真伪、如何使用信息的能力重视不够，这样使不少青少年盲信盲从。"授人以鱼，不如授人以渔"，在让青少年接触更广阔世界的时候，也要注重培养他们如何理性运用网络信息从而实现自我价值的能力，减少不良信息的影响，帮助青少年客观正确地思考、传播信息。

有效的媒介素养教育能够使从事网络媒介相关工作的人正确传递信息，这是网民可以理性使用网络资源的基础。青少年的媒介素养教育要做的除了基本的信息知识传授，更要把注意力放在培养青少年的社会责任感和正确的信息价值观上。

四、应对措施及存在的问题

（一）应对措施

2018 年起，国家版权局、国家互联网信息办公室、工业和信息化部、公安部联合对多家短视频平台进行约谈，要求短视频平台加强内容版权管理、侵权处置、维权管理，积极采取行动维护用户合法权益和利益，以推动短视频行业的健康发展。

针对青少年沉迷网络短视频的诸多问题，2020 年 6 月，国家网信办统筹指导"哔哩哔哩""秒拍""微博"等 14 家短视频平台以及"腾讯视频""爱奇艺""优酷""PP 视频"4 家网络视频平台，统一上线了"青少年防沉迷系统"。以

"哔哩哔哩"为例：用户每天首次打开平台后，系统会弹出窗口提醒未成年用户或者监护人将平台设置为"青少年模式"。用户想要开启或关闭"青少年模式"都需输入提前设置好的四位数字密码。在"青少年模式"下，用户使用平台的时间段、能够享受到的服务功能以及在线时长都会受到限制。以"哔哩哔哩"为例，"青少年模式"下，用户每天最长可以使用平台 40 分钟，每天的使用时长超过四十分钟后需要再次输入提前设置好的密码才能继续使用，而且每日的 22 点至次日 6 点无法使用该平台。另外，"青少年模式"下的"哔哩哔哩"无法开启"会员购"和"频道"选项卡，也无法进行打赏、充值等操作。这些功能只有通过输入密码，关闭"青少年模式"才能再度开启。

（二）目前存在的问题

网信办指导短视频平台试点上线的"青少年防沉迷系统"，是由用户自主选择进入"青少年模式"的，存在过于依赖用户自主性的弊端。用户如果退出"青少年模式"，重新以游客身份登录，还是可以恢复正常浏览所有内容。虽然关闭"青少年模式"需要输入密码，但将平台卸载后重新安装，就可以恢复正常使用模式，并且不再出现是否进入"青少年模式"的弹窗提示。这就需要短视频平台利用大数据技术，跟踪分析用户的浏览内容和每日使用时长及时间段来辨别青少年用户，进行多次弹窗提醒或者建立平台和监护人的协作关系，推出绑定监护人账号机制，让监护人参与管理青少年短视频账号使用模式的选择。

此外，目前短视频平台提供给青少年观看的内容多为趣味科普、人文地理等，教育色彩浓重。在提供优质教育内容的前提下，网络短视频平台还应为青少年受众提供更加符合他们审美和趣味的多元化内容。由于青少年群体存在年龄跨度，高年龄段的孩子与低年龄段的孩子在观看内容上应该加以区分，按照"儿童—少年—青年"分别进行分级控制，即控制不同年龄段接触到的内容，积极正向地引导青少年使用短视频，从而达到精准教育的目的。

处于青少年时期的孩子，对于家长和教师的被动管教大都存在叛逆心理。因此，更加需要培养青少年的主动辨别力和约束力，整治短视频乱象的关键是提高青少年的媒介素养，也就是提高他们认知、使用媒介的能力。学校与家庭应该共同协力提高青少年群体的媒介素养，引导青少年树立正确的审美取向，提升辨别能力。家庭的陪伴与关怀，尤为重要，要让孩子们在现实世界中的表现欲和交流欲得到充分保障，网络上的分享和交流仅作为辅助手段，才能帮助青少年的心理健康成长。

现在各大视频网站上的视频质量参差不齐，的确存在一些打"擦边球"的有问题的内容。用户在浏览到相关内容视频时，培养其善用举报的习惯是十分必要的，以"哔哩哔哩"为例，在遇到引起不适的视频时，点击"反馈"按钮，选取反馈理由（恐怖血腥、色情低俗、封面恶心、标题党）后，可以优化用户首页内容。这样的主动优化功能，有效地帮助用户筛选出会在自己首页出现的内容。这样做不但能够帮助用户更加享受自己使用 App 的过程，同时帮助平台收集部分有问题嫌疑的视频内容，进行重新评估审核，营造更好的平台环境。

五、结　语

5G 互联网的发展，使视频的需求空前兴盛，视频也将一改原本的边缘地位，成为未来主要的社会语言形态和沟通一切的基础业务。同时 5G 的低延迟特性提高了 UGC 时代照片和视频的上传速度。各种社交、短视频平台上的内容会比 4G 时代更加丰富。让青少年在学会用网络展现自我、连接世界、获取知识的同时，要让他们更加理性地看待网络上的"花花世界"，能够在多元丰富的信息环境里进行独立思考，成为网络世界中正能量的传播者。未成年人的健康成长需要个人、家庭、学校、政府机构、媒体平台等多方面的共同努力，以多方合力加强对网络平台内容的把关、管理和惩治，形成政府主导、平台协助、家庭引导的合作机制，为青少年打造一个清朗健康的用网环境。

参考文献

[1] 王志昭．短视频对青少年的利弊影响及治理 [J]. 新闻爱好者，2019（11）：60-62.

[2] 张瑶，张庭诺．网络短视频对青少年发展的负效应及其原因探究——以抖音为例 [J]. 新媒体研究，2019，5（5）：96-98.

[3] 邝小洁，冯帆，任儒轩，等．移动互联网环境下短视频受众中的大学生群体用户画像研究 [J]. 科技与创新，2019（21）：67-69.

[4] 余惠琼，谭明刚．论青少年网络媒介素养教育（社会综合版）[J]. 中国青年研究，2008（7）：101-103.

[5] 胡智锋．短视频与青少年教育三题 [J]. 教育传媒研究，2019（5）：35-36.

[6] 赵睿，喻国明．5G 大视频时代广电媒体未来发展的行动路线图 [J]. 新闻界，2020（1）：52-58.

[7] 2018 年中国网络视频用户规模数据分析：短视频用户规模达 6.48 亿 [EB/OL]. (2019-03-02) [2020-02-13]. https：//baijiahao.baidu.com/s?id=1626866384201484990&wfr=spider&for=pc.

[8] TRUSTDATA. 2018 上半年中国移动互联网行业发展分析报告 [EB/OL]. (2018-08-01) [2020-02-13]. http：//www.199it.com/archives/756292.html.

[9] 2019 年第 44 次中国互联网络发展状况统计报告 [EB/OL]. (2019-08-30) [2020-02-13]. http：//www.199it.com/archives/930850.html.

[10] 张天莉，罗佳．短视频用户价值研究报告 2018-2019[J]. 传媒，2019（5）：9-14.

第六篇

网游动漫产业研究

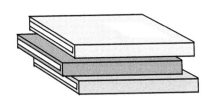

我国网络动漫改编电影的发展与策略分析
——基于2019年"猫眼专业版"App票房数据研究

郑文静

摘要：互联网和移动媒体技术不断革新，使网络动漫在种类、数量和传播方式等方面获得长足发展，对提升国家文化软实力及影响力有重要作用。尤其是美、日等动漫强国，将网络动漫作品改编为电影，取得了令人瞩目的成绩。我国的动漫改编成电影总体上处在发展的上升阶段，在取得一定成绩的同时，也难免存在一些问题。本文以2019年"猫眼专业版"App网络动漫改编电影票房的相关数据为参考，采用对比分析的方法，选取票房榜中国、美国、日本三国具有代表性的动漫改编为电影作为研究对象，从文化内核、角色设定、营销方式和细节处理四个方面对如何进一步推进我国原创网络动漫改编为电影的进一步发展，提出一些看法和建议。

关键词：网络动漫；动漫改编电影；IP改编；发展策略

互联网时代已然到来，信息技术革命不断深化，通信及传媒等领域也得以创新发展，将文化产业带入蓬勃的发展新阶段。文化发展日新月异、各种文化产品层出不穷、新型文化传播媒体和媒介不断涌现、公众的文化需求迅速增长、文化市场细分趋势日渐明显……其中，网络动漫作为一种新型的文化形态，它的火热发展态势正逐渐演变为一种全新的文化现象，其 IP 化改编以及所带来的一系列可观收益，在时下的新型文化格局中令人瞩目。

"IP"一词原意为知识产权，而在时下的文化生态环境中，其内涵具有多样性：只要具有内容的独特性与延展性，且有可开发的文化价值与商业价值，都可被泛指为 IP，如小说、游戏、动漫等。网络动漫改编的电影，则是指以网络动漫原作为基础素材，结合互联网时代的影视化技术并发挥一定创造性所呈现的全新动漫表现形式。它在近几年的内容 IP 化改编市场上大放光彩，而以动漫改编电影强国之称的日本、美国成绩最为优异，以 2019 年上映的《复仇者联盟 4：终局之战》为例，该片仅在北美市场就斩获了高达 27.96 亿美元的票房收入。在全球票房市场上，以美国漫威漫画改编的超级英雄电影也长期占据着半壁江山。

相比之下，我国的网络动漫改编电影起步较晚，在迅速发展的同时，难免也暴露出一些问题。网络动漫改编电影的热潮势头正盛，仍有巨大的市场潜力值得深掘。因此，以日本、美国两国典型案例作为研究参考，与我国的现象级案例进行对比分析，思考如何推进和深化我国的网漫改编电影发展进程及相关产业链的深化，有着必要且切实的现实意义。

"猫眼专业版"App（以下简称"猫眼"App）是中国首个专门为影视行业打造的信息服务应用软件，依靠"互联网+"平台的力量与各类影视项目运作方广泛合作，以大数据服务为特色，涵盖票房预测、数据分析、网播收视等多领域产品，是中国影视行业代表性互联网信息互通平台。鉴于"猫眼"App 在影视信息行业的专业性，本文中动漫改编为电影研究案例的选取和分析，将基于该 App 中 2019 年电影票房榜排行实情，从多方面展开探究。

一、网络动漫改编电影的相关定义

（一）网络动漫的定义

文化部在《原创手机动漫扶持计划（2019）》相关文件中对"网络动漫"

予以明确定义：网络动漫是指使用主流多媒体技术制作，通过计算机互联网进行传播，以电脑为接收终端的动漫产品。在艺术形态上，网络动漫主要分为网络动画（ONA）与网络漫画（Webtoon）两种形式。网络动画（ONA），英文全称为 Original Net Anime，即"原创网络动画"，主要是指以互联网作为发行渠道与播放平台的动画作品；网络漫画（Webtoon）为网络"Web"与漫画"Cartoon"的统称，主要是指依托互联网平台如动漫网站、社交媒体等传播发行的漫画形式。网络动漫作品是伴随互联网的迅猛发展和以手机为代表的数字接收终端智能化的提升而出现的，通常以网络环境为初始或主要发行渠道，更加关注网络受众需求偏好，与其他动漫类型相比，其时效性和交互性等特点更为显著，传播和影响效果也更佳。

（二）网络动漫改编电影

关于网络动漫改编为电影，学术界尚未有明确定义，就其字面意思，可将其理解为：以网络动漫为改编蓝本，通过利用影视技术等手段，对该种具有知识产权的动漫创意产品进行二次创作，制作成电影作品的一种商业化创作过程，是一种将网络动漫的表现形式进行创新，使动漫与电影这两种艺术形态实现融合的全新艺术形态。近年来，随着网络动漫产业发展的日趋成熟，特别是通过借助 IP 概念的热炒、忠实的受众支持和市场的持续培养，越来越多的网络动漫 IP 正受到电影公司青睐，其作为动漫产业新增长点的地位日益显著，并展现出强大的生命力。

二、网络动漫改编电影的案例分析

在"猫眼"App 中，票房排行按地区被划分为北美和中国两大类，所有电影的票房高低值按降序顺序进行排列呈现。表 1 和表 2 的数据内容，来自截至 2019 年年底所有类型的电影票房排名综合总榜，再通过进一步筛选出票房最高或有一定特殊研究价值、同时符合网络动漫改编电影概念的作品集合而成。

表 1　网漫改编电影北美票房"猫眼"数据统计表（截至 2019 年 12 月）

片名	北美票房 / 美元	评分	导演	出版公司
复仇者联盟 4：终局之战	27.96 亿	9.1	乔·罗素	美国漫威影业公司
蜘蛛侠：英雄远征	11.31 亿	9.0	乔·沃茨	美国哥伦比亚影片公司 & 美国漫威影业公司
哪吒之魔童降世	6.64 亿	9.6	饺子	霍尔果斯可可豆动画影视有限公司
航海王：狂热行动	7998.5 万	10.3	大塚隆史	日本东映动画株式会社
龙珠超：布罗利	3071.2 万	9.1	长隆达也	日本东映动画株式会社
小猪佩奇过大年	13.1 万	5.9	张大鹏	阿里巴巴影业集团有限公司

表 2　网漫改编电影中国票房"猫眼"数据统计表（截至 2019 年 12 月）

片名	中国票房 / 元	评分	导演	出版公司
哪吒之魔童降世	50.13 亿	9.6	饺子	霍尔果斯可可豆动画影视有限公司
复仇者联盟 4：终局之战	42.50 亿	9.1	乔·罗素	美国漫威影业公司
变形金刚 4：绝迹重生	19.76 亿	9.2	迈克尔·贝	迪·博纳文图拉电影公司 & 美国派拉蒙影片公司等
毒液：致命守护者	18.70 亿	9.2	鲁本·弗雷斯彻	美国哥伦比亚影片公司 & 美国漫威影业公司
西游伏魔篇	16.52 亿	7.7	徐克	万达影视传媒有限公司 & 浙江横店影业有限公司等
变形金刚 5：最后的骑士	15.51 亿	7.5	迈克尔·贝	迪·博纳文图拉电影公司 & 美国派拉蒙影片公司等

（一）中国网络动漫改编电影分析

纵观北美和中国榜单数据，不难发现，2019 年横空出世的《哪吒之魔童降世》在两榜中均取得了骄人成绩，尤其在国内榜单，甚至一举超越此前长期霸居榜单前列的美国漫威系列英雄电影。国内动漫改编真人电影的历史最早可追溯到 1949 年摄制的《三毛流浪记》，随后，以《神笔》《小蝌蚪找妈妈》为代表的一系列优秀国产动画作品不断活跃于荧屏上，以其鲜明的民族性和独特的艺术性，获得了众多观众的青睐和肯定，并逐步凝结出国产动画的独特美学气质。然而在 20 世纪 80 年代中期，国外动漫大量涌入国内市场，凭借其明确的受众定位、完备的创作机制、充足的资本支持和成熟的商业运行体系等优势，迅速吸引了国内受众的注意力，使国产动漫受到很大冲击。直到 20 世纪 90 年代后半期，国漫的发展才开始重新焕发生机。如今，一部《哪吒之魔童降世》的出现，让国人看到了国漫的无限可能性，重燃起对国漫未来发展前景的信心。我国网络动漫改编的电影在文化输出力度和技术等层面虽还无法完全同传统强国日、美相媲美，但近年来国漫电影为我们带来的惊喜也证实其确实存在着巨大的发展潜力，值得深究。

1.《哪吒之魔童降世》

国漫正不断进步且砥砺前行。2015 年，动画电影《大圣归来》横空出世，以 9.56 亿元的票房成绩一举成为当时国产动画电影的巅峰之作。而 4 年后的《哪吒之魔童降世》能再次掀起轰动，这绝非偶然。先不论市场机遇等外部因素，细研作品本身，其成功因素也并不难寻。

第一，以优质文化内核为根基，兼顾创新。与《大圣归来》相似，《哪吒之魔童降世》亦是以中国神话故事为根基，但片中的精髓是中华民族精神。制作团队在借鉴经典动画作品的基础上推陈出新，剔除了原有的一些表现哪吒暴力形象的故事，但也并不刻意把哪吒塑造成无懈可击的英雄人设。本片剧本的打磨和沉淀更是耗时两年之久，以人物之间的亲情羁绊为线索，以哪吒等人物与自身命运相抗争为脉络，用真实鲜明的人物形象展开故事，并灵活融入当代全新价值观，如此一来，使观众与影片的心灵距离更进一步。

第二，制作精良。本片投入 6000 万元的制作成本，集合全国 60 多个制作团队，后期制作磨合长达 3 年之久。在各种场景、镜头调度等细节处理上精益求精：片中涉及 5000 多个初版设计镜头、1400 多个特效镜头，才得以在最终呈现特效精美、场面震撼的 3D 动画效果。

第三，多平台宣传并制造话题，扩大影响力。《哪吒之魔童降世》的推广营销方法非常典型。本片前期造势主要依托"两微一抖"平台，将话题营销和口碑营销同步进行。正式上映之前，在全国进行了限时限量的 1000 场点映，通过邀请知名人士、意见领袖观影，之后在各平台给出评价，积攒了良好口碑，提升了知名度，产生了大量的话题，进而引发了广泛而持续的舆论关注，显著提升了观众的观影兴趣与消费信心。同时，宣传团队将订票链接制成二维码进行张贴，使订票变得更加简单便捷，同时作为一种宣传形式，再次增加了影片对公众的吸引力。此外，哪吒和敖丙组成的 CP 所带来的话题和衍生品，对于影片热度的持久不减及票房的持续增长也起到了巨大反哺作用。

第四，注重 IP 的保护与深度开发。从日本动漫市场的实际反响来看，事实上，动漫 IP 开发所带来的营收和话题度，远比动漫片本身可观得多。本片中哪吒之外的其他人物形象均为电影方独立设计制作而成，拥有完全的自主版权，其周边商品也受到相关法律的保护。在此基础上，营销团队在影片上映期间大力推广周边衍生产品，影片出品公司正版授权的"哪吒"及其他人物形象的玩偶、纪念画册、徽章、产品挂件、钥匙链等产品更是多达三十余款。消费者对电影本身的认可与热爱，自然会激发对周边产品的购买和收藏热情，这也使供需市场都表现得非常活跃。如此一来，本片周边和衍生产品的营销，成为电影票房之外的另一重要盈利点：仅预售盈利就已超 800 万元，随着影片的持续火爆，销量仍在继续走高。

当然，世上本无完美之物，本片也不可避免地存在一些瑕疵。通过观影发现，本片故事线索处理不太完整，人物前后转变显得有些僵硬。此外，部分剧情内容和人物行为在逻辑处理上略显牵强。

瑕不掩瑜，《哪吒之魔童降世》作为国产网络动漫改编电影的里程碑，影片本身及其中所体现出的文化、技术和营销等多方面的创造性方法，对我国动漫改编电影的发展带来了深刻的启示和影响。

2.《小猪佩奇过大年》

在北美票房榜上，与《哪吒之魔童降世》产生鲜明对比的是《小猪佩奇过大年》，该案例的选取主要考虑到该片携带着时下火热的"小猪佩奇"大流量 IP。凭借大 IP 助力和影片前期几番宣传造势，首日预售便轻松斩获 1000 万美元票房成绩，然而，该片最终的票房营收数额却较为惨淡。下文将对该片宣传推广中的可圈之处及票房最终不尽如人意的原因分别进行讨论。

（1）广告营销策略之长

首先，该片以短视频宣传片《啥是佩奇》先行的方式，选择"抖音"App 等短视频软件作为主要投放平台，将 IP"佩奇"推进公众视野，打破了传统媒体广告在时间空间上的约束，从而引发了全民话题热议。其次，宣传方在"两微"平台做足了宣传，积极引导受众在"微信""微博"中对先行片及内容进行交流，最大限度提升了该片的话题度和关注度。此外，在短视频内容呈现方式上，创新采用温情式营销策略：该片中将主人公爷爷对于孙子的爱，用一种质朴的方式表现出来，将亲情元素巧妙地融入宣传之中，极易戳中观众泪点，从而留下深刻印象。

（2）正片票房何以爆冷

虽在宣传营销模块表现不俗，但该影片的核心内容质量不佳才是导致票房惨淡的根本原因。首先，影片在内容呈现上，采用真人＋动画的形式，但两种形式的穿插和转换生硬、尴尬，降低了观众的观影感受，从而引发争议。其次，电影中的大部分动画片段并非全新创造，而是把先前已播过的动画片片段进行直接或穿插的拼接，结果遭到了观众的一致抵制。由此可见，虽然前期多管齐下的营销让电影提前火了一把，但电影本身的质量不佳才是导致票房低迷的决定性因素，充分诠释了"内容为王"的合理之处。

（二）日本、美国网络动漫改编电影分析

我国网络动漫改编电影在近年来取得的成绩有目共睹，但日本、美国两国的常青树地位难以被轻易撼动。在北美漫改电影榜单上，美国和日本作品仍然占据着绝对领先优势，尤其是好莱坞的超级英雄系列电影，几乎长期占据着全球票房榜的半壁江山，堪称奇迹。而日本动漫改编电影凭借原有的丰富漫画蓝本资源为支撑，使本就有着良好受众基础的经典 IP 持续发热，得以在竞争愈发激烈的市场中站稳脚跟。下面对榜单中日本、美国网络动漫改编电影进行合并分析。

1. 创新的叙事规划

《复仇者联盟4》和《航海王：狂热行动》皆立足于经典漫画原著，但在电影化叙事表达中，积极注入创新性元素，为观众带来全新观影感受。《复仇者联盟4》选择时空穿梭为叙事线索，在跨度上直接涵盖第一部到最后一部电影的内容，将情节紧密联系起来，重现经典场景，弥补了影迷的遗憾。而《航海王：狂热行动》的本次剧场版动画方面则展现了最大的冒险规模，精彩的战斗场面十分丰富，最恶一代（动漫中的称呼）也悉数登场，营造全明星豪华阵容。连许久未见的角色也纷纷露面，狂戳粉丝泪点。

2. 强大的粉丝基础

两部影片均为相关系列的延续演绎，有着良好的粉丝基础。《复仇者联盟》系列自 2008 年诞生以来，已走过十二年的发展历程，有着特定的情感倾向和相当稳定的受众基础。《航海王》于 1997 年在《周刊少年 Jump》开始连载，电子版由漫番漫画连载，截至 2015 年 6 月 15 日，它被吉尼斯世界纪录官方认证为"世界上发行量最高的单一作者创作的系列漫画"。作为开播 20 周年的纪念版剧场电影，《航海王：狂热行动》一直受到众多粉丝的高度关注。

3. 立体的营销模式

《复仇者联盟 4：终极之战》依靠漫威官方"微博"高达 596 万的中国强大粉丝量，在"微博"开设话题讨论，在各大公众号发文，使微信朋友圈呈现"刷屏"状态。此外，制片方还多次开展线下电影主题展，使漫威电影的讨论度不断攀升。而《航海王：狂热行动》则预先曝光了一组中国风海报，将草帽团的航行融入皮影、陶瓷、水墨、刺绣四大中国传统艺术中，在显现艺术性的同时，引发了中国观众强烈的文化和情感共鸣。该片更是请到当红流量明星肖战为宣传大使，并在 CGS 中国巨幕五城超前点映，同时在"微博"举办抽奖活动，观众可凭"票根"或购买记录抽奖获得肖战签名海报、官方授权限量版路飞手办、"航海王 20 周年"限量纪念币、作者亲笔签名日本原版海报等活动。层层推进、面面俱到，再以新媒体加持，从而搭建出一套全面、立体的网状营销结构。

4. 特色的人物设定

两部作品中的人物设定皆与生活息息相关，满足了当下社会的多层次精神需求。《航海王》除主角路飞外，每位配角也都有自己独特的故事和人格魅力。观众可在每位人物身上窥见日常生活中真实的人物缩影：他们彼此心存不同目标却有着相同方向。影片正是将这些性格加以提炼并融入一支团队里，形成一种有血、有肉、有梦想的捆绑式团体模式，使观众能够感受到这个团体的真实性，从而形成强烈的代入感。

《复仇者联盟》中各位英雄角色的设定则蕴含和体现着美国价值观中的主流部分，如雷神的重情重义、美队的爱国情怀、蜘蛛侠敢爱敢恨并勇于伸张正义……这些英雄品质使观众内心受到强烈震撼，这是该系列作品能经久不衰的原因。值得一提的是，漫威在叙事过程中，将不同的人物和故事情节进行了巧妙的联结，随着电影叙事的展开，使不同超级英雄之间产生交集，不但形成了庞大的漫威宇宙，更提高了受众的黏度，通过超级英雄的集结也完成了粉丝受众的集结，从而产生了 1+1>2 的效果。

三、我国网络动漫改编电影发展策略探析

（一）立足优质传统文化内核

IP 的核心要素是经过市场验证的、用户情感承载和价值认同的故事，或者说是在创意产业里经过市场验证的用户需求，以及能引发"用户情感共鸣"的符号。因此，无论是美国还是日本的网络动漫改编电影，都对本国的优质文化和价值取向在作品中加以生动诠释，承载着彰显民族个性和文化基因吸引力的作品，更容易从深处引发国内甚至全球观众的关注。

我国作为有着数千年文化积淀的文明古国，文化底蕴深厚、文化特色鲜明，我国的众多传统文化瑰宝正是推进动漫改编电影的优质素材。电影的内容来源，可优先选取中国好故事；在角色、场景设计和表现形式等方面，也要自信地采用中国元素，展现中国独特的气质风貌，传递中华悠扬韵律。对于外来动漫文化，做到辩证欣赏，取精弃粕，不盲目抄袭照搬。此外，还可巧妙融入其他国家和地区的文化元素，增加动漫电影的层次性和文化的丰富度，减小对外文化输出的阻力，使中国网络动漫不仅能够"走出去"，并且能更好地"走进去"。

（二）角色设定真实鲜活

角色是电影的灵魂。过于完美的人设通常会让观众感到影片人物"身居神坛"而"不食人间烟火"，从而在心理上产生一定距离感，难以引发情感共鸣。因此真实鲜活、与大众生活面貌更为贴近的人物设定才更讨人喜欢、更易撩拨受众心弦，从而为影片的感染力增砖添瓦。为此，在漫改电影人物的角色设定上，可根据具体情节需要，适当、灵活地增加人物短板，使人物的血肉更丰满、骨骼更立体、气质更鲜明。值得注意的是，对角色（尤其是主角）的设计在总体上仍要塑造出一种积极正面的形象，传达正确的价值取向，对受众起到正向引导作用，从而实现社会效益与经济效益的双赢。

（三）营销方式创新多元

常言道"酒香不怕巷子深"，面对时下层出不穷的营销创意和瞬息万变的媒介展现形式，如不与时俱进积极创新，就会造成"好酒"无人问津的窘况。在进行营销方式的选择和设计时，要注意从动漫作品自身特点出发，在形式上，可积极选用以短视频为代表的新型媒体形态进行传播营销。同时，可邀约流量名人为之推广引流，在找准市场定位的前提下精准投放，充分提升社会曝光率和话题度。也要灵活运用线下各种媒介进行宣传，构建广覆盖、多角度、全方位的宣传格局。在宣传内容的组织方面，要聚焦于电影亮点和精髓部分，快速吸引和抓住受众的注意力。

（四）统筹整体，精心打磨

网络动漫改编为电影的过程，绝非是简单地将呈现形式进行转化，而是在忠实地尊重原作的基础上，创造性地融入新艺术元素予以升华，赋予其新气质和新生命。因此，创作团队要以打造文化精品为目标，始终怀有一种"文化匠人"的使命感，在确保原作的整体走向不偏移的情况下，对于相应的情节、人物、故事氛围、风格基调等方面的设计处理要更加精细化、合理化，使其符合一定的逻辑和现实，经得起反复研磨和推敲，避免因部分细节处理失当而降低受众的总体观影体验，影响影片的整体质量，真正做到"从好故事出发，讲'好故事'，更能'讲好'故事"。

参考文献

[1] AA 国际动漫. 21 周年新企划？《航海王》将有重大发表 [EB/OL]. (2018-06-04) [2020-02-16]. https：//www.sohu.com/a/234010119_219519.

[2] 崔聪. "互联网＋"背景下国内动漫 IP 的改编模式研究 [J]. 传媒，2016（6）：75-77.

[3] 房园. 浅议 IP 影视化改编 [J]. 视听，2019（10）：71-72.

[4] 康婕. 产业类型受众——国产动漫改编真人电影观察 [J]. 当代电影，2016（10）：150-155.

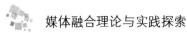

[5] 宁大鹏，付志晴. 国产动画电影的发展与突围——以《哪吒之魔童降世》为例 [J]. 传媒，2020（1）：38-41.

[6] 王靖维，付筱茵.《哪吒之魔童降世》成功经验探析 [J]. 中国电影市场，2019（11）：16-20.

[7] 张锐，许妍. 首都网络动漫产业发展报告 [J]. 中国电影市场，2018（1）：25-30.

[8] 中国青年网.《航海王：狂热行动》曝中国风海报 尽显细节之美 [EB/OL]. (2019-10-17) [2020-02-16]. https：//baijiahao.baidu.com/s?id=1647609985359961921&wfr=spider&for=%20pc.

[9] 中影数字梦工坊龙岩影城.《海贼王》限量银币、海报免费送！仅限 CGS 中国巨幕超前点映场 [EB/OL]. (2019-10-13) [2020-02-16]. https：//m.sohu.com/a/346801536_777402.

[10] 周理熙. 试析大数据时代下影视行业信息互通平台的建构——以猫眼专业版 App 为例 [J]. 视听，2019（2）：131.

浅析中国动漫的发展路径
——以《哪吒之魔童降世》为例

张鸣琴

摘要：近年来，我国动漫行业出现了许多新作，如《十万个冷笑话》《秦时明月》《大鱼海棠》等，这些作品赢得了观众的认可，也为动漫行业找到了新的发展点。但是发展中出现的过度商业化、内容低俗等个别问题，也使动漫产业处处受限，大部分动漫作品播出后响应者寥寥，中国动漫发展进入瓶颈期。为了探寻中国动漫的发展新路径，本文对《哪吒之魔童降世》的火爆原因进行分析，通过探究《哪吒之魔童降世》在情节设计、人物塑造以及价值观的创新与传承，为中国动漫的发展提出创新技术、丰富题材、打造产业链等建议，促进动漫行业转型升级。

关键词：动漫；《哪吒之魔童降世》；中国风；动漫产业

一、中国动漫发展新局面

动漫作为当下人们精神文化生活的组成部分，拥有巨大的发展空间。在我国，动漫产业一直饱受低龄化、幼儿化的诟病，《喜羊羊与灰太狼》《熊出没》等作品的主要受众为儿童，票房号召力低微。近年来，随着一批优秀动画的涌现与市场的扩张，中国动漫逐步向"全年龄"过渡。如 2012 年播出的《十万个冷笑话》，以风趣幽默的吐槽方式引领了新的观看潮流并产生了稳定的观看与消费群体，创造了良好的口碑与收益。此后，我国又涌现出一批制作精良的动漫作品，如《秦时明月》《狐妖小红娘》《罗小黑战记》等。2015年播出的《西游记之大圣归来》与2016年上映的《大鱼海棠》更是分别以9.57亿元和5.65亿元票房，获得当年暑期档动画电影票房冠军。

但是，中国动漫在蓬勃发展的同时，也出现了一系列问题。过度的商业化影响了受众的观看体验，在《画江湖之不良人》《十万个冷笑话》中，都少不了广告商的身影，抛去片头片尾的广告，还有众多的软广告存在，在一定程度上影响了观看体验。此外，动画品种单一，神鬼传说占据动漫主流市场；以低俗为乐趣，作品中隐含的色情信息也影响了受众的心理健康。

面对这些问题，中国动漫新的崛起点在何处，一部叫好又卖座的作品又需要什么条件？2019年7月26日上映的《哪吒之魔童降世》（以下简称《哪吒》）的成功或许可以给中国动漫产业一个启示。

二、《哪吒》成功的原因

截至2019年12月底，《哪吒》票房补录后突破50亿元，成为继《战狼2》后第二部破50亿元的影片，位列中国影史票房榜第二位，"抖音"话题"哪吒之魔童降世"播放量达到126.8亿次，微博"超话"也有4766.8万次的阅读量，周边话题讨论度更是节节攀升，成为中国现象级的动画电影。如此成功的动漫电影背后，是全体人员的精心筹备，充满创意的故事构思与人物塑造，以及多样而有效的营销方式的合力作用。

（一）精心筹备

《哪吒》作为暑期档的"黑马"影片，上映首日票房就破亿元，好评声一片。这背后，离不开饺子导演为代表的主创团队的不懈努力与精益求精。虽然剧本创作只用了半年时间，但初稿产生之后，又经历了66次修改，耗时5年才呈现在受众面前。据《新京报》报道，影片实际参与的制作人员超过1600人，最初全片有5000多个镜头，是普通动画电影的3倍，导演反复挑选后留下了 2000 个镜头。成片中 1400 个特效镜头，占到全片的 80%，仅"江山社稷图中四个人抢笔"这个场景草图就做了 2 个月，而结尾的几个大特效段落仅测试时间就耗时 3 个月左右。每一个镜头的反复打磨，耗费了工作人员大量的心血，加大了制作成本，制作时间远超计划用时，但最终这部追求尽善尽美的作品得到了观众的认可。

中国风元素在影片中随处可见，一树一花皆是水墨画风，亭台楼阁处处可见国风雅韵。作为耗费心血最多的"山河社稷图"，铺陈开来穿插着"神笔马良"的新颖，下笔成真。更有与现代过山车、飞流直下等现代游乐项目结合的飞舟，展现了趣味性。

（二）创新制作

1. 人物设计

选取"哪吒"这一中国传统神话人物形象，是利弊并存的。有利的一方面是他足够被观众熟悉，经历过动画、影视真人化以及童谣歌曲的推广，几十年来哪吒的人物形象深入人心，有着良好的受众基础。同时这也是创作团队面临的挑战，怎样摆脱固有形象，打造新的观看点，让动画电影由低龄观看群体为主向全年龄段发展，成了人物设计的一大难点。

最终影片上映后，展现在观众面前的是一个全新的，甚至有些怪异的"丑哪吒"形象。尽管保留了传统的丸子头以及混天绫、乾坤圈等道具，但原先身穿红肚兜、脚踩风火轮的经典形象被独特的"烟熏妆"所取代，人物的传统画风也转向手插口袋、叛逆不羁的风格。这种不一般的形象设计，上映后意外受到了观众欢迎。其中朋克风格、落拓不羁的形象塑造也迎合了青年观众群体追求自由、不希望被束缚的心理需求。围绕《哪吒》的故事所展开的相关人物也有了很大改变，不再是原先《哪吒》作品中的严父慈母印象，新《哪吒》中李靖与哪吒的对立冲突点被削弱了，成为一名充满关怀、愿意为保护孩子而放弃生命的慈父形象；而母亲的刻画也由几乎没有存在感的旧时妇女形象变成了忙于事务无暇陪伴孩子，但依然爱孩子的职业女性形象。这种反差改变了固有的"男主外女主内"传统,是对当下生活的真实写照,也是对现代社会关系和家庭男女关系的重构。

除此之外,传统故事中与哪吒处于对立面的反派三太子敖丙,摇身一变成为哪吒唯一的知心好友,且眉清目秀,画风迎合了一大批女性观众喜爱。敖丙的人物形象更为复杂化,本是心怀善念的"灵珠",却出于龙族使命不得不行恶事。作为喜剧元素存在的太乙真人与申公豹选取了十分巧妙的切入点,"四川普通话"与"结巴"的语言方式增加了观影的趣味性,一胖一瘦的组合形象也是喜剧电影中常见的形象搭配,这让影片在推向高潮时有了喜剧基础缓冲,增强了表达性。

这部动漫电影中大到主角,小到家仆、陈塘关百姓,都能看出主创团队的用心之处。它不再是对原有经典《哪吒》的翻版,而是为每个人物都注入了鲜明的个人特色,赋予其灵魂,摆脱了脸谱化,让人物展现出不同的特色,增强了可看性。

2. 剧情设计

《哪吒》取得成功的很大原因要归结于精心雕磨的剧本,这一好的切入点为票房的成功奠定了基础。

同样是中国动漫的良心之作,《魁拔》系列电影在豆瓣的评分与《哪吒》相差无几,口碑尚佳,但票房不尽如人意。归结其原因,最重要的一点就在于剧情架构。《魁拔》讲述了在架空世界"元泱界"中,天地两界共同合力对抗每隔333年诞生的可怕异常生命"魁拔"的故事,其中又细分了魁拔十二妖,添加了无数新角色。故事虽然充满了国风元素,但复杂的故事情节在观看后却很难被接受,一部电影也无法详细对其艰深的故事背景进行介绍,这样一来就增加了受众观看难度,让追求精神娱乐的观影者丧失兴趣,随之造成市场的流失,导致了最后的口碑成功、市场不佳的现象。

《哪吒》做到了扎根传统,推陈出新,巧妙地依托经典神话故事架构,为市场准备了基础受众,在原有的故事情节中重新构造了"灵珠""魔丸"的剧情设计,巧妙的切入点让故事梗概易于被理解,又能借助故事梗概不断填充新的、符合现代观影者心理的新剧情，使故事变得更加充实。"混元珠"在剧情开始被元始天尊人分离为"灵珠"与"魔丸"，导致了正邪对立，而在剧情发展中"灵珠"携带者敖丙却有了私心，"魔丸"哪吒反因教化开始显露"善"的一面，这双重矛盾成为剧情波折发展的内在推动力。面对天雷劫，"灵珠"与"魔丸"的携带者敖丙与哪吒因友情携手对抗，促成了"混元珠"再次合成，这也暗含中国传统思想"合久必分，分久必合"之意。最后，经历了天雷劫的哪吒与敖丙存活了下来，"大团圆"结局符合我国受众的观影心理。一环扣一环的剧情调动了受众观影积极性，促成了电影的成功。

3. 价值观传导

《哪吒》在宣传之初就多次强调了"我命由我不由天""你是谁只有自己说了才算"的价值观，这种价值观也是中国社会和中国人民从古至今一直追求的"抗争"思想。陈塘关百姓一开始对"魔丸"抱有极大的恐慌，正如影片人物申公豹所说"人们心中的偏见是一座大山"，哪吒做出多少努力也改变不了这种看法，这座大山最后被哪吒舍身救陈塘关的举动搬开了，偏见的消失正是哪吒自己抗争换来的。"与天斗，其乐无穷；与地斗，其乐无穷"，与不公斗争，在斗争中重新认识自我，发现自我，为自己而活是每一代人都渴望拥有的。这种思想内核掀起了情感共鸣，对于青年一代来说是追求自由、勇于革新；对于父辈来说是用双手改变命运、实现国家富强；对于我们的祖辈来说则是国家要独立，要做自己国家的主人。每一代人都在影片中发现自我，重塑自我。

此外，《哪吒》中也有关于复杂人性的思考。善与恶不是绝对的，处于对立面的哪吒与敖丙拥有纯真的友情，为了友情，敖丙最后甚至放弃龙族希望，陪哪吒共抗天劫；家庭亲情也是影片中着重刻画的一个侧面，敖丙的父亲愿意将身上最硬的鳞片剥离，代表着父母对孩子关爱，渴望孩子成才；而在哪吒家庭中，作为父母的李靖与殷夫人明知孩子不祥，依然用家庭温暖呵护孩子成长，李靖愿为哪吒以命换命，殷夫人尽可能抽时间陪伴孩子，则代表着大家与小家之间的平衡。故事在讲述大义的同时也展现着每一个小家，让观众在影片中感悟家庭亲情；太乙真人与哪吒的师徒情深，以幽默的方式将之表现得淋漓尽致。

亲情、友情、师徒情都是影片想要传达的，多种情怀的表述与思想的传达让每一个观影者都能在影片中看到自己的影子，因此成功获得了观众的喜爱。

（三）营销策略

《哪吒》利用多点营销，集中发力，让口碑逐渐发酵，达到了层层扩散的效果，最终打了一场漂亮的翻身仗。

由于制作成本只有6000万元，且热度不足，业内对这部动漫普遍不看好。影片发行方光线影业，在上映前两周的周末便开始了全国范围内点映，希望借由口碑打破僵局，提升影片热度。点映一共进行了四轮，这四轮点映让影片拥有了"自来水"观众，自觉地推广影片，让《哪吒》热度逐渐升温。在同档期影片相继失利后，《哪吒》作为暑期档的"黑马"出现在观众眼前。这四轮点映也证明影片品质精良，经受住了观众的挑剔眼光，得到了观影者一致认可，实现了口碑营销的成功。

此外，《哪吒》利用网络平台优势，在"抖音"掀起全民互动。"魔童哪吒"特效在李现、潘长江、柳岩一系列明星参与下吸引更广泛群体加入模仿。"我是小妖怪，逍遥又自在"等台词也频频加入用户创作，几乎只要刷"抖音"就能遇到相关内容，庞大用户群体的二次传播让哪吒实现了破圈，不只动漫爱好者加入，更是演变为全民狂欢，UGC参与方式为影片热度助力，实现了票房收割。而在微博的营销中，更多体现在同人动漫创作、趣事分享上，如哪吒、敖丙的CP"藕饼"吸引大量同人爱好者加入创作，申公豹制作者坎坷制作经历等，都在微博热度榜单高居不下。《哪吒》官微更是与多家动漫参与联动，大圣与哪吒的联动短视频掀起讨论热潮，加强了受众对系列动画认知，渴望打造中国的"封神宇宙"。

三、启　示

《哪吒》的成功让观众又看到了国产动漫的希望，但这束希望之光还很微弱。要成为"可以燎原的星星之火"，就必须传承火种，壮大光芒，汲取《哪吒》的成功经验，打造中国自己的品牌动漫。

（一）立足中国元素，彰显民族特色

辉煌灿烂的中华文化中有非常多值得挖掘塑造的精华。要做好中国的网络动漫，就要根植于中华文化的沃土，讲好中国故事，彰显民族特色，塑造民族形象，将中国风采展现给世界。对"中国风"的展示不应该是浅层的，夸张的，如同外国一提起中国就想到的中国龙、红色元素。"中国风"应该是复合的，是集合文化、情感、表演等方面的感受，本土的东西给国人的代入感和共鸣性更强。《哪吒》就从中国传统神话故事出发，将中国的莲花、水墨等元素用新的手法呈现了出来，传承和发扬了中华文化。

（二）丰富题材类型，准确把握受众

随着时代的发展，动漫不再是儿童的专属，而变成全年龄的产品。这个转变为创作者带来了机遇，也带来了挑战。观看者年龄构成的复杂性提醒创作者，要想取得市场收益就要准确定位受众，把握受众特点。当前中国市场上所呈现的动漫题材多是神鬼传说，或者低龄益智动画，面向青年群体的动漫几近于无。提及脍炙人口的动漫作品，仍是外国动漫占主导。要摆脱传统思维束缚，就必须创新动漫类型，针对不同群体发行动漫，寻求多元化的动漫制作，才能让这条路越走越长。

（三）创新制作技术，精心打磨作品

特效制作与场景搭建一直是中国动漫的短板，也是成片后让观众诟病

之处。一部作品没有好的特效，又缺少过硬的剧本，只能泯然众人。《哪吒》的特效镜头达到 80%，集结了中国几乎所有优秀的制作团队，其中申公豹变豹子头短短几秒的镜头就花费了两三个月时间才完成。一部好的作品用心之处是能直接展示在观众面前的，有视觉冲击的作品才能在观众心中留下印象。动漫制作与特效不可分割，提高制作技术才能为观众展现出更好的视觉效果。

（四）走产业化道路，加强周边产品研发

"封神宇宙"正是从《哪吒》成功播出后为越来越多的人所提起的。从《西游记之大圣归来》到《哪吒之魔童降世》，再到《姜子牙》，发行方虽然没有直接承认有"封神宇宙"的存在，但确实是在按照系列化、产业化道路打造动漫品牌。新的产品播出后与已经播过的作品进行联动可以有效带动上映作品的热度，吸引观影者注意，并积极参与讨论，这样作品就能拥有一定的受众基础，市场压力相对减小。

不过《哪吒》周边产品的研发过于滞后，没有把握好时间导致后劲不足，这也是整个国内动漫行业存在的问题。当前动漫电影市场仍是依赖票房，产业链打造的概念还不明确，导致衍生品质量差，研发不足。相较于美国《复仇者联盟》和迪士尼公主系列相差甚远。当前除了要注重动漫品质，也要将周边产品研发和品牌塑造列入产业链发展规划，转变发展理念，用新的发展模式带动动漫行业获益。

同时，动漫从筹备制作到出版发行要经过多个环节，出现任何纰漏都会导致动漫受损，让盗版猖獗。一部好的动漫作品要用独创性的剧本吸引受众注意，同时也要注意版权保护，维护自身利益。只有自身利益得到保障，才能有更充足的资金投入后续作品制作，也使创作者更有热情参与动漫事业创新。

四、结　语

作品《哪吒之魔童降世》的出现让国人又看到了中国动漫发展的希望，也为动漫从业者和动漫市场注入了强心剂。但一个行业发展的好坏不是一部作品就能够评定的，要想让中国动漫更好的发展，需要的不只是一部《哪吒》，而是一部部如《哪吒》一样优秀的作品。在这个挑战与机遇并存的时代，中国动漫发展的道路还很长，学习成功者的经验，路才能走得更稳、更远。

参考文献

[1] 陈晨，李丹．49亿《哪吒》与3亿《罗小黑战记》，国产动画电影"破圈"进行时 [J]. 影视制作，2019，25（10）：16-25

[2] 孙佳山．"丑哪吒"的形象、类型与价值观——《哪吒之魔童降世》的光影逻辑 [J]. 当代电影，2019（9）：16-18，177-178.

[3] 王俊．复盘《哪吒》：究竟做对了什么？ [J]. 中国电影市场，2019（11）：24-27.

从主场化制度看我国电竞生态市场发展

郭宏浩

摘要：近年来，电子竞技产业取得了飞速增长，成为数字出版产业发展的新趋势，以游戏厂商、赛事运营商、俱乐部、赞助商、直播平台等电竞核心环节参与者构成的电竞生态市场已初步形成。为研究中国电竞生态市场发展，文章从中国电竞产业独有的主场化制度出发，运用数据分析法和案例分析法，对电竞主场化制度产生的原因、现状及存在的问题进行研究，试图为中国电竞生态市场的未来发展提供思路。

关键词：电竞生态市场；主场化制度；职业联赛；数字出版产业

一、我国电竞生态市场概况

在《2018—2019 年中国数字出版产业报告》中，近年来迅猛发展的电子竞技产业被首度提及。报告指出，电子竞技游戏作为游戏的重要分支之一，已经成为我国游戏行业新的收入增长点。同时，电子竞技作为数字出版产业新的趋势之一，也将成为产业融合的新节点。

近年来，我国成功举办了"英雄联盟"职业总决赛、"DOTA2"世界总决赛，并在亚运会电竞项目上斩获金牌，并且连续两年获得"英雄联盟"全球总决赛冠军，电竞产业逐步向正规化发展，社会影响力逐步扩大。电竞游戏直播的火爆，也让电子竞技产业得到了更多关注。根据艾瑞数据统计，2019 年我国电竞市场总体规模已达 1130.5 亿元，电竞生态市场成为未来市场盈利增长的主要来源。所谓电竞生态，总体上看，即所有参与电竞核心环节的游戏厂商、俱乐部、赛事运营商、赞助商、直播平台等形成的一种生存状态，目前主要体现在与厂商赛事紧密联系的俱乐部的生存状态。由于我国电竞行业上游是各大游戏运营商、开发商，因此俱乐部如何与厂商合理分配利益，成了电竞生态最重要的环节。

2017 年 4 月 30 日，作为我国电竞产业代表的"英雄联盟"职业联赛（以下简称 LPL）正式公布联盟化、主客场制度化等电竞改革计划，计划在2018 年将类似美国 NBA（男子职业篮球联赛）的主客场制比赛模式投入LPL 中。2018 年至今，这一制度促进了我国"电竞 + 地产"新业态的出现，成为我国电竞生态市场增长的主要动力。本文将从电竞主场化制度出发，从其产生原因、现状及其存在的问题等方面，分析其对未来电竞生态市场发展的影响。

二、电竞主场化制度解析

（一）制度概念及现状

所谓电竞主场化，即将原本集中在一所城市中举办的电竞赛事，通过俱乐部在各个城市建立主场场馆类似 NBA 等传统体育项目的主客场赛事联盟，将赛事分散到多个城市。这一制度首先在 LPL 实行，历经两年多的发展，"腾竞体育"将这一模式也投入其旗下另一游戏"王者荣耀"的职业联赛（以下简称 KPL）中。

截至 2019 年 9 月，LPL 共有 7 家俱乐部落户除上海外的其他 7 座城市，均获得当地政府在资金、人力、物力上的全方位支持。而 KPL 在吸收了 LPL的经验后，也建立了由双城主客场制（成都、上海）到多城主客场制再到全面主客场制的制度发展模式，如图 1 所示。

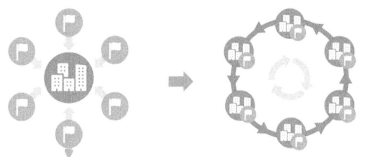

俱乐部集中在主要城市参赛　　　　　俱乐部在各个城市进行主客场对战

🏙 赛事举办城市　⚑ 参赛俱乐部

图1　传统电竞赛事与主客场电竞赛事对比

数据来源：艾瑞数据2019年中国电子竞技行业研究报告。

（二）产生背景及原因

1. 政策支持

自2015年开始，国家加大了对电竞产业的扶持力度，先后发布支持与规范产业发展的《电子竞技赛事管理暂行规定》、推动电子竞技项目发展的《体育产业发展"十三五"规划》和鼓励举办全国性或国际性电子竞技游戏游艺赛事活动的《关于印发促进消费带动转型升级方案的通知》。2017年文化部也在文化产业发展规划中直接提出要支持体育竞赛表演、电子竞技等新业态。一系列的政策支持，有力推动了国内电竞职业联赛的发展，也为大型国际性电竞总决赛在我国的顺利举办奠定了政策基础（如"英雄联盟"S7总决赛在我国四大城市的成功举办、"DOTA2"上海全球总决赛的成功举办、"英雄联盟"S10总决赛也即将落户上海）。

同时，在一系列的政策推动下，以北京、上海、杭州为首的一二线城市也纷纷出台相关政策鼓励电竞产业的发展，如上海市《关于加快本市文化创意产业创新发展的若干意见》、北京市《关于推进文化创意产业创新发展的意见》、海南省"海六条"的出台和自由贸易港政策等。这些相关政策，使电竞赛事、俱乐部、场馆和人才培养基地落户到各个城市成为可能。

2. 用户需求的增加

第一，"英雄联盟"赛事整体的观赛用户数量已达一定规模。

根据《2018 年中国电竞运动行业发展报告》数据显示，LPL 2017 年直播观赛总人数已达 100 亿人以上，单日直播观赛人次峰值达 1.4 亿。其中，2017 年在中国举办的"英雄联盟"总决赛——RNG 与 SKT 对决的半决赛，全球直播的独立观众峰值突破了 8000 万，这一数字表明 LPL 的观赛用户数量已接近甚至超过部分传统体育赛事。线上观赛人数的累积，为俱乐部和赛事运营商通过主场化制度进行线下引流奠定了基础，从而在未来可以为整个电竞生态市场和城市发展提供可观的经济效益。

第二，单纯的线上观赛已经无法满足用户需求。

根据艾瑞数据的统计，2017 年电竞用户主场观赛意愿已达 53%，超过半数的"英雄联盟"用户对线下观赛持欢迎态度。随着电竞粉丝经济和"饭圈"文化的发展，粉丝更加希望通过线下观赛的方式来为自己喜爱的战队、选手应援，粉丝玩家成了线下观赛的主力。从 2017 年"英雄联盟"全球总决赛的"黄牛肆虐"和爆款赛事开赛门票一抢而空等现象，也可看出用户的现场观赛需求强烈，目前的线下观赛已无法满足用户需求，如图 2 所示。

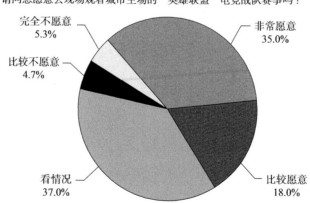

请问您愿意去现场观看城市主场的"英雄联盟"电竞战队赛事吗？

完全不愿意 5.3%
比较不愿意 4.7%
非常愿意 35.0%
看情况 37.0%
比较愿意 18.0%

（a）2017 年电竞用户主场观察意愿

请问您认为主场城市元素与"英雄联盟"赛事结合是否会提升赛事
对本地观众的吸引力（如本地方言解说或本地选手等）？

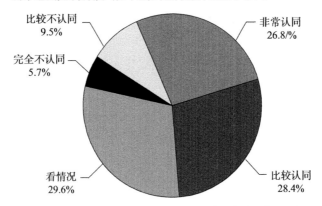

（b）2017 年电竞用户本地文化与赛事结合对观赛意愿提升效果调查

样本：*N*=2025；于 2017 年 9 月通过 QQtips 对电竞用户定向调研获得。

数据来源：艾瑞数据 2019 年中国电子竞技行业研究报告。

图 2　2017 年电竞用户主场观赛意愿

3. 多年赛事举办和市场的积累

早在 2015 年，以"腾讯"为首的电竞上游厂商，就开始尝试将"德玛西亚杯""NEXT"等赛事放在不同城市举办，探索如何解决电竞产业过于集中在上海所产生的资源过度集聚弊端。另外，诸如 WCG、城市英雄争霸赛等赛事在各个城市的顺利举办，也为各个城市的电竞市场提供了经验，有利于主场化制度在各个城市的落户。

4. 文化的传播需求

电子竞技作为一个在我国经历低谷，正走向重生的产业，迫切需要在上升期扩大其影响力，向大众更好地介绍其所蕴含的独特文化魅力。主场化制度在各个城市的落户，使"电竞 + 文化"的融合成为可能，电子竞技正成为一扇向年轻人宣传当地文化的窗口，这也成为目前各城市引进电子竞技产业的重要原因。

同时，由于一二线城市高校众多，年轻人作为电子竞技的主力用户，通过主场化制度可以拉近电竞与受众的距离，从而引发受众到线下场馆观看比赛的兴趣，提高了电子竞技的大众认知度；另外，依靠地域化发展将更有利于俱乐部开展线下交流活动，培养粉丝群体，增强选手与粉丝的交流，形成明星效应。

（三）目前存在的问题

1. 主场化发展变缓

由于高昂的成本和市场化程度的要求，目前建立电竞主场的城市多为一线、二线城市，这些城市有相应的政策、措施以及资金来帮助俱乐部寻找赞助商或直接给予政策扶持，相较而言其他城市暂无如此的实力和市场。

从"英雄联盟"主场化制度实行以来的主场建成数字来看，2018年上半年有三家俱乐部设立主场，下半年有两家，到了2019年全年只有两家，更多的俱乐部因为各种原因选择留在了上海。虽然LPL的主场化已初具规模，但从目前LPL共17家俱乐部中只有7家拥有主场的数据比例来看，其制度推行仍然任重而道远。

2. 经济效益、盈利模式单一

目前，俱乐部在线下主场运营的收入主要分为三部分，分别是赞助招商、门票及周边收入。但由于场馆租用成本高、场馆可容纳观众较少、直播和舞美的平台搭建费用等问题，主场的收入暂时无法抵销这部分费用。虽然LPL针对主场化落地的队伍有资金支持，但目前盈利模式的单一使得其收入支出比例仍有出入。2020年由于新冠肺炎疫情的影响，电竞赛事暂未恢复线下观赛服务，各俱乐部的线下盈利情况更加不容乐观。

3. 游戏寿命

无论如何，电子竞技作为游戏产业的体育化发展，都依托游戏本身的发展，而一款游戏本身是有游戏寿命的。对于一家俱乐部而言，其最为关心的是利益，投入大量资金去建设一个主场化基础设施，以长久、健康作为发展目标最为关键。

目前，除了在国内具有巨大影响力和游戏产值的"腾竞体育"旗下的"英雄联盟"和"王者荣耀"外，还没有其他游戏的电竞项目有实力实行电竞主场化，电竞生态市场的发展之路仍然任重而道远。

三、电竞生态市场的未来发展

（一）"城市＋电竞"的文化结合

"城市＋电竞"的文化融合发展理念，自主场化制度实行以来一直被各地提及。依托电竞窗口，植入当地城市代表建筑、文化，让电竞赛事成为未来城市发展的新名片，是每个城市与电竞融合的愿景。以西安和WE俱乐部的结合为例，首先在电竞游戏中植入了西安的代表建筑；其次在现实中以西安各具特色的建筑夜间特效来展现其独特的电竞文化；最后在WE主场，通过全新技术将主场布置成将西安城市文化和俱乐部标识相融合的独特景观，让前来观赛的消费者印象深刻。城市文化如何走向全国乃至全世界，"电竞＋文化"是未来发展的一大趋势。

（二）主场化推动各地电竞产业园发展

电竞生态市场的发展，也体现在电竞产业园的建设与发展上。电竞生态市场的核心是将电竞的各个环节结合起来产生利益，而产业园是实现这一生态市场良性发展的关键。主场化发展不仅对当地的电竞行业以及场馆配套商圈发展起到促进作用，而且对当地的电竞配套产业起到推动作用。在上海，南虹桥电竞产业园的建设已在路上，以 EDG 俱乐部确立上海主场为契机，配套厂商、媒体公司等纷纷决定落户产业园；在海南，国际电竞港也在海南自由贸易港生态软件园全力推进。建设电竞产业园，不仅可以激活当地的电竞产业链，也促进了泛娱乐文化的衍生内容，有利于打造深度"产、学、研、娱"四位一体的电竞产业链。

（三）电竞粉丝泛娱乐文化的传播促进线上线下相融合

近年来，"饭圈"文化在各行业流行，电竞行业也不例外，热门战队、明星选手、明星解说、直播红人等吸引了大批粉丝。以 IG、EDG、RNG、QGHappy、Estar 为代表的战队，以 Clearlove、UZI、The Shy 为代表的职业选手，以及主要由退役选手组成的热门直播主都拥有数量庞大的粉丝团体。微博热搜、头条新闻、官媒报道随处可见他们的身影，电竞所产生的流量不容小觑。B 站也在近期大力推进电竞明星 UP 主的入驻，为电竞在年青一代的传播助力。主场化制度依托粉丝经济、泛娱乐文化等契机，将线上线下相融合，有效推动了电竞生态市场的衍生发展。

四、结　语

中国电子竞技市场在经历了 21 世纪初的低谷后，依托信息科技时代文化的发展，以及国家政策的大力支持，已然在龙头企业的带领下步入了正轨，开辟出一条适合国情的发展之路。未来，随着电子竞技核心产业的趋于稳定，电竞生态市场必然会成为行业发展的重要推动力。电竞主场化制度只是电竞生态市场全面发展的第一步，相信在未来会有更多相应的配套制度、措施来扩大电竞生态市场规模，促进我国电竞产业发展。

参考文献

[1] 2018—2019 年中国数字出版产业年度报告发布 [EB/OL]. (2019-8-22) [2020-2-11]. https：//www.sohu.com/a/3355　83901_211393.

[2] 艾瑞咨询 . 2019 年中国电子竞技行业研究报告 [EB/OL]. (2019-3-19) [2020-2-11]. http：//report.iresearch.cn/report/201903/3352.shtml.

[3] 前瞻产业研究院 . 2019 年中国电子竞技产业研究报告 [EB/OL]. (2019-12-23) [2020-2-11]. https：//bg.qianzhan.com/report/detail/1912231526217746.html.

[4] 杨越 . 新时代电子竞技和电子竞技产业研究 [J]. 体育科学，2018，38（4）：8-21.

[5] 周游 . 中国电子竞技运动发展的 SWOT 分析研究 [D]. 桂林：广西师范大学，2019.

浅析 5G 时代网络游戏的发展趋势

刘泽宇

摘要：网络游戏诞生以来，玩法和题材日趋丰富，用户规模不断扩大，经济效益持续增长。在全球网游市场中，移动网络游戏的用户规模最大，市场收入最多。5G 时代的到来，网络游戏下载速度会变得更快，用户等待时间减少；云游戏有望打通设备终端，降低游戏成本；可穿戴设备为用户带来逼真的沉浸式游戏体验；网络游戏与其他产业融合度将会更高。

关键词：网络游戏；数字出版；5G 时代

1969 年互联网鼻祖阿帕网诞生，同年世界上首款网络游戏出现，这款游戏命名为"太空大战"（Space War），可使两个计算机通过远程连接实现互动。半个世纪以来，随着互联网技术、通信设备和计算机硬件的更新换代，网络游戏也在不断自我升级，得到了一代又一代玩家的青睐。近年来，由于 4G 技术的普及和社交媒体的快速发展，网络游戏的热度直线上升，电子竞技、游戏直播、IP 改编等衍生品也逐渐有了完善的行业链条。可以说，网络游戏已经成为数字出版产业的重要组成部分。

一、网络游戏定义及分类

（一）定义

根据中国音像与数字出版协会协游戏出版工作委员会的定义，网络游戏又称"在线游戏""网游"，通常指以个人电脑、平板电脑、智能手机等载体为游戏平台，以游戏运营商服务器为处理器，以互联网为数据传输媒介，必须通过广域网络传输方式实现多个用户同时参与的游戏产品。根据百度百科词条，网络游戏区别于单机游戏，是指玩家必须通过互联网连接来进行的多人游戏。2004 年研究者李琪等人则将网络游戏的定义分为广义和狭义，广义网络游戏指一切支持多人同时参与的游戏终端所开展的游戏项目；狭义网络游戏指利用 TCP/IP 协议为基础，以互联网为依托，在网络上可以多人参与交互式的多人游戏项目。

可见，"网络游戏"的定义可以从不同角度进行解释。这些解释虽有不同，但均指向互联网传输、多用户同时参与和游戏终端。事实上，随着手机游戏的发展，单用户参与的网络游戏也占有一定比例。因此笔者认为，网络游戏是一种以互联网为数据传输媒介，以各种形式数字硬件产品为终端载体，可以实现单用户或多用户参与的数字化游戏形式。

（二）分类

常见的网络游戏分类方式有两种，一种是按照游戏终端分类，另一种是按照游戏内容分类。

根据不同的终端，网络游戏可分为移动游戏、客户端游戏和网页游戏。移动游戏，指用户通过便携式设备如智能手机、平板电脑等终端设备联网参与的游戏，可以实现触屏式互动，操作灵活，游戏体积通常以 MB 计算，如"王者荣耀""迷你世界"等。客户端游戏简称"端游"，是指用户必须把游戏软件安装在电脑上才能使用的游戏，画面表现良好，操作体验强大，对硬件设备有一定要求，体积通常以 GB 来计算，如"英雄联盟""魔兽世界"等。网页游戏简称"页游"，是指用户打开网络浏览器即可参与的游戏，不用下载客户端，对硬件配置要求较低，使用便捷，如"QQ 农场""赛尔号"等。根据不同的游戏内容，网络游戏大致可分为角色扮演类、竞技策略类、模拟经营类、动作冒险类四类。角色扮演游戏，指游戏用户在同一结构和规则中，通过扮演不同角色以推动故事情节发展的游戏，如"三国志""诛仙"等。竞技策略游戏，指通过设置竞技场等环境使游戏用户在竞争中获得体验和成长的游戏，包括体育竞技、比赛对抗、卡牌等细分项目，如"荒野行动""和平精英"等。模拟经营游戏，即通过对现实场景的模拟和经营获得相关认知和体验的游戏，玩家会作为管理者维持模拟环境的正常运转，如"迷你世界""QQ农场"等。动作冒险类，即玩家通过武器攻击、解密线索等方式完成闯关任务的游戏，如"光·遇""第五人格"等。

二、我国网络游戏发展现状

我国在 1994 年接入互联网，并于 1995 年上线第一款原创中文网络游戏"侠客行"。经过 25 年的发展，中国的网络游戏产业从无到有建立起来，游戏玩家规模不断扩大，经济效益持续增长。从图 1 可以看出，2019 年我国网络游戏市场总销售收入为 2294.9 亿元，在 2018 年 2085.7 亿元的基础上，同比增速 10%。从 2015—2019 年，我国网络游戏的收入不断增长，2015—2017 年增速均在 18% 以上，可以说是网络游戏发展的高峰期。由于政策调整等原因，我国在 2018 年冻结了游戏版号审核，所以当年的网游市场收入增速呈现断崖式下跌。随着冻结期的恢复和新审核标准的发布，2019 年网络游戏收入增速呈现回升趋势。

互联网全覆盖式的发展、智能手机全触屏的颠覆式人机互动体验，为广大网络用户提供了接触、参与网络游戏的机会，也降低了网络游戏的参与门槛。从图 2 可以看到，从 2016 年开始，在拥有约 4 亿网游玩家的基础上，我国网络游戏用户规模仍在保持增长趋势。从 2016—2020 年，我国网民使用率均在 50% 以上，可以说一半以上的网民都在玩网络游戏。网络游戏用户增长率和网民使用率的增长趋势较为相似，均为折线型增长，拐点均在 2018 年。

图1　中国网络游戏市场实际销售收入及增长率

数据来源：中国音像与数字出版协会游戏工委（GPC）& 国际数据公司（IDC）。

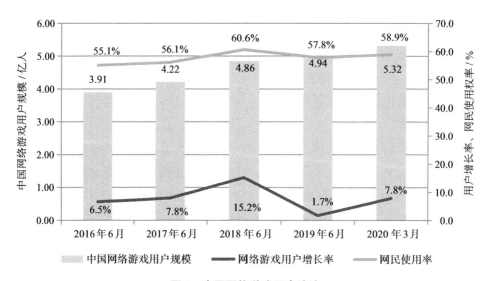

图2　中国网络游戏用户统计

数据来源：中国互联网络信息中心（CNNIC）《中国互联网络发展状况统计报告》。

近年来，随着智能手机的普及和平板电脑等便携式设备的发展，移动游戏的发展规模已经超过客户端游戏、网络游戏，进入了发展的黄金时代。移动游戏已经成为我国网络游戏的主流，拥有最多的用户，占据着最大的市场份额。从 2015—2019 年，移动游戏的经济效益从 514.6 亿元增加到 1581.1 亿元，增加了 207%。相较于移动游戏的快速发展，客户端游戏和网页游戏的用户数量以及经济效益则逐年下降。综合来看，移动游戏无疑是当前我国网络游戏市场的主导者。

三、网络游戏未来发展趋势分析

5G 时代是万物互联的时代，生产方式会发生巨大转变，产业发展与互联网的联系更加紧密，技术升级可以削弱行业间壁垒，产业跨平台发展成为可能，所有业态将逐渐形成规模庞大、包罗万象的巨型生态数据系统。因此在未来，5G 将对网络游戏的发展产生重要影响，具体有以下四点。

第一，游戏下载速度变快，减少用户等待时间。从 2G 到 4G，用户的直接感受就是网速变快。简单来说，在移动通信技术中，波长越短，频率越高；频率越高，网速越快。4G 波长为厘米级，5G 波长为毫米级，所以 5G 的网速至少比 4G 快 10 倍。因此，相比于 4G 网络，用户在 5G 网络下载游戏用时将大大缩短。举例来说，1.6G 的游戏应用软件"王者荣耀"在 4G 网络下载需要 1~2 分钟，但在 5G 网络下载只需十几秒，可以大大减少用户的下载时间，给予用户非常高效的体验。第二，云游戏有望打通设备终端，降低游戏硬件成本。云游戏以云计算为基础，游戏的数据处理和场景渲染均在服务器端进行，并以压缩为视频流、音频流的形式传输到用户终端，用户终端解压后即可参与游戏。游戏数据存储在服务器端意味着计算分析能力有限的低配置设备可以运行高品质游戏，用户少花钱也能玩到好游戏。在云游戏模式下，用户只需一个联网设备即可跨平台参与游戏。当然，游戏跨平台操作时，屏幕适配、玩法互动等内容也会相应调整，以适应不同终端设备的操作模式。

第三，低时延使得可穿戴设备拥有更加逼真的沉浸式交互体验。爱立信与巴黎圣日耳曼足球俱乐部做过一个测试，让守门员戴上 VR 设备代替双眼运动，分别在 4G 网络和 5G 网络环境下扑球。VR 设备在 4G 网络有 20 毫秒延迟，守门员可以看到飞来的球，但无法成功扑球；VR 设备在 5G 网络有 1 毫秒延迟，在测试中，守门员可以准确完成扑球。如果说 4G 网络的可穿戴设备会出现画面跟不上操作的迟钝感，那么 5G 网络则会最大限度减少游戏与现实的距离，实现更加成熟的人机交互。

第四，网络游戏与其他行业的融合度更高。在 5G 时代，数字出版的生态系统会更加完善与发达。因此，网络游戏的外延也会更加宽广，与其他业态的联系更加紧密，结合度也会更强。举例来说，游戏可以辅助教学并成为教学工具之一，"网络游戏+教育"具有如下特点：一是可以作为教育资源让教学方式更加多元化，二是可以利用游戏的优势促进学生对知识的理解和吸收。在 5G 时代，通过技术加持如虚拟现实和增强现实，学生可以通过进入游戏实现"身临其境"的交互。例如，可以根据历史书设计历史游戏，通过第一人称视角亲历各历史事件的发展过程，学生不仅能在游戏中学到知识，还可以对历史有更加深刻的理解和把握。因此，网络游戏与教育的结合，可以为各教育阶段的学生提供高效、丰富的强互动式学习体验，有效提高知识和技能的学习转化率。

参考文献

[1] 李琪，李峰 . 网络游戏：潜力巨大的新兴电子商务应用 [J]. 电子商务，2004（10）：68-72.

[2] 中国音像与数字出版协会游戏工委，国际数据公司 . 2019 年中国游戏产业报告：摘要版 [M]. 北京：中国书籍出版社，2019.

[3] 百度百科 . 网络游戏 [EB/OL]. (2019-12-26) [2020-02-20]. https：//baike.baidu.com/item/%E7%BD%91%E7%BB%9C%E6%B8%B8%E6%88%8F/59904?fr=aladdin.

[4] 魏德龄 . 5G 的真正王牌：不是有多快，而是低时延 [EB/OL]. (2019-06-28) [2020-02-20]. http：//www.cctime.com/html/2019-6-28/1457188.htm.

第七篇

IP研究

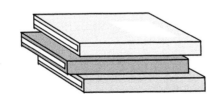

网络文学 IP 价值体系研究

——基于艾瑞咨询网络文学影响力价值研究报告的分析

毕 升

摘要：网络文学正在逐渐成为中国文学史上一种具有里程碑意义的文学作品类型。网络 IP 文学深入娱乐产业，IP 价值的重视和关注度也在不断提升。为了深入研究网络文学 IP 价值体系，通过研究艾瑞咨询历年来发布的网络文学报告，对网络文学 IP 改编过程中遇到的问题提出一些建议。

关键词：网络文学；IP 价值体系；改编价值

网络文学在兴起之初是通过网络付费阅读来实现盈利的，而现在更多的是通过影视剧改编、动漫、游戏、衍生品售卖等方式，向大众展现文学创意产品的价值。IP 作品的改编主要是关注一些新兴内容，目的是降低开发风险，满足不同领域受众的个性化差异；IP 开发改编和运作越来越向精细化发展，网文 IP 也正在形成品牌化效应。经过网络文学重新改编的作品，通过作者和读者思维的碰撞以及作品之间的竞争，使网络文学价值、改编价值都得到了充分保证。

一、网络文学 IP 价值体系内容

网络文学 IP 价值的评估维度包括 IP 影响力的评估、平台运营能力的评估及未来影视改编潜力的评估三大评估标准。网络文学题材的价值指数、用户的流量黏性指数、付费指数是评价网络文学改编作品价值的三大指标。分析解读 IP 价值潜力，精准洞察网络文学改编价值，并做好风险评估才能更好地挖掘到优质 IP。为了使作者、内容提供商、运营平台、读者对网络文学作品价值有一定的把控，就需要建立好题材的风险指数和题材热度指数。

自 2016 年开始，网络 IP 改编而成的电影、电视剧就开始在各类影视排行榜中频频霸榜，网络上的关注度也较高，我们从表 1 中可以看出。

表 1　2016 年 IP 改编收视率排行榜

排名	电视剧	IP 名称	IP 类型
1	欢乐颂	欢乐颂	网络文学
2	亲爱的翻译官	翻译官	网络文学
3	女医明妃传	女医明妃传	网络文学
4	青丘狐传说	聊斋志异	经典文学
5	因为爱情有幸福	顺藤而上的你	韩剧
6	山海经之赤影传说	山海经	经典文学
7	寂寞空庭春欲晚	寂寞空庭春欲晚	网络文学
8	仙剑云之凡	仙剑奇侠传五	游戏
9	最好的我们	最好的我们	网络文学
10	我是杜拉拉	我是杜拉拉	出版文学

数据来源：艾瑞咨询排名由艾瑞根据收视率数据和网络播放数据分析获得，基于对 40 万户家庭及办公（不含公共上网地点）样本网络视频行为的长期监测数据获得，仅包含部分在线视频客户端数据。

从这个数据可以看出，收视率排名前十位的电视剧中有六部改编自热度较高的网络 IP 文学，且排名都位居前列。另外，由网络文学 IP 作品改编而成的电影、电视剧在各类社交媒体及各类视频播放平台的收视率也都位居前列，如2017年的《欢乐颂2》上线以来，百度搜索指数峰值达1449683，微博话题"欢乐颂2"阅读量达到69.4亿人次，剧集完结当天全网播量突破220亿人次。由网络文学IP改编而成的电影、电视剧、动漫、游戏的粉丝规模和数量庞大，面对如此庞大的粉丝经济市场，网络文学IP的改编价值不得不引起我们重视。

热门网络文学IP作品也越来越受到大众消费市场的青睐。2018年，一部现象级热播剧《三生三世十里桃花》，仅微博累计的话题阅读量就高达105.4亿人次；位居影视剧收视排行榜第二位的《楚乔传》，仅网络上的播放总量就突破了400亿人次。网络文学IP改编电影对中国电影市场的贡献也非常突出，网络文学IP作品正在通过故事内容的丰富性和多元化进军中国电影市场，吸引越来越多的观众，加上前期积累的口碑，原著的读者也对网络文学IP作品改编的电影充满了期待。此外，原创网络文学的口碑通过各大社交平台形成了一个良好的二次传播，而改编这些原本就拥有大量粉丝和较高知名度的网络文学IP作品不仅可以节省宣传成本，也具有IP改编风险小、回报率高的特点。

从市场受众的反馈来看，网络文学IP继续进行创造性开发，后续改编而成的电影，票房依然受到粉丝受众们的追捧。读者对网络文学改编而成的影视剧付费意愿强烈。网络文学IP改编的动漫靠着规模庞大的粉丝数量，在周边衍生产品的销售上和网络动漫的点击量上都占据着一席之地。网落作家天蚕土豆创作的小说《斗破苍穹》改编成3D动画后，24小时内粉丝点击量和粉丝互动量就高达10亿多次。网络作家蝴蝶蓝创作的《全职高手》在动画开播一天之内全网播放量就冲破1亿次大关，而麦当劳则联手《全职高手》和《斗破苍穹》两本网络文学原著，通过线上线下多种渠道，成功实现了餐饮业与网络文学的跨界整合营销，受到了原著粉丝的高度关注。《全职高手》还借此机会举办了"十年荣耀，巅峰回归"全国粉丝见面会，现场一度火爆异常。《全职高手》动画利用互联网技术，成功将作品输出到欧美和日本，并受到了粉丝的一致好评，中国的网络文学IP作品也开始逐渐打开了国外市场。

网络文学 IP 改编而成的游戏付费比重也在不断提高。网络文学 IP 改编的市场价值目前估计总量是千亿量级的，而游戏界网络文学 IP 的价值也急剧上升，具有较高人气的网络文学作品经过一系列的改编，做成游戏产品投放市场之后，无论是产品的人气还是盈利都取得了较大的成功。如手游《花千骨》上线后，仅第一季度的流水规模就达 6 亿多元；手游《琅琊榜》上线仅十天收益近千万元；网页游戏《盗墓笔记》上线后用了不到半年时间，收益就突破亿元大关。另外，电影、电视剧、游戏、周边衍生产品等通过对同一网络文学作品在不同领域开发，正在实现着一种多产业互利共赢的盈利模式。比如郭敬明的小说《小时代》火了以后，根据小说改编的电影《小时代》系列电影票房突破 18 亿元。电影的火爆同样带动了周边产品的热卖，比如，由《小时代》同名网络小说改编的手游、音乐剧、周边产品等衍生项目也开始上线，吸引了许多粉丝。从以上案例不难看出，游戏、影视、小说相互借力，网络 IP 文学已经深入娱乐产业，网络 IP 文学产业链双向互通，周边衍生多，人气积累较高。

（一）平台运营

阅文集团、中文在线和掌阅科技是网络文学资本运营较为成熟的三家网络文学平台。随着网络文学 IP 开发和运作向着越来越精细化的方向发展，由网络文学 IP 改编的电影、电视剧、动漫、游戏、网络剧、网络大电影、音乐、线下活动和衍生品等也正在成为各大平台资本投入的主要方向。原创网络文学 IP 也正在成为平台的重要投资对象，网络文学原创内容的积累和储备是向整个娱乐产业输送动力的源泉，极大地影响着其他产业内容的生产与制作。目前，在线付费阅读仍然是网络文学平台营收的主要模式。因此，网络文学平台需要对平台的内容和渠道资源进行整合，增加平台自身原创文学作品数量，深耕网络文学原创精品内容，以签约优质网络文学 IP 作者的形式激励原创文学在平台成长，从而扩大在线阅读用户规模，这是留存用户最好的选择，也是各大平台获得竞争力所必备的基本要素。只有注重网络文学内容质量的提升，才能使得网络文学 IP 价值得到更好的发展，影响力不断扩大，吸引更多受众，获得更大的粉丝规模，从而增加平台的影响力和经济收益。

（二）影视改编

网络文学 IP 的价值体现在以下两点：一是网上的阅读点击率以及下载量，表面上体现了作品的人气及火爆程度，但是最终将转化为产业收入，原作品的点击阅读以及下载量也会为之后的影视剧热播打下坚实的基础。网络热门作家一旦推出新作，立即会受到来自运营平台和粉丝的支持，运营平台也会通过邮件和推送等形式通知平台注册会员和普通读者，目的是提高作品的关注度以及实现有效的流量变现；作者和粉丝也会定期通过各大社交软件进行聊天互动和话题讨论来为自己增加热度和关注度。唐家三少的《斗罗大陆 IV 终极斗罗》上线仅两个月，便收获超过 4000 万的点击量。相关动漫作品在腾讯视频上映一天后点击量就突破千万。二是故事性强的作品以及可改编性强的作品更容易实现 IP 影视化。网络文学 IP 本来就是现代文化消费中出现的一种新兴产物，其通俗性和娱乐性特征明显，只有通俗易懂才能更为消费大众所接受。另外，网络小说篇幅也在不断变长，百万字的小说早已经成为网络小说的常态。从影视剧的制作过程来看，长篇网络文学 IP 作品给编剧提供了充足的删减空间。

（三）版权保护

网络文学 IP 改编的营销和运作模式中包括对作品版权的授权、作品的改编授权、作品的二次改编销售等诸多要素，而版权问题也是整个网络文学 IP 改编运作过程中不可回避的一个问题。许多网络文学作品的 IP 改编，仅仅只是改变版权作品的媒介形式，对版权作品的内容不加以改变。例如，将网络文学作品变成广播剧，只涉及媒介形式的改变，整体上保留了网络小说作品的原貌。另外一种是改编原作品的故事内容，例如增加新故事、新场景和人物关系的重新构建以及性格的重新塑造和描写，创作出一种与原小说关联不大的新小说；还有一种是既改编原作品的故事内容，又改变原作品的传播媒介。例如将网络文学 IP 由文字阅读模式改编成电影的声影模式，需要根据原版作品的内容编创音乐、音响、台词等，产生与原网络文学完全不同的媒介形式。由于改编出来的新作品和网络文学作品从文学内容到媒介都存在着极大的不同，改编网络文学作品可以完全脱离网络小说，仅存在一些细节和主旨相似即可，也可能只是将原作中的经典画面反映在新作品当中。这类改编作品即使存在大量的台词、情节上的相似，却依旧难以对改编作品和网络文学作品之间的侵权问题进行厘清和界定。

（四）移动终端销售

一部优质的网络文学 IP 作品，不但可以提供优质的文化创意，还能衍生出游戏、电影、电视剧、动漫等诸多周边产品。判断一部网络 IP 文学的成功与否需要通过具体的指标进行评判，例如人气指数、用户评价、各大网络文学影响力排行榜、专业书评人推荐、作品被收藏量和点赞数量、用户点击量、用户下载量、用户搜索量、用户阅读量等。而经过一系列指标的测试和读者市场验证之后，网络文学 IP 作品再改编成电影、电视剧或游戏就会拥有规模庞大的粉丝基础，其二次改编创作所承担的市场风险也就会小很多。在移动终端销售过程中，销售商会根据网络文学影响力评估指数、未来影视改编潜力的评估指数和受众基础评估指数这三大评估标准来筛选网络原创文学作品。分析评估 IP 改编的价值潜力，精准洞察网络文学改编价，并做好风险评估才能更好地挖掘出优质 IP。为了使作者、内容提供商、运营平台、读者对网络文学作品价值有一定的把控，就需要移动终端销售商建立好网络文学题材的风险指数评估和题材热度指数评估，以期发现更优质的 IP 内容并促进移动终端销售额的稳步增长。

二、网络文学 IP 改编价值发展对策

近年来 IP 产业的规模在不断发展壮大，如何高效地进行网络文学 IP 运作，并成功运作好一个网络文学 IP，使其发挥最大的经济效益，已经成为网络文学运营平台和版权商思考的问题。网络文学 IP 的运作、经营、制作和内容生产也在向着更为精细化的方向发展，为了提升网络文学改编作品的品质，形成品牌效应，就需要针对 IP 运作过程中出现的问题提出相应的对策，促使 IP 价值最大化。

（一）建立完善的准入和退出机制

原创网络文学平台众多，且大多网络文学平台的准入门槛较低，对网络文学创作的内容审查把关不严格，缺乏较为规范的网络文学准入和退出机制，使得在数字出版普及的当下，出版单位审核质量的不到位从而导致大量劣质作品和内容流入市场。如有的网络文学恶搞历史文化传统或者充斥着色情、暴力、拜金、恋权等不健康的观念，如"霸道总裁爱上我""回到 × 朝当王爷"等，语言文字较为粗俗，缺少基本的语言规范和文学构思。为了规范网络文学市场，需要尽快建立网络的准入和退出双向机制，以期保证网络文学出版行业的健康发展。网络文学出版建立准入机制，从创作的源头严格把关，在作品进入市场前进行严格审查和校对，推动优质网络文学 IP 作品得以发展。同时，网络文学出版市场应建立相应的退出机制，将一些运营不规范的网络文学出版网站从市场清退和淘汰。必要时可以通过行政手段和法律手段维护网络文学市场的规范性，保证网络文学行业的长期健康发展。

（二）打造优质 IP 品牌

要实现网络文学的品牌化运营，就需要网络文学运营平台具备发现优质 IP 的素质，深度挖掘网络文学作品存在的潜在价值。同时对网络文学 IP 作品也要有较强的品牌定位意识，对网络文学作品进行品牌包装，吸引受众，细

分受众市场；在改编过程中也可以征集目标受众意见，根据受众需求进行个性化的网络文学 IP 作品定制，在网络文学推广平台和作品投放平台做到 IP 品牌的传播最大化。当优质的 IP 产品拥有了足够的品牌知名度和粉丝基础之后，即通过多种方式对品牌 IP 进行价值深度发掘，可以通过销售周边产品和衍生品等吸引粉丝，实现经济变现和产品增值。此外，不仅要在国内深耕优质 IP 产品的研发，而且应该关注品牌 IP 在海外的知名度和粉丝规模，扩大品牌 IP 在国外的影响力。像优质 IP 剧《琅琊榜》就成功进入美国，引起了海外的巨大反响。随着 IP 改编的精细化运作，2018 年年底播出的电视剧《大江大河》、网络剧《怒晴湘西》等都获得了市场的收视率和受众口碑的双重认可，IP 的精细化运作正在成为行业内的新标准。网络文学 IP 正在尝试着通过多种元素的嫁接，打造各种新的故事题材和故事类型。如科幻与历史的融合、机械与历史的跨界融合等。导演郭帆改编自科幻作家刘慈欣的科幻经典作《流浪地球》，一跃成为 2019 年春节电影票房"黑马"。科幻题材一直都是 IP 改编开发中较为冷门的一个题材，因为世界观的构造和现实逻辑的冲突及改编之后影视后期制作耗资巨大等问题使人很少愿意触及，但是 2019 年春节，科幻却成了短期内的热门话题。就目前中国科幻 IP 改编开发大环境来看，首先受众范围小，另外科幻 IP 作品的改编并非能在短期内就可制作完成并实现经济变现，不是一种适合批量开发和制作的 IP 改编开发项目。但是《流浪地球》不仅收获了大量的粉丝，还使 IP 改编价值和 IP 文学得到了进一步关注和支持。随着人们对 IP 价值的重新认识和关注度的不断提高，未来中国一定会出现更多万众期待的网络文学 IP 作品，并以多元的媒介方式呈现给受众。

（三）完善版权保护机制

随着经济的不断发展，网络文学 IP 开发成本也在水涨船高，盗版侵权正威胁着整个网络文学行业，成为阻碍网络文学发展的绊脚石。盗版侵权给网络文学发展带来的危害是不容忽视的，亟待各级行政主管部门、司法机关和正版网络文学企业联手出击，为网络文学的正版化不断努力，做好网络文学

IP 的版权保护，完善相关法律制度，加大对盗版侵权的打击力度，构建积极健康的创作环境，使网络文学原创作者可以安心创作，不再为原创作品侵权而担心，只有这样，网络原创作者才有创作动力，提交更优质的网络文学 IP 作品。版权机制的不完善也使得网络文学 IP 市场出现劣币淘汰良币现象，严重打击了原创网络文学作家的创作热情。数字出版技术的不断革新和发展也给网络文学带来了一些弊端，尤其是数字转码技术和文字提取技术的出现，使得各大搜索引擎和网络浏览器及阅读软件中对盗版网络文学的链接阅读体验不断优化更新升级，与正版网络文学平台的原版网络小说相差无几。这不仅扰乱了正常的网络文学正版市场，还使盗版网站从中获利，蚕食着正版网络文学市场。当下网络传播环境下，想要对这类盗版网站进行维权困难重重，这类盗版网站通常具备分散、隐蔽的特征，并根据打击力度不断优化升级系统，利用各类服务器逃避审查，成为当前网络文学版权保护和发展的拦路虎。为了促使网络文学健康发展，规避盗版风险，就需要建立网络文学版权数据库、网络文学版权交易管理网络公共服务平台。并实现全国数据库联网，在网络文学版权交易管理方面，打击盗版，支持正版。加大对网络文学版权专业人才队伍的培养，针对网络文学版权交易平台打造专业的监管机构和监管平台。只有从根源上治理和打击盗版网络文学，未来的网络文学发展才会更加繁荣，更多的优质网络文学 IP 作品才会源源不断出现。

参考文献

[1] 艾瑞咨询 . 2016 年中国网络文学版权保护白皮书 [EB/OL]. (2017-04-07) [2020-01-15]. https：//www.iresearch.com.cn/Detail/report?id=2971&isfree=0.

[2] 艾瑞咨询 . 2016 中国泛娱乐 IP 价值研究报告 [EB/OL]. (2016-08-15) [2020-01-15]. http：//www.iresearch.com.cn/Detail/report?id=2630&isfree=0.

[3] 艾瑞咨询 . 2018 年中国网络文学 IP 影响力价值研究报告 [EB/OL]. (2018-01-10) [2020-01-15]. https：//www.iresearch.com.cn/Detail/report?id=3126&isfree=0.

[4] 高婷 . 网络文学作品 IP 改编存在的版权问题及对策思考 [J]. 中国出版，2018（7）：57-61.

[5] 宫丽颖，纪红艳 . 网络文学平台多元化资本运营探究 [J]. 中国出版，2018（12）：43-47.

[6] 郭成杰.原创文学风云榜不看财富看 IP 价值 [N].中国新闻出版广电报，2015（6）.

[7] 姜波.网络文学 IP 价值评估探索 [J].新闻研究导刊，2018，9（5）：125-126.

[8] 赖敏，方杰.网络文学影视改编的文化产业影响研究 [J].西南石油大学学报（社会科学版），2018，20（3）：78-87.

[9] 秦天.从产业链角度看我国网络文学出版的发展模式——以阅文集团为例 [J].视听，2018，（12）：240-241.

探析文学著作的 IP 运营
——以《一本好书》文化类综艺节目为例

王佳恋

摘要：文化综艺类节目《一本好书》以高质量、高口碑赢得了大众的认可，让被边缘化的经典文学著作慢慢回到了人们的视野中。本文基于我国文化类综艺节目的生存环境，分析了该节目场景化、内容化、大众化及文学 IP 与综艺节目互通融合的创新亮点。结合目前多数文化综艺类节目面临的变现能力低、营销水平差、创新能力不足的窘境，以期为文学著作的 IP 运营提供参考意见。

关键词：文学著作；IP；《一本好书》；综艺节目

根据《第十六次全国国民阅读调查报告》显示，2018 年我国成年人均纸质图书阅读量为 4.67 本，人均电子书阅读量为 3.32 本，国民阅读总量基本保持平稳，然而深度图书阅读的比例则较低。当下，传统媒体和新媒体日益交融，IP 开发也已进入下半场。如何唤醒国民的阅读热情，拯救被边缘化的经典文学著作，成为我们需要不断思考和实践的问题。

2018 年 10 月 8 日，实力文化与腾讯视频联合推出了一款场景式读书节目——《一本好书》，成为近两年国内文化类综艺难得的突围之作。此款综艺运用一种更加亲切、生动且大众化的模式对经典著作进行了优秀的演绎和再诠释，完成了对文学 IP 的创新运营，为打造健康可持续的产业生态链提供了参考。

一、文化类综艺节目的生存环境

（一）文化 IP 降温

在消费主义时代，泛娱乐的快餐文化大行其道。尤其在资本的操控下，本应严肃、理性的文化市场逐渐涌入了一些内容形式空洞的"快消品"，从而表现出模式化、庸俗化、低价值、一次性消费的特点。在过去的几年里，文化产业虽然看似"喧嚣"，实际上"内容寒冬"，高质量的文化产品仍旧供不应求。在这种情况下，我们必须回到初心，思考 IP 的本质是什么，到底应该如何运营 IP。《2018 年中国文化 IP 产业发展报告》指出，文化 IP 特指一种文化产品之间的联结融合，是有着高辨识度、自带流量、强变现穿透能力、长变现周期的文化符号。在中国当代语境下，文化 IP 已不再局限于文学、动漫、影视作品，诸如《清明上河图》、敦煌飞天壁画、秦兵马俑等文物以及马拉松、世界杯等体育赛事均可成为文化 IP。

伴随着消费习惯和消费结构的改变，人们对于优质内容、精品文化的付费意愿也在不断增长，因此文化产业中蕴含的机会仍待挖掘。当下，观众媒介素养在不断提高，相较于盈利，IP 开发更应围绕着社会责任和价值沉淀。腾讯在经历了七年的"泛娱乐"后，提出了"新文创"概念。这一战略升级其实也就意味着腾讯在未来的 IP 开发中，必然会更加注重相关的文化价值构建，努力在平衡文化价值和产业价值的同时，放慢自己在内容领域一贯"极速"的步伐，"打造更多、具有广泛影响力的中国文化符号"。

（二）国家政策调控

近年来，《关于实施中华优秀传统文化传承发展工程的意见》《关于把电视上星综合频道办成讲导向、有文化的传播平台的通知》等政策文件陆续出台，凭借着电视媒体和网络视频平台的侵入性强、传播受众广的特点，很大一部分自主原创、特色鲜明的优秀文化类综艺节目进入了人们的视线，并取得了良好的市场反馈。在"限娱令"等相关政策调控下，文化类综艺节目迎来井喷期。

根据不完全统计，2017年文化类节目数量达50档，2018年超过60档，其中登录各大卫视与视频网站的节目多达数十部，成为文化类综艺节目播出量最大的年份。而体量与收视效果最明显的，依然是央视制作的《中国诗词大会》《国家宝藏》《经典咏流传》《朗读者》等节目，实现了口碑与流量双丰收。除了数量，文化类综艺题材主要表现为诗词、文学、历史、音乐、戏曲、经典故事等传统文化类型，节目形式一般采用表演、朗读、比赛、讲解等。而《一本好书》的出现也让我们看到了文化类综艺节目在文学著作IP运营方面的创新之处。

二、《一本好书》的创新之处

成功的文化IP价值构建，不仅需要优质内容作为基础，还需要掌握塑造IP的方式方法。《一本好书》用两季的内容为观众推选了共21本中外经典文学著作，在书目题材的选择上采取多元化策略，涉猎推理、爱情、讽刺、科幻、历史以及科技理论等。每期节目分为三个环节：背景介绍、现场表演、嘉宾解读。该制作团队通过舞台戏剧、片段朗读、影像图文插播等手段，还原经典著作中的经典场景。除了表演形式，每期节目都有"学者谈话""演员访谈"两个部分，加强了图书的内容传播，形成了一种跨形态的创新形式。

（一）场景化的趣味阅读

所谓场景化一般是指在移动互联时代，以用户存在为前提，针对其现实场景中的具体需求，为产品赋予意义与价值。而《一本好书》采用的场景式读书，则是通过对环境、场景以及氛围的构建，让读者能够从平面式阅读进入耳听、目观、身感的立体式阅读层面。在"现场表演"部分，节目组采用话剧形式对书中场景进行复原和演绎，让经典情节以立体的方式加深观众记忆。另外，主舞台则采用三百六十度环绕式的设计，通过场景搭建和转移，最大限度地让表演生动有趣。观众此时的身临其境，既不同于平面阅读时文字带来的思考，也区别于单纯的影视剧观看，而是能够更加直观地体会人物的塑造过程与剧情发展，拉近了大众和文学经典的距离。

（二）内容叙事的优化改编

由于时间和空间的限制，作品中的所有内容无法得到全部呈现，只能围绕作品的核心思想选择具有代表性情节进行展现。不仅如此，将文字转变为画面，还需要对文学作品的语言表达、叙述逻辑进行再现与重塑。例如，原著语言的现代化叙事、原著体量的压缩以及重要情节的选取、叙事视角的选择，都是制作团队需要解决的重要问题，也是评判节目质量的关键所在。《万历十五年》一书反映了明朝从兴盛走向衰颓的整个过程，但是在舞台表演中，却以明神宗（王劲松扮演）的口吻对整个历史脉络进行了呈现，从少年到老年的情节寓示着一个王朝的衰败。

（三）文学 IP 的大众化解读

在《一本好书》出现之前，文化类综艺节目已经出现了部分富有特色的创新模式，例如《见字如面》《朗读者》等。无论是文学著作，还是诗词歌赋，又或是家书家信，文化类综艺节目的核心意义在于促进读者的理解、接受、思考与阅读需求，而不仅仅止步于节目中的知识获取与情感体验。

与《一本好书》不同的是，《朗读者》更加侧重于"者"，即人性的挖掘。在融合了朗读者的内心世界后，这种文学解读则更加具有主观倾向，更加深层的解析则被放到了次要位置。而《一本好书》第二现场的嘉宾交谈与点评环节恰恰是节目特色的体现。观众在欣赏完表演后，能够在专家学者的带领下，对晦涩概念和情感表达进行拆解消化，从学术角度对作品进行理解和思考。节目第一季的嘉宾包括陈晓楠、蒋方舟、朱大可、史航、止庵、吴伯凡、梁文道七位学者。虽然以上个人观点并不完全可以被视为权威，但是高于一般受众的文化理解能力，能够帮助观众搭建起相对全面且准确的认知。

（四）文学IP与综艺节目的转化互通

在媒体融合背景下，同一内容的作品彼此以不同的载体形式传世，无论是纸质形式，还是新媒体承载形式，"你是我，我是你"的跨界形态融合现象将更加普遍。综艺节目作为由文学IP开发而来的创新形式，两者的相互促进作用不可忽视。

首先，综艺节目对文学IP具有反哺功能。《一本好书》第一季、第二季在播期间，节目制作方所选的十几本经典书目频繁登顶众多网络图书商城如当当、京东、天猫、亚马逊等畅销书排行榜。《月亮与六便士》成为几大图书商城的销量冠军，并进入总排行榜前三;《人类简史》《万历十五年》分别占据分类排行榜第一位。

其次，文学IP对综艺节目具有支撑和延伸作用。《一本好书》在播出后，此档综艺节目自身也成功转化为一种文化IP，形成了良好的品牌与口碑。《一本好书》节目组联合"蜻蜓FM"合力打造了由蒋方舟主持的《一生之书》荐读经典衍生节目，分享节目背后的趣味人物与故事，获得了一批忠实粉丝。此外，节目组开展了40多场线下书友活动，与北京、上海、广州等城市的粉丝书迷进行互动分享，将个人的读书活动演化为群体的思想交流和碰撞。

三、文学IP改编与运营的窘境

截至2019年12月，《见字如面》和《朗读者》的全网播放量分别达到10亿次和9.7亿次，《一本好书》第一季的全网播放量为4.3亿次。第二期由于资金的限制，播放量并没有大幅增长。然而《一本好书》的口碑与前两者相比则有过之而无不及。由此，我们也可以察觉到文学IP综艺化运营面对的窘境。

（一）商业价值不够，变现能力低

总体而言，中国传统文化博大精深，文化市场待开发程度较高，然而由于受众娱乐化的消费倾向，造成了文化类题材的高风险，难以在市场上产生足够的商业价值。据统计，52% 的文化类综艺节目无冠名商赞助，多数需要政府的补贴维持生存。而在获得商业赞助的节目当中，冠名商集中在汽车、医药、酒等行业。这些品牌的目标受众主要是中高端的中年用户，他们对偏严肃的文化类节目更感兴趣。

从《一本好书》的招商情况来看，在节目拍摄期间导演关正文就曾对媒体表示已亏损了将近 600 万元，直到节目的口碑逐渐打开后，才吸引了"当当网""蜻蜓 FM""BOSS 直聘""花生好车"等诸多行业的赞助。然而，有不少节目无法挺过资金这一环节，而这也将进一步造成系列文化产品产业链的断裂，无法形成持续循环的健康生态模式。

（二）宣传营销不够，曝光度低

《一本好书》的流量之所以无法与一般的娱乐性综艺节目相比，除了资金局限外，还存在宣传力度不够、曝光度低的问题。节目组选择演员的标准一般是按照图书内容的适配度，而不是明星自带流量的多少。另外，《一本好书》官方微博的宣传方式、更新速度也比较有限。由于文学 IP 内容题材的限制、缺少流量明星的曝光，未能充分利用新媒体、社交媒体进行宣传，节目的市场总体反响不够乐观。

社交媒体的营销与宣传，一方面要顺应传播碎片化的潮流，另一方面要让观众参与互动。如《朗读者》设立的朗读亭，在各地引发了排队现象，这种"线上—线下"的互动模式能够最大限度地增强粉丝观众的黏度。而《见字如面》将节目切割成短视频，并推出"与你见字如面"的社交应用，成功吸引了人们的注意力。

（三）内容缺乏创新，同质化现象严重

有媒体统计，自《见字如面》《中国诗词大会》口碑爆棚之后，古诗词和朗读就成为 2017 年最常见的文化节目类型，共占比 38%，但是后续跟上的作品几乎没有水花。通过表 1 我们可以看到，文化类综艺节目在题材与形式上

实际并没有很大区别。在文化类综艺节目崛起的初期阶段，以成功的例子作为模仿、借鉴对象也是制作方减少风险的一种无奈之举。虽然可以从中获得经验，但是一味地照搬模仿则会造成自身特色的缺失和僵化，最终形成对市场资源和受众资源的浪费。

表1　2015—2019 年国家广电总局创新创优名单（部分）

播出时间	播出平台	节目名称	题材	表现形式
2015	山东电视台	《我是先生》	传统文化	表演＋比赛
2015	四川电视台	《诗歌之王》	诗词	唱诗＋比赛
2016	央视	《我有传家宝》	文物	文物展示＋专家点评
2016	央视	《中国诗词大会》	诗词	诗词答题比赛
2016	北京台	《传承者》	传统文化技艺	表演＋比赛
2016	湖南台	《中华文明之美》	历史文化	情景剧
2016	湖南台	《博物馆奇妙夜》	历史文化	侦探类
2016	黑龙江／腾讯	《见字如面》	文学	朗读
2017	央视	《朗读者》	文学	访谈＋朗读
2017	央视	《国家宝藏》	历史	情景剧＋现场讲解
2017	央视	《中国诗词大会第二季》	诗词	诗词答题比赛
2017	湖南台	《儿行千里》	故事	采访
2017	北京台	《非凡匠心第一季》	传统文化	旅行体验
2017	上海台	《喝彩中华》	传统音乐类	表演＋比赛
2017	江苏台	《阅读·阅美》	文学	朗读
2018	央视	《经典咏流传》	文学诗词	改编唱诗＋比赛
2018	北京台	《一起传承吧》	传统文化技艺	展示＋比赛
2018	央视	《国家宝藏第二季》	历史	情景剧＋现场讲解
2018	北京台	《上新了·故宫》	历史文化	侦探类
2018	江苏台	《一本好书》	文学	演讲类
2018	甘肃台	《大戏台》	戏曲	表演＋比赛
2018	爱奇艺	《国风美少年》	传统文化	表演＋比赛

续表

播出时间	播出平台	节目名称	题材	表现形式
2018	山东台	《国学小名士》	文化诗词	表演＋比赛
2018	深圳台	《一路书香》	文化历史	文旅谈话
2018	浙江台	《同一堂课》	文化历史	文旅游戏
2019	浙江台	《中华好故事》	文学历史	演讲
2019	央视	《中国诗词大会》	诗词	比赛
2019	湖南卫视	《神奇的汉字》	传统文字	比赛
2019	湖南卫视	《汉语桥》	传统文字	比赛

（四）局限于演播室，观众体验不到位

乐正传媒董事彭侃曾统计，国内文化节目主要集中在演播室录制，比例高达90%。在大众的一般认知中，文学著作是严肃的、理性的、高深的，因此我们看到在演播室中，受众虽然拥有沉浸式的体验，但是仍处于被动接受的一方。因此，在面对文化著作IP综艺化过程中的千篇一律，必须要不断创新文化内核的塑造方式，例如增加素人互动、户外竞技等形式，提升受众的新鲜感和互动度。

四、结　语

通过分析以《一本好书》为代表的文化类综艺节目，可以看出，文学著作IP的改编与运营最重要的是对其文化性和娱乐性进行平衡把握与统一融合，让"高冷"文化的传播更加顺畅。

第一，以内容为核心。一个IP的成功绝不仅仅是通过媒体的力量，它必然是一部内容优秀的作品。想要赋予IP长期持续的影响力，必须要对其内容价值进行深挖与积累。

第二，全面铺开与重点深耕。由于经典文学IP思想深邃、语言耐人寻味，除了注重利用新媒体平台开展全版权、全领域运营外，深耕纸质图书也非常

重要。纸质图书营销重在阅读推广，找准受众圈子是其关键，例如读者交流会就是针对性和社交性极强的互动活跃形式。

第三，找准受众是关键。大多数 IP 运营的主要压力来自受众口碑，尤其是文学著作 IP 的受众是具备一定精神享受能力的中产阶级，因此满足核心受众的精神诉求，实现价值观的正确引导就显得至关重要。当下，媒体融合、IP 联动成为常态，我们需要对文学类 IP 运营"成功"的标准进行重新定义，努力实现市场价值和社会效益的双赢。

参考文献

[1] "IP 热"降温之后，来重新认识什么是 IP [EB/OL]. (2018-01-12) [2020-01-20]. https：//
baijiahao.baidu.com/s?id=1589351747460186792&wfr=spider&for=pc.

[2] 《一本好书》叫好不叫座的背后，什么样的文化节目才能火？ [EB/OL]. (2019-10-29)
[2020-01-20]. http：//xiamag.com/56199.html.

[3] 纯文学 IP 如何成功运营 [EB/OL]. (2018-10-31) [2020-01-20]. http：//www.chinawriter.
com.cn/n1/2016/0712/c403994-28548027.html.

[4] 对话关正文：《一本好书》后，下个节目"在路上" [EB/OL]. (2019-10-29) [2020-01-20].
https：//mp.weixin.qq.com/s/4WZPqKucvq-AdZKlRIRNcw.

[5] 关秀玥. 场景化体验：文化综艺类节目的创新路径和文化价值传播策略——以《一本
好书》为例 [J]. 新闻爱好者，2019（12）：66-68.

[6] 马瑞敏. 从《经典咏流传》看央视大型文化类节目的突破创新与发展趋势 [J]. 科技传播，
2018，10（14）：18-19，75.

[7] 王雨瑶，余玉. 从走心到创新：文化类综艺节目突围之道——以央视《朗读者》为例 [J].
电视研究，2018（12）：75-77.

[8] 吴荣彬.《一本好书》：文学经典综艺节目的范例 [J]. 当代电视，2019（2）：35-37.

[9] 杨乘虎. 关于文化类综艺节目高品质发展的若干思考 [J]. 中国电视，2019（7）：10-14.

[10] 中国版权协会. 2018 中国文化 IP 产业发展报告 [R/OL]. (2018-09-21) [2020-01-18].
https：//finance.huanqiu.com/article/9CaKrnKkL5s.

浅析 IP 剧的挖掘和开发
——以东阳正午阳光影视公司为例

杜　芳

　　摘要：IP 剧是指在有一定粉丝数量的国产原创网络小说、游戏、动漫等基础上创作改编而成的影视剧。IP 影视剧化是伴随着信息技术的不断发展和传播媒介的多样化而进入人们的视野的。但是由于 IP 市场的火热导致 IP 影视剧化市场出现严重的两极分化，受众对 IP 剧的态度也是褒贬不一。本文以东阳正午阳光影视公司（以下简称"正午阳光"）的 IP 开发为例，分析其发展历程、IP 内容选择、制作、宣传方面的经验，以期对未来 IP 剧的挖掘与开发提供借鉴。

　　关键词：IP 剧；正午阳光；影视剧制作

　　从 2015 年 9 月《琅琊榜》的爆红到 2016 年 4 月《欢乐颂》引发全民讨论，再到 2018 年《大江大河》的播放以及 2019 年引发"原生家庭"话题讨论的《都挺好》，观众在对多部 IP 剧展开讨论的同时也开始关注其背后的制作团队，正午阳光由此被更多观众所熟知，广大网友更是普遍认为"正午出品，必属精品"。正午阳光也因此被称为"国剧之光"。

　　近年来，"限古令""限集令""限酬令"等一系列关于影视剧行业的政策颁布实行，其实质是对影视剧市场内容泛滥、同质化现象严重、演员天价片酬等一系列问题的整治。2019 年一条"横店群演改行做直播，横店餐馆十年最冷清"的微博热搜再度引发"影视剧进入寒冬"的热议。有数据显示，2019 年以来全国有 1884 家影视剧公司关停。全国最大的影视剧基地横店开机率下降，2019 年前三季度全国拍摄制作电视剧备案 646 部，比上年同期减少了 27%，剧集数量下降 30%。看似影视行业发展趋缓，实则背后反映的是行业开始从无序向有序的发展。一方面是影视剧内容市场开始回归理性；另一方面是作为影视剧内容制作方轻易就能成功的时代已经过去。国家的宏观调控、行业规范的逐渐建立、观众审美逐步提高都迫使影视剧市场回归理性。本文通过对正午阳光的发展历程和其出品的相关 IP 剧的分析，对其成功的原因进行分析总结，期望能引发对未来 IP 剧开发的思考。

一、正午阳光的发展历程

正午阳光前身是山东影视制作股份有限公司（以下简称"山影"），山影是国内顶级的影视制作机构，是我国最早的电视剧生产单位之一，同时也是山东省著名文化品牌"鲁剧"的生产者和缔造者。1978 年成立至今推出了一系列思想性、艺术性、观赏性俱佳的精品力作。无论是备受瞩目的起步时期（1978—1996 年），还是蓄势待发的探索时期（1997—2007 年），山影在古装武侠、军事题材、农村现实、都市家庭等方面都有一大批优秀作品。2008 年在贯彻中央"深化文化体制改革、发展文化产业"战略指导下，山东影视集团成立，2012 年转企改制正式挂牌山东影视传媒集团。2011 年制片人出身的侯鸿亮和导演孔笙、李雪等制作团队成立东阳正午阳光影视有限公司。侯鸿亮、孔笙、李雪都曾在山影工作多年，是山影多部剧的参与者和制作者。2011 年成立至今的正午阳光，陆续推出了《温州两家人》《战长沙》《伪装者》《琅琊榜》《欢乐颂》《知否知否应是绿肥红瘦》《都挺好》《鬼吹灯之精绝古城 》等佳作。

二、正午阳光的 IP 剧开发

以下收集整理了正午阳光近年来的部分作品，通过分析其作品类型、制作时间、话题热度、观众反馈等数据可以看出正午阳光在 IP 剧制作开发方面的相关理念，见表 1。

表 1　部分作品播放数据

剧名	《琅琊榜》	《伪装者》	《知否》	《鬼吹灯之精绝古城》	《大江大河》	《都挺好》	《欢乐颂》	《他来了请闭眼》	《如果蜗牛有爱情》
作者	海晏	张勇	关心则乱	天下霸唱	阿耐	阿耐	阿耐	丁墨	丁墨
豆瓣评分	9.39	8.5	7.6	8.0	8.8	7.8	7.8	6.4	7.2
播放次数（仅腾讯）	54.7亿	30.1亿	117.6亿	16亿	30.8亿	69.3亿	67.3亿	16.2亿	26亿
杀青到播出时间	15个月	4个月	8个月	6个月	6个月	10个月	5个月	2个月	1个月
微博话题	61.61亿 阅读量	24.7亿	53亿	11.6亿	29.8亿	26.2亿	64.2亿	24.5亿	31亿
	1074.60万 讨论量	326.2万	164.7万	313.2万	819.1万	101.5万	404.1万	426.3万	902.3万
百度指数	160万	76万	60万	45万	34万	60万	182万	1.1万	93万

（一）IP 内容丰富出彩

正午阳光从成立至今已经出品了包括农村励志《温州一家人》、近代革命《战长沙》、谍战剧《北平无战事》《伪装者》、古装权谋剧《琅琊榜》、都市女性《欢乐颂》、都市家庭情感剧《都挺好》、悬疑推理《他来了请闭眼》、悬疑惊悚网剧《鬼吹灯之精绝古城》等。题材多样，满足了不同消费群体的看剧需求。

除了涉猎不同题材的剧本，正午阳光更是注重故事本身的品质。侯鸿亮曾表示电视剧剧本是基础，正午阳光选择编剧的标准就是文字。不管你之前是否具有知名度，如果你的文字不能打动人，你的故事不能说服人，那么这个剧本就是不达标。他还表示"整个行业水准的提高应该在剧本的提高上"。对于 IP 的影视创作，侯鸿亮表示，如果这个 IP 适合影视化会去选择，不适合即使拥有很大的粉丝群体也会果断放弃。侯鸿亮在上海电影节接受采访时表示："我们的电视剧是改编自小说，小说打动你的东西，要能够在剧本里体现。甚至小说只是提供一个创意，你要能把这种创意影视化。有时候我们在现场拍摄的时候，还会根据现场感觉来临时调整剧本，增加一些剧情。"

尊重原创但又根据电视剧的特点对内容做出适时的调整，在正午出品的剧中体现得淋漓尽致。正午的剧要求原著的作者参与到剧本的创作过程当中，因为原作者才是最了解内容的人。根据艺恩网发布的《中国编剧行业现状及发展趋势研究报告》，我国专业编剧从业人员超过 14 万，但只有 3% 的编剧有作品落地播出。美剧和韩剧实行的是编剧中心制，编剧是剧集项目的核心资源，制作公司对编剧的干预较少，在故事的制作过程中编剧掌握话语权。而我国实行完片审核制度，编剧的职责主要停留在前期策划和剧本创作，并不参与后期剧集制作和宣传营销。但在电视剧的拍摄过程中剧本被改动的可能性较大，编剧在制作的边缘使得话语权减少，所带来的结果就是"剧本魔改"引发粉丝的不买账和口碑的下滑。

针对影视剧的特点对剧本做适当的改动是被允许并可理解的，因为剧本及原著是纯文字形态，而影视剧则是视频化的呈现方式，涉及整体画面、人物、场景、声音等。但对剧本的改动同样要遵循"改必有据，忌无知妄改"。在

《琅琊榜》的制作过程中，正午就弱化了古装剧中一贯存在的儿女情长，将感情戏局限在情义与礼教之中，将家国的地位置于个人情感之上，主题转向更为宏阔的家国信义。《欢乐颂》原著并不属于大 IP，且小说叙事较为混乱，人物形象缺乏细致刻画，总体上阅读体验感觉冗杂拖沓，长篇累牍。改编后，小说中掉书袋似的交流方式，被通俗化的对白取而代之，叙事节奏更为紧凑，叙述的线索更加多元，原本过于平缓的文字叙述变得复杂而刺激。

正午阳光除了对内容的精打细磨，也很注重对作者品牌的培养和建立。从图表里我们可以看到多部剧都出自同一作者之手。相较其他制作公司一部剧换一个作者，正午阳光如果觉得该作者的创作风格符合正午的品牌，适合制作成影视剧，就与之达成长期的合作。这样作为制作公司就有源源不断的作者和资源作为后盾，这是第一点；第二次对创作者而言，自己的作品可以有合适的平台，而且和后期制作的密切合作也可以让作者更加了解影视剧的制作特点，在创作的过程中可以减少后期剧本内容的不适应性，让内容更加贴合市场对影视剧的制作要求。

正是对内容的高质量要求、对剧本的精细打磨，才有了正午制作影视剧的高口碑（豆瓣评分 5 分为分界线），高收视率。

（二）IP 制作一丝不苟

中国有句俗语"巧妇难为无米之炊"，在 IP 影视化过程中如果说内容是米，那么制作团队则扮演着"巧妇"的角色，同样的材料在不同的人手里可以做出不同的菜品。正午的制作团队主要由制作人侯鸿亮以及经验丰富的导演孔笙、李雪、简川訸、孙墨龙、张开宙、黄伟等组成。孔笙、李雪凭借《温州一家人》曾在第 19 届上海电视节"白玉兰"奖上荣获最佳导演奖。侯鸿亮在上海电影节接受采访时表示："我们用的时间和精力会比别人更多一点，不管是从制作审美，还是故事本身，都要说得过去。"这可以从表 1 中电视剧从杀青到播出的制作时间看出，正午并没有被市场上所谓的"曝光率决定一切"所左右。统计可知，从 2011—2020 年正午制作并成功播出的电视剧有 13 部，待播剧4部，年平均1.9部。对于一家专门制作影视剧的公司而言，这样的产出量可以看出正午慢工出细活的工作理念。

一部剧的制作过程，演员的选择或许是考验制作人对剧本内容理解程度最好的证明。随着观众审美的不断提高，流量的时代渐渐远去。演员的基本素养将决定这部剧能否传达出它的核心理念，演员作为连接剧本和观众之间的桥梁，好的演员可以准确传达出剧本的内容和情感，让观者产生共情。一方面针对没有阅读过原著的观众而言，演员的表演就是他第一次感受该作品的窗口。而对于原著粉丝，演员的表演赋予了第二次升华作品的机会。侯鸿亮表示正午对演员的要求就是"人好戏好"。"拍摄一部戏往往从几个月到几年漫长的制作周期，演员和剧组要朝夕相处，要对整部剧的团队负责，所以人一定要好。其次，戏要好，要能驾驭好这个角色，怎么演怎么像。"而在如何看待流量艺人上，他表示"流量就是锦上添花，我不排斥流量艺人，因为大多数粉丝也在看待你是如何对待他的偶像，如果你能营造出一种氛围，粉丝也会很开心的，如果你是想着拿流量去做其他的事情，别人也会看出来的。"纵观正午阳光的电视剧，在角色方面大多选择科班出身的演员，像胡歌、靳东、王凯、刘敏涛等实力派演员。

影视剧集人物、声音、文字、场景、服装等于一体。服化道是否符合人物形象、场景是否符合历史背景、声音是否适合角色等，都一定程度上影响剧的呈现效果。例如在拍《大江大河》时，该剧的背景是1978—1988年改革开放期间。在拍摄期间因为找不到那个年代合适的场景，为了真实再现那个时代的生活，制作团队按照20世纪80年代的房屋样式搭建了几个主角的家，住房、炊事用具、人物服饰都按照当时的时代背景重现。不仅让年轻人看到了祖辈们的生活环境，也勾起了那个年代的人的回忆。

而对于影视剧必不可少的配音，正午与其他公司的不同点在于敢于用演员的本音。声音作为表演的一部分，演员熟知当下剧情以及自己内心真实想法和感受，所以知道什么时候轻音，什么时候重音，该投入什么样的感情，这是后期配音演员很难超越的。而且很多时候不同的演员都用同一个配音演员，时间久了观众就会失去新鲜感，觉得每个角色都是一样的。相反，启用演员本音则更具代入感。但是用本音对演员素养是极大考验，例如胡歌在《伪装者》中饰演的角色是一个富家少爷，声音相对少年感。而在《琅琊榜》中则是忍辱负重权谋者的沧桑感。但是扎实的基本功让角色出色，让我们看到了一个演员的不同面，给观众留下了很深刻的印象。

78 集的《知否》从杀青到播出，后期制作经过了八个月的时间，《都挺好》历时十个月。相比同类型的 58 集《青云志》历时三个月和 62 集《孤芳不自赏》三个月，可以看出正午在制作方面的认真负责，而豆瓣评分和观众口碑就是对其用心的最好证明。

（三）IP 宣传因地制宜

后期宣传方面，可以总结为三个点：① 台网联动，多屏互动；② 制造全民话题，维持社交关注；③ 明星效应，演员积极宣传。

1. 台网联动，多屏互动

例如在传统电视端口，电视剧《欢乐颂》选择与其"都市女性励志剧"受众定位相近的浙江卫视、上海东方卫视两大省级卫视平台的黄金时间播出。在视频网站端口，电视剧《欢乐颂》则选择在爱奇艺、腾讯、优酷、乐视四大视频网站同时播出，同时积极与手机端口进行联动。《琅琊榜》则选择在北京、东方两大卫视播出，并同步在两大卫视官网、爱奇艺、腾讯、优酷、乐视等视频网络平台播出。腾讯视频还自制了《琅琊榜天天见》《琅琊榜外传》等原创节目，满足不同平台观众的需求，多屏播放增加作品的曝光度。

2. 制造全民话题，维持社交关注

宣传团队因为熟悉剧情的发展，知道何时会有话题点，于是提前备料，梯队投放，多级裂变。团队根据每部剧的特色，剧未播时前期通过征集剧本改编建议、微博粉丝推荐主角等媒介互动聚集人气；海外版权高价售出吸引关注。拍摄期间联合粉丝团队，放出路透图和明星采访等形式吊足观众胃口。

在剧集播出后一方面持续利用微博带话题，例如《欢乐颂》中引发全民对金钱观的热议，《都挺好》中对原生家庭的讨论，以及粉丝自发制作的相关表情包等都很好地带动了剧的热度和传播度。

3. 利用明星效应，演员积极宣传

每部剧的演员本身都有大量的粉丝群体。不管该剧是不是粉丝所喜欢的类型，大部分粉丝都会为了自家的偶像努力地宣传。而明星通过微博互动，线下见面会及相关采访视频等，很好地拉近了与观众的距离。

三、结　语

正午阳光在IP运营方面的特点可以总结为三点：一是内容上结合传统文化、当今社会话题、共有价值三种形态，让观众产生强烈的共鸣。迎合市场的需求的同时也通过优质的内容去引领市场品味；二是制作上结合自身的企业文化，在作品为企业带来利益的同时也赋予作品正午的精神，即认真拍好每一部剧；三是在宣传方面紧跟时代发展，利用人们喜闻乐见的方式，实事求是地宣传。

参考文献

[1] 聂君伊．从《琅琊榜》分析IP改编热对国产影视产业的影响 [J]．西部广播电视，2017（8）：86.

[2] 王彦霞．"内容为王"视角下的国产影视剧创作 [J]．现代传播（中国传媒大学学报），201234（5）：149-150.

[3] 搜狐网．国家广播电视总局《关于进一步加强电视剧网络剧创作生产管理有关工作的通知》[EB/OL]．(2020-02-18) [2020-02-28]．https：//www.sohu.com/a/374022774_344603.

[4] 艺恩网．《中国编剧行业现状及发展趋势研究报告》[EB/OL]．(2019-01-09) [2020-02-28]．https：//mp.weixin.qq.com/s/uZ4QqgB_QNlMhEeeZNsGsw.

[5] 袁月明．从《欢乐颂》热播看网络文学IP的影视转化策略 [J]．东南传播，2016（6）:1-2.